RÉSEAUX D'INFORMATION ET
RÉSEAU URBAIN AU BRÉSIL

GÉOGRAPHIES EN LIBERTÉ
sous la direction de Georges Benko

GEOGRAPHIES EN LIBERTE est une collection internationale publiant des recherches et des réflexions dans le domaine de la géographie humaine, conçue dans un sens très large, intégrant l'ensemble des sciences sociales et humaines. Bâtie sur l'héritage des théories classiques de l'espace, la collection présentera aussi la restructuration de cette tradition par une nouvelle génération de théoriciens.

Les auteurs des volumes sont des universitaires et des chercheurs, engagés dans des réflexions approfondies sur l'évolution théorique de la discipline ou sur les méthodes susceptibles d'orienter les recherches et les pratiques. Les études empiriques, très documentées, illustrent la pertinence d'un cadre théorique original, ou démontrent la possibilité d'une mise en oeuvre politique. Les débats et les articulations entre les différentes branches des sciences sociales doivent être favorisés.

Les ouvrages de cette collection témoignent de la diversité méthodologique et philosophique des sciences sociales. Leur cohérence est basée sur l'originalité et la qualité que la géographie humaine théorique peut offrir aujourd'hui en mettant en relation l'espace et la société.

Déjà parus:

La dynamique spatiale de l'économie contemporaine
G.B. BENKO ed., 1990 (épuisé)
Le Luxembourg dans tous ses états
C. GENGLER, 1991 (épuisé)
La ville inquiète: habitat et sentiment d'insécurité
Y. BERNARD et M. SEGAUD eds., 1992
Le propre de la ville : pratiques et symboles
M. SEGAUD ed., 1992
La géographie au temps de la chute des murs
P. CLAVAL, 1993
Allemagne : état d'alerte ?
L. CARROUÉ, B. ODENT, 1994 (2e ed. 1995)
De l'atelier au territoire. Le travail en quête d'espaces
T. EVETTE et F. LAUTIER eds., 1994
La géographie d'avant la géographie.
Le climat chez Aristote et Hippocrate
J.-F. STASZAK, 1995
Dynamique de l'espace Français et aménagement du territoire
M. ROCHEFORT, 1995
La morphogenèse de Paris, des origines à la Révolution
G. DESMARAIS, 1995
Réseaux d'information et réseau urbain au Brésil
L. C. DIAS, 1995

RÉSEAUX D'INFORMATION ET RÉSEAU URBAIN AU BRÉSIL

Leila Christina DIAS

Préfaces de

Paul Claval et Milton Santos

Editions L'Harmattan
5-7, rue de l'École-Polytechnique
75005 Paris
France

à mes fils, Gabriel et Daniel

Dépôt légal Décembre1995

ISBN : 2-7384-3815-6 ISSN : 1158-410X

SOMMAIRE

Préface de P. Claval 7

Préface de M. Santos 9

Introduction 11

Première partie

Réseau urbain et réseaux techniques :
l'intégration territoriale jusqu'à la décennie 1960........................15

Chapitre I

Les origines du réseau brésilien de villes....................................17
1. Suprématie des villes-ports dans le Brésil colonial.............................19
2. Précarité des agglomérations à l'intérieur des terres 24
3. Le développement des réseaux techniques
au tournant du XXe siècle 26

Chapitre II

Réseau et hiérarchie de villes au XXe siècle :
l'intégration du marché national...43
1. Intégration économique et industrialisation...44
2. Intégration économique et réseaux territoriaux..48
3. Intégration économique et flux migratoires...56
4. La géométrie du réseau urbain..58

Deuxième partie

Développement des réseaux de télécommunications :
le rôle de l'État et des acteurs privés..67

Chapitre III

Les télécommunications brésiliennes :
de la nationalisation jusqu'à l'achèvement du réseau actuel........71
1. Un nouveau cadre institutionnel pour les télécommunications 72
2. Le projet national et les télécommunications....................................78

Troisième partie

Réseau urbain et réseaux d'information :
l'intégration territoriale à la fin du XXe siècle............................103

Chapitre IV

Les «temps des organisations»...105
1. La banque : l'accélération des rythmes économiques et la recherche d'un «temps mondial»..106
2. La valorisation de la téléinformatique dans les organisations non financières : rythmes et conséquences....... 119

Chapitre V

Flux d'information et hiérarchie des villes..................................139
1. La représentation des flux d'information..141
2. Flux d'information et urbanisation...146

Conclusion...161

Références bibliographiques..165

PRÉFACE

En abordant l'étude de l'espace par le biais des réseaux de télécommunications, Leila Christina Dias nous fait entrer dans la logique du Brésil d'aujourd'hui : le temps est loin où l'économie du pays dépendait de l'exportation de quelques matières premières et où toute l'organisation territoriale, voies de communications et villes, répondait à cet impératif. L'intégration a fait des pas de géants durant le dernier demi-siècle avec la mise en place d'un réseau routier reliant les grands pôles du pays et la multiplication des courants migratoires. Au cours des vingt-cinq dernières années, les progrès de la construction ont été facilités par les performances du système des télécommunications. La doctrine de la sécurité nationale a conduit le régime des maréchaux à doter le Brésil d'infrastructures performantes. L'essentiel est venu ensuite de l'initiative des grandes firmes, des banques en particulier.

On se demande parfois comment un pays de dimension continentale peut résister à de longues périodes durant lesquelles les taux d'inflation mensuels s'établissent à deux ou trois chiffres. Sans équipements télématiques performants, les banques n'auraient pas réussi à maintenir en état de fonctionnement un système de paiements aussi fluctuant. La gestion des réseaux d'approvisionnement des firmes et celle de la distribution des demi-produits ou des biens finaux posent moins de problèmes, à l'échelle d'un État continental, lorsqu'il est possible de travailler en temps réel.

On a toujours eu tort de présenter le Brésil comme un pays typique du Tiers-Monde : le poids des structures héritées de la période coloniale, au Nordeste en particulier, introduit, c'est vrai, de lourdes contraintes, mais le Centre et le Sud ont très tôt participé de la dynamique des pays développés. Ce que la révolution télématique a permis, en moins de trente ans, c'est la mise en place d'un réseau de contrôle et d'impulsion qui déborde enfin de São Paulo et des États du Sud et du Centre pour enserrer tout le pays.

L'analyse des flux révèle une structure étonnamment simple : la métropole économique qu'est São Paulo est en prise directe sur la totalité des villes, petites ou grandes, du pays. L'organisation politique se fait autour de Brasilia et Rio de Janeiro, dont l'impact est différent : c'est avec les capitales d'États que leurs relations s'établissent. Les grandes métroploes régionales, Porto Alegre, Belo Horizonte, Salvador, Recife, ou de plus modestes, comme Curitiba ou Campinas, sont en liaison avec São Paulo, Rio de Janeiro et Brasilia, ont des liens directs entre elles, mais l'essentiel de leurs relations s'établit avec l'espace voisin.

La portée du travail de Leila Christina Dias dépasse le Brésil : elle montre, à travers l'exploitation des données jusqu'ici inexploitées, celles relatives au réseau Transdata par exemple, comment appréhender les structures et le fonctionnement des espaces d'aujourd'hui. On en est encore à apprécier l'intégration d'une économie nationale à travers les cartes de flux ferroviaires ou routiers, ou à travers celles des appels téléphoniques. Les télécommunications de pointe sont beaucoup plus au service des entreprises et des gouvernements que des particuliers : c'est ce qui les rend particulièrement révélatrices des forces en œuvre dans les transformations actuelles du monde.

L'ouverture des frontières donne parfois l'impression que les structures nationales sont en train de se dissoudre. C'est inexact dans le domaine de la communication, comme le prouve Leila Dias. Il y a là une donnée à méditer : la fin de l'État-nation est certainement moins prochaine qu'on ne le dit.

Leila Christina Dias a le goût de la concision : elle va à l'essentiel et expose si clairement ses résultats que l'on pourrait croire que son travail est simple et va de soi. Il se situe au contraire au cœur de problèmes difficiles et controversés, ceux du devenir des formations territoriales affectés par la mutation des sociétés post-industrielles.

Paul Claval
Université de Paris-Sorbonne

PRÉFACE

Un pays peut être vu selon une multiplicité d'aspects. C'est une mosaïque qui permet tout à la fois de définir son existence unitaire, et à plus large échelle, reconnaître sa singularité. Face au monde, chaque pays est une particularité qui se renouvelle sans cesse, au gré des transformations planétaires et en fonction des héritages historiques.

Que dire d'un pays continental comme le Brésil, qui se distingue par une immense diversité naturelle et sociale ? Quelle forces sous-tendent, pour chaque époque, ce mouvement d'ensemble dont les aspects inséparables sont l'unité et la diversité ? Quelles sont les caractéristiques qui correspondent le mieux à cette définition dans le moment présent ?

Le livre de Leila C. Dias représente un effort de méthode pour esquisser un portrait valable du Brésil actuel où le dynamisme socio-spatial est vu sous l'angle du phénomène de l'information.

Cette étude nous offre deux résultats intéressants. Tout d'abord, elle montre comment aujourd'hui, quelle que soit la taille du pays, son équipement en réseaux constitue à la fois une donnée de son intégration aux flux mondiaux et un élément d'explication de son fonctionnement interne. On y voit d'autre part clairement quels sont les agents structurants des nouvelles compartimentations régionales et de la nouvelle architecture du système territorial et du réseau urbain. Ces acteurs responsables des flux qui commandent la production et les échanges et parcourent tout le territoire, sont essentiellement l'État et les banques. En outre, la recherche sur laquelle se base le livre, met judicieusement en relief le rôle de grandes entreprises de plusieurs secteurs productifs, montrant le diversité de leur comportement territorial. D'un point de vie géographique, le "marché" est formé de la superposition et l'entrecroisement de ces tracés individuels. Enfin nous y voyons l'étroite association entre la topologie des respectifs réseaux individuels d'information et le système plus général, créé et entretenu par l'État.

A une époque où l'on parle autant "d'espace de flux", métaphore qui ne fait que révéler un aspect hégémonique de l'organisation actuelle de l'espace géographique, il est bon de disposer ainsi d'une si claire démonstration de son fonctionnement comme un ensemble. On a ainsi une image précise des nouvelles dynamiques du territoire brésilien, considéré comme un champ de forces à différentes échelles, avec l'émergence d'un système urbain diversifié, où la nouvelle importance des villes moyennes et la multiplication des agglomérations millionnaires vont de pair avec l'affirmation de São Paulo comme métropole nationale incontestée, au dépens de Rio de Janeiro. Nous voyons ainsi comment une métropole de services se crée sur la base de la métropole industrielle. Là encore, l'information constitue le nerf central de cette nouvelle architecture où le marché a acquis un rôle central.

Le livre de Leila Dias mérite donc d'être lu pour son double intérêt. Tout en offrant un portrait vivant d'un Brésil en pleine transformation, il fournit des éléments de méthode permettant d'aborder des situations comparables, et d'autant mieux utilisables qu'ils sont fondés sur le terrain plus général de la transformation de la géographie planétaire en cette fin de siècle.

Milton Santos
Université de São Paulo

INTRODUCTION

Ce livre est né d'un ensemble d'interrogations soulevées par l'apparition d'un nouveau front scientifique-technologique au Brésil, interrogations qui furent à l'origine d'un travail collectif de recherche commencé en 1985 en collaboration avec M. Milton Santos. Assez vite, il nous est apparu, qu'à l'encontre des thèses propagées un peu partout dans le monde par la littérature consacrée à ce sujet, le Brésil était un pays pouvant accueillir, en dehors de la région centrale, des activités à haute intensité de capital, de technologie et d'organisation — le réseau des flux d'activités du secteur le plus moderne se développe à travers le territoire, alors même que les activités du tertiaire supérieur, à savoir les fonctions de commandement, de conception et de prévision tendent à rester très concentrées. Le jeu des complémentarités et des oppositions entre centre et périphérie s'est modifié et se modifie encore, si l'on en juge d'après l'évolution de l'occupation territoriale au cours de ces dernières années et la crise économique qui affecte aujourd'hui le pays.

La compréhension de l'organisation spatiale du Brésil actuel, de ses articulations, de ses axes et cheminements, exigeait que fussent sélectionnées les meilleures variables explicatives.

L'étude du processus d'informatisation s'imposait comme un thème privilégié du projet, par son pouvoir non seulement de pénétration et remodélation des activités économiques, mais également de valorisation ou 'revalorisation' des espaces. Ainsi l'étude des effets de l'informatisation au sein du réseau urbain fut-elle la première direction, la première "piste", que j'imposai à ma recherche.

Le terrain restait donc encore pratiquement vierge. Aussi était-il nécessaire de forger peu à peu les outils méthodologiques adéquats et d'évaluer la pertinence des variables traditionnelles de l'analyse géographique. A cet effet, les rencontres avec telle ou telle personne — je songe en particulier à M. Henry Bakis et M. Gabriel Dupuy —, m'ont été d'un immense profit , encore amplifié par la participation à des réunions et des séminaires. Elles m'ont permis d'accéder aux recherches que la France a conduites sur le thème des relations entre espace et télécommunications.

Ainsi, à travers doutes, hésitations et découvertes, progressivement a pris forme le sujet de ce livre autour d'une question centrale : quelles sont les incidences de l'introduction des nouveaux réseaux de télécommunications sur le réseau urbain au Brésil ?

Sur cette question centrale vinrent s'en greffer d'autres, en particulier celles-ci, qui revenaient avec insistance : qu'entend-on exactement par nouveaux réseaux ? Comment passer de plain-pied

— et non par un véritable saut de la mort — de l'une à l'autre des deux principales instances d'analyse, à savoir réseaux de télécommunications et réseau urbain ?

Le recours à la notion de réseau a répondu à l'obligation de trouver une sorte de paradigme qui me permît d'élargir le cadre chronologique de l'étude. En conséquence, j'adoptais une double approche, à la fois technique et historique. D'une part, je me trouvais confrontée à toute une terminologie propre aux réseaux et aux télécommunications, et bien différente évidemment du vocabulaire des sciences humaines auquel j'étais accoutumée. D'autre part, la nécessité de s'appuyer sur des interprétations historiques mettait en évidence une autre déficience dans mes connaissances, concernant cette fois l'histoire du Brésil et la place qu'y tinrent les divers acteurs — régionaux, nationaux et internationaux.

Pour éclairer l'action des télécommunications sur l'espace une dialectique s'imposait qui liât l'évolution de la technique proprement dite à la société d'où elle émerge. Les réseaux ne s'inscrivent pas dans le vide, mais dans des espaces géographiques déjà chargés d'histoire, façonnés par le mouvement incessant des disparités sociales et régionales. C'est pourquoi la première partie de cet ouvrage sera consacrée à une analyse de la formation et de l'évolution du réseau urbain au Brésil qui permettra de mettre en relief le rôle historique de divers types de réseaux (transports et télécommunications).

La deuxième partie aura pour objectif de fournir les éléments d'analyse nécessaires à la compréhension de l'articulation actuelle entre réseaux de télécommunications et réseau urbain. En premier lieu, sera examinée l'histoire récente des télécommunications brésiliennes et la mise en oeuvre de la politique industrielle et spatiale : d'où est venue l'impulsion ? Comment le territoire a-t-il été équipé ? Quels types de services ont été privilégiés ? En second lieu, seront analysés les intérêts économiques en jeu dans la mise en place des nouveaux réseaux de télécommunications.

Dans la troisième partie, nous reviendrons à l'organisation urbaine du Brésil, dont la complexité et la diversité doivent beaucoup à l'apparition de nouvelles stratégies économiques et techniques. Cette partie, pour être conduite à bon port, exigeait le secours d'une médiation qui articulât mutation technique et mutation spatiale — nous pensons l'avoir trouvée en observant que l'utilisation des nouveaux réseaux de télécommunications par les grandes organisations économiques était un préalable nécessaire à l'examen des enjeux spatiaux de ces nouveaux réseaux. L'identification des principales tendances en cours partira de l'analyse de la grandeur et de la direction des 'vecteurs' d'informations qui relient les villes brésiliennes, vecteurs qui ajoutent une dimension nouvelle à l'étude des réseaux urbains.

Une enquête de terrain est venue étayer ce travail. Elle a été réalisée en deux phases : de septembre à novembre 1987 puis en septembre 1988. Je pense que le matériau ainsi rassemblé auprès des institutions gouvernementales responsables de l'élaboration et de l'application des politiques technico-scientifiques, des télécommunications et des organisations économiques (nationales et multinationales, industrielles et tertiaires) était d'une grande valeur — en particulier tout ce qui avait trait aux nouvelles formes d'organisation spatiale des grandes entreprises et à la représentation cartographique de l'ensemble des flux d'information à travers le territoire brésilien.

Parvenue au terme de cet ouvrage — terme bien provisoire car en aucune façon ma recherche ne représente un achèvement —, j'ai conscience que des zones d'ombre subsistent. Je ne prétends nullement avoir apporté une pleine et définitive justification à l'abandon et à l'adoption de certaines positions théoriques et méthodologiques. Après plusieurs années de séjour en France, et une longue recherche au Brésil, je me sens plus riche non seulement de connaissances mais surtout d'interrogations et d'inquiétudes. Il me reste à poursuivre la tâche ...

PREMIÈRE PARTIE

Réseau urbain et réseaux techniques L'intégration territoriale jusqu'à la décennie 1960

Il y a de cela environ un siècle, les contours d'un processus d'organisation urbaine se dessinaient dans l'espace brésilien sans que l'on puisse pour autant lui conférer encore la dénomination de réseau urbain. Un véritable réseau urbain ne s'établit qu'à la première moitié du XXe siècle comme matérialisation spatiale de multiples processus d'ordre économico-politique et social, sur lesquels il exerce une certaine influence par la suite.

Dans cette dialectique, le développement des moyens de communication a joué un rôle essentiel, tant sur la croissance des villes, que sur la configuration du système urbain. Dans la mesure où les rapports que les villes entretiennent avec l'extérieur déterminent leur place dans le réseau urbain[1], l'histoire de ce dernier est en grande partie l'histoire de ces techniques. Autrement dit, il n'est pas surprenant que les techniques de communication exercent une influence sur le réseau urbain, car la communication elle-même en est la condition première. Il faut ainsi être attentif aux indices d'une évolution où d'autres réseaux, cette fois-ci ceux de transports et de télécommunications détiennent une part importante du pouvoir explicatif de la géographie de réseaux urbains, comme le souligne P. Claval :

"Dans tous les cas, la ville naît du besoin de communiquer et elle s'intègre à un réseau qui permet à chacun de participer aux types d'échanges auxquels il aspire. Toutes les relations n'ont pas la même fréquence, la même intensité, la même finalité, si bien qu'il est beaucoup de géométries possibles... C'est toujours de la communication et de ses impératifs qu'il faut partir pour comprendre la géométrie des constructions d'hier et celles d'aujourd'hui"[2].

Une telle réflexion exprime fort bien l'ensemble des interrogations qui forment un champ pluridisciplinaire de recherche. La création en France d'un périodique nommé *Réseaux* atteste l'importance attribuée à cette réflexion par des chercheurs d'horizons disciplinaires divers[3]. De même, le cadre conceptuel développé par

---

1 P. CLAVAL, *La logique des villes: essai d'urbanologie*, Litec, 1981, p. 368.
2 Idem, p. 67.
3 La revue *Réseaux* est éditée par le CNET (Centre National d'Etudes en Télécommunications) et son premier numéro est paru en 1983.

G. Dupuy nous aide à mieux cerner la signification et le rôle historique des réseaux techniques dans la configuration territoriale :

"Le réseau est aussi une mise en rapport social d'éléments du système urbain. La solidarité physique est aussi organisation sociale dans une ville, qui est autant système social que système spatial. Le réseau de liaisons physiques implique toujours d'autres rapports… Les organes de gestion du réseau, qu'il s'agisse de gestion technique, économique ou juridique, ne sont pas neutres, ils mettent en jeu des rapports sociaux entre les éléments qu'unit une solidarité et ceux qui restent à l'écart"[4].

La non neutralité de la technique, question déjà exposée par plusieurs philosophes[5], est ici reprise par l'auteur sous un angle différent, qui met en évidence les enjeux des réseaux techniques sur l'organisation du système urbain.

Du XIXe siècle à nos jours les réseaux de transport et de télécommunication ont connu un développement extraordinaire, car la circulation des flux qu'ils réalisent est primordiale, celle-ci étant même à l'origine du mouvement économique. Or, les énergies novatrices matérialisées à chaque époque dans une circulation de plus en plus performante des biens, des personnes, des ordres et des nouvelles, relèvent d'une dynamique dont le milieu urbain constitue le centre de gravité et qui devient alors beaucoup plus conséquence que cause.

C'est pourquoi nous formulons l'hypothèse que les réseaux techniques, en tant qu'équipements de "solidarité urbaine"[6], sont les vecteurs privilégiés de la transformation spatiale et pareillement de la structure du réseau urbain.

Sans qu'il soit dans notre intention de développer l'histoire de l'occupation territoriale au Brésil, il faut néanmoins préciser les origines des noyaux urbains, car leurs implications au niveau du développement des réseaux techniques sont importantes.

Dans cette première partie, nous espérons pouvoir expliquer la formation et l'évolution du réseau brésilien de villes, en gardant présent à l'esprit le rôle historique de l'ensemble des autres réseaux territoriaux.

---

4 G. DUPUY, Villes, systèmes et réseaux - le rôle historique des techniques urbaines, Les annales de la recherche urbaine, n° 23-24, 1984, p. 241. Voir du même auteur : *Systèmes, réseaux et territoires, Principes de réseautique territoriale*, Presses de l'Ecole Nationale des Ponts et Chaussées, 1985.

5 Parmi eux nous citons : M. HEIDEGGER, *Essais et conférences*, Gallimard, 1988 et J. HABERMAS, La science et la technique comme idéologie, Denoël/Gonthier, 1978.

6 Selon G. DUPUY, "dans tous les sens du terme "solidarité": aussi bien la dépendance physique que les rapports relatifs à un enjeu économique ou social", op. cit., p. 239.

CHAPITRE I

Les origines du réseau brésilien de villes

Comme celle des autres pays latino-américains, l'économie brésilienne a été longtemps une économie primaire exportatrice traditionnelle. Les différentes phases de son histoire sont marquées par des mouvements d'expansion et de stagnation dans la production et l'exportation de quelques matières premières, fortement dépendantes des oscillations du marché mondial.

La canne à sucre, exploitée durant la période coloniale dans de vastes zones côtières, fut jusqu'au XVIIe siècle le premier produit de la liste des exportations de la Colonie. Cette matière première connut ensuite une longue période de dévalorisation engendrée par la concurrence de la production des Antilles.

Au XVIIIe siècle, la découverte des mines d'or à l'intérieur du pays marque, dans un premier temps, la fin de la primauté de l'économie sucrière. Ensuite, la valorisation d'une nouvelle matière première— le coton — sur le marché mondial des produits tropicaux, met à nouveau en valeur les régions de production au Nordeste du pays.

Ainsi, le panorama qui se dessine est déterminé par les potentialités des espaces locaux pour l'exploitation minière et cotonnière, mais aussi par les modifications opérées dans l'économie internationale marquée par la révolution industrielle en Europe.

Dans le dernier quart du XVIIIe siècle, la population brésilienne était estimée à 2 000 000 habitants, dont plus de la moitié était concentrée dans les provinces de Minas Gerais (362 847), Pernambuco (229 743), Bahia (228 848) et Rio de Janeiro (215 678)[1].

En 1822, le Brésil devint indépendant du Portugal avec une population estimée à 4 000 000 d'habitants[2]. Le modèle exportateur se caractérisa par une certaine reprise de la production nationale de canne à sucre dont la place s'élargit dans le marché mondial[3], par l'émergence

---

[1] IBGE, *Estatísticas históricas do Brasil*, 1987, p. 28-29.

[2] Idem, p.28.

[3] Cette récupération est due à l'augmentation de la consommation du sucre en Europe provoquée par la croissance démographique et le processus d'urbanisation, mais aussi par les événements politiques en Haiti qui affectent d'une manière négative la production antillaise et par l'abolition du trafic d'esclaves dans les Indes Occidentales Britanniques à partir de 1807. P. SINGER, *Desenvolvimento econômico e evolução urbana*, Nacional, 1977, p.279.

Source : BELIN, Petit Atlas Maritime, 1764, tome II, n° 48.

Figure I.1 : Les limites du front de peuplement au XVIIIe siècle.

Le fleuve *São Francisco* limitait alors les fronts de peuplement provenant du littoral et le pays désert, peu connu de l'intérieur.

du café comme premier produit d'exportation à partir de la décennie 1831/40 et enfin par le "boom" du caoutchouc à partir des années 1850.

L'objectif de ce premier chapitre est d'identifier les grands traits du processus d'organisation urbaine au Brésil jusqu'à la configuration d'un véritable réseau de villes au cours de la première moitié du XXe siècle. Il ne s'agit pas pour autant de reproduire ici toute l'histoire économico-territoriale du pays au cours de quatre siècles, mais de mettre en valeur les circonstances dans lequelles les agglomérations surgissent puis évoluent.

Une attention toute spéciale sera accordée au développement technique du XIXe siècle, car notre hypothèse centrale concerne le rôle des réseaux territoriaux sur l'organisation spatiale. En effet, les innovations techniques dans les domaines des transports et des communications répondent aux nouveaux enjeux politico-économiques du XXe siècle par une restructuration de l'espace, se constituant ainsi en agents d'un processus d'intégration territoriale.

1. Suprématie des villes-ports dans le Brésil colonial

L'analyse des plus grandes villes du pays à la fin du XIXe siècle met en évidence le processus d'organisation urbaine produit par l'économie coloniale. Lors du recensement de 1872, Rio de Janeiro était déjà la ville la plus peuplée (274 972) suivie par Salvador et Recife, toutes les deux dépassant les 100 000 habitants.

Le secteur exportateur, élément dynamique de l'économie, a surtout engendré le développement de villes-ports situées sur le littoral. En drainant la production issue de sa propre région économique, chaque ville se liait directement à l'étranger, formant ainsi plusieurs systèmes isolés. La seule articulation "nationale" se faisait entre les services du gouvernement installés dans les agglomérations et le pouvoir politico-administratif centralisé de la capitale du vice-royaume du Brésil — d'abord Salvador et ensuite Rio de Janeiro.

Salvador, une des plus anciennes villes du pays, fondée en 1549, détint tout au long de la période coloniale un rôle primordial dans la vie politique et économique de l'époque. Après 150 années de richesse sucrière, le premier noyau urbain était formé. En dehors du mouvement intense de son port, la figure 2 nous montre l'étendue de l'agglomération, encore fortifiée au début du XVIIIe siècle.

En suivant le schéma général de formation des villes côtières, la capitale du Brésil portugais se développe ainsi en fonction et aux alentours du port. Comme le décrit P. Geiger :

"On peut affirmer que Salvador a mieux que quel n'importe autre centre representé le fait urbain dans l'économie coloniale jusqu'à la partie finale de la période, quand Rio de Janeiro emporte la primauté ... La ville, initialement base défensive pour les Portugais, était outre le siège de l'administration coloniale, le port d'où sortaient le sucre,

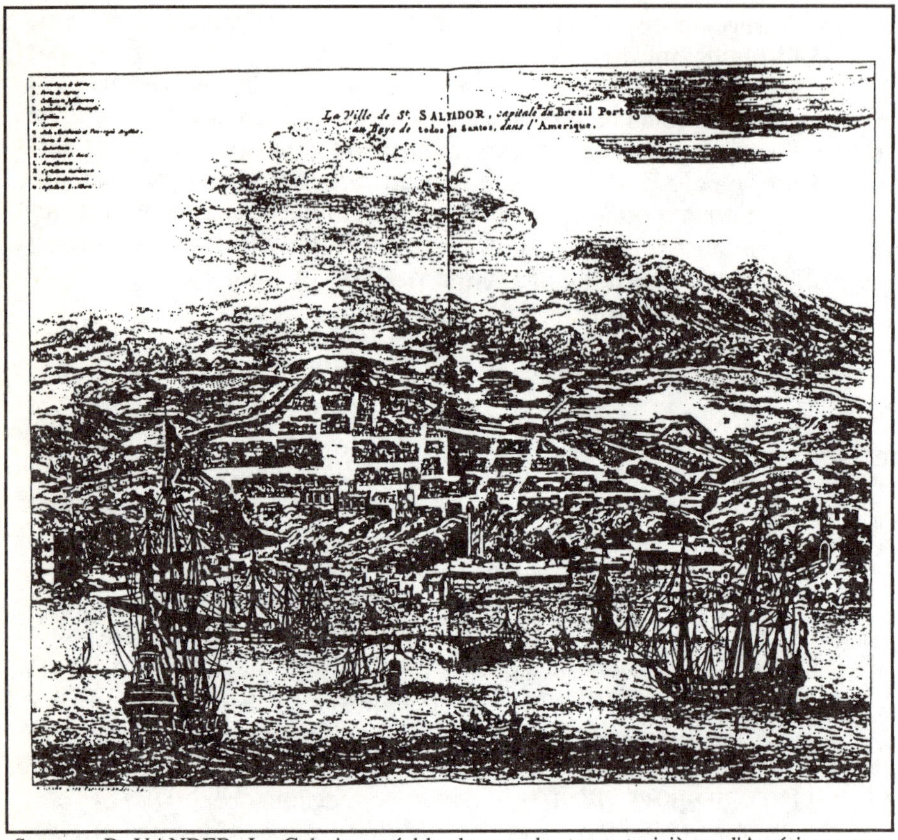

Source : P. VANDER, La Galerie agréable du monde, tome troisième d'Amérique vers 1725.

Figure I.2 : La ville de Salvador au début du XVIIIe siècle.

le tabac, les cuirs, l'or et où entraient les esclaves et les produits originaires de la métropole"[4].

Il revient à l'économie minière le rôle d'altérer le modèle d'organisation urbaine dominant jusqu'alors, par l'essor de Rio de Janeiro au détriment de Salvador. La géographie de l'or et des pierres précieuses inclut la *Chapada da Diamantina* à Bahia, mais s'étend principalement dans la région comprise entre la *Serra da Mantiqueira* dans le Minas Gerais et la région de Cuiabá dans le Mato Grosso.

La vocation de Rio, déjà réelle, comme entrepôt et port exportateur de la production sucrière issue des régions voisines est renforcée par sa relative proximité des zones d'exploitation minière. Le déplacement du pouvoir politico-administratif avec le transfert de la capitale coloniale de Salvador à Rio de Janeiro en 1763, marque une étape déterminante pour le futur réseau urbain brésilien. L'autre élément décisif quant au rôle futur de la ville de Rio fut le transfert de la famille royale portugaise en 1808, provoqué par l'occupation de Lisbonne par les troupes de Napoléon Bonaparte. La présence de la cour est suivie d'un mouvement commercial sans précédent : en 1811, deux cent sept magasins portugais et soixante quinze anglais s'installaient dans la ville[5]. Grâce à ces facteurs d'ordre économique et politique, la ville connaît au cours de la première moitié du XIXe siècle une extension considérable de son site urbain. De même, elle émerge dans l'ensemble du pays comme le centre culturel par excellence : sur un total de seize établissements classés comme scientifiques en 1856, la ville en concentre à elle seule treize[6].

Recife, capitale de la province de Pernambuco, doit son importance initiale à son *hinterland* où les conditions climatiques étaient spécialement favorables aux plantations de canne à sucre. L'essor du coton permettra à la ville de ne plus dépendre d'une seule source de richesse, le sucre, d'ailleurs en déclin. La position privilégiée de son port, situé dans la partie extrême orientale du Nordeste du Brésil, et ainsi relativement plus proche du marché européen, a aussi joué un rôle fondamental[7].

---

4 Etant donné la difficulté d'exprimer toujours correctement la pensée des auteurs non-francophones, nous avons décidé de garder en bas de page les citations en langue originale.

P.P. GEIGER, *Evolução da rêde urbana brasileira*, M.E.C., 1963, p. 322. *"Podese afirmar que Salvador configurou melhor do que qualquer outro centro o fato urbano da economia colonial até a parte final do período, quando o Rio de Janeiro lhe arrebatou a primazia ... A cidade, inicialmente base defensiva para os portuguêses, era, além de sede de administração colonial, pôrto por onde saíam açúcar, fumo, couros, ouro e por onde entravam escravos e produtos provenientes da metrópole".*

5 P. DENIS, *Le Brésil au XXème siècle*, Armand Colin, 1909, p. 56.

6 Selon la distribution suivante : Rio de Janeiro : Faculté de Médecine, Ecole Militaire (Mathématiques), Ecole d'Application de l'Armée de Terre, Académie de la Marine, Cours de Commerce, Muséum, Bibliothèque Publique, Académie de Beaux Arts, Faculté de Lettres, Société Auxiliaire de l'Industrie, Institut Historique et Géographique, Observatoire Astronomique et Institut de sourds et de muets ; Salvador : Faculté de Médicine ; Recife : Faculté de Droit ; São Paulo: Faculté de Droit. *Nova Carta Corográphica do Império do Brasil*, Lithographia Imperial de Eduardo Rensburg, 1857.

7 Ces excellentes conditions portuaires sont dûes à la présence d'une ligne continue de récifs arénitiques, digue naturelle qui donne son nom à la ville. P. P. GEIGER, op. cit., p.352.

Rio, Salvador et Recife ont en commun d'avoir une position côtière et de contrôler de vastes zones de culture de la canne. Elles sont le point de départ obligé du sucre, premier produit d'exportation, vers les marchés étrangers (Tableau I.1).

Tableau I.1 : Exportation de sucre du Brésil (1710)

Régions	Sucreries	Production (boîtes)	Exportation (boîtes)
Bahia	146	14 500	14 000
Pernambuco	246	12 300	12 100
Rio de Janeiro	136	10 220	10 100
Total	528	37 020	36 200

Source : P. SINGER, Desenvolvimento urbano e evolução urbana, Ed. Nacional, 1977.

Elles représentent la réussite économique d'un schéma d'exportation reposant sur deux matières premières : la canne à sucre au départ et l'or ensuite.

L'économie sucrière était associée à l'élevage nordestin, et l'économie minière à celui qui s'étendait de São Paulo au Rio Grande do Sul (voir la figure I.3). L'économie minière, caractérisée par de grandes distances pour le transport de la production d'or et de diamants et par la dispersion dans des régions de montagne, a créé un marché des bêtes de somme. Or, l'élevage du mulet se situait à l'extrême sud du pays et les foires à São Paulo. Ainsi, l'économie d'exploitation minière a créé les premiers liens de solidarité économique capables d'amorcer le processus d'intégration des régions du sud à l'ensemble de l'économie brésilienne[8].

Au contraire, les villes-ports situées au nord du pays sont caractérisées par leur isolement. São Luís, capitale de la province du Maranhão, n'a connu un essor économique, qu'à partir de la deuxième moitié du XVIIIe siècle, grâce aux modifications opérées sur le

[8] C. FURTADO, *Formação econômica do Brasil*, Ed. Nacional, 1980. Cet auteur nous décrit la vitalité de ce marché de mules, qui montaient du Rio Grande do Sul tous les ans, constituant la principale source des revenus de la région.

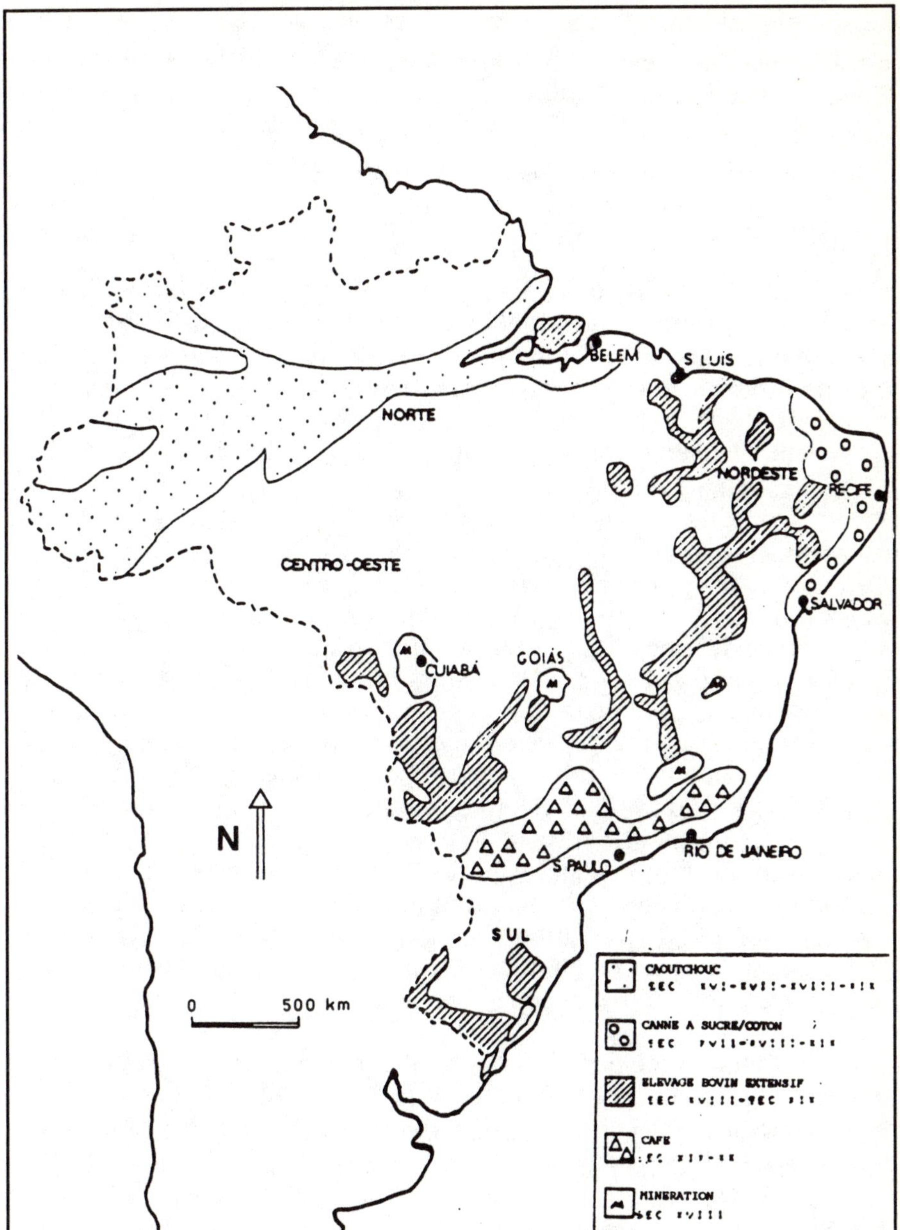

Source : L.O. MACHADO, Mitos e realidades da Amazonia brasileira no contexto geopolítico internacional (1540-1912), p. 167.

Figure I.3 : Localisation des activités primaires-exportatrices au Brésil.

marché mondial des produits tropicaux[9]. Belém a dominé la commercialisation et l'exportation des épices exploitées à l'intérieur de la forêt amazonienne[10], pour ensuite (à partir de 1850) bénéficier du 'boom' du caoutchouc.

2. Précarité des agglomérations à l'intérieur des terres

Chaque processus productif mis en place portait le germe de l'organisation urbaine. La production proprement dite a favorisé l'émergence d'une série de petits centres, comme ceux du *recôncavo* de Bahia et de la *zona da mata* de l'Etat de Pernambuco, tous les deux liés à l'économie sucrière[11]. De même, la circulation des produits entre les aires de production et celles d'exportation explique la genèse d'autres agglomérations à l'intérieur du pays. Cette longue citation de P. Deffontaines nous donne une bonne idée de l'intensité du trafic des marchandises au XVIIIe siècle :

"... tous les voyageurs anciens nous dépeignent l'incessant défilé des caravanes d'ânes et de mulets au long des pistes ou des chars à boeuf aux roues grinçantes traînés par cinq à dix paires de boeufs. Sur les chemins de descente de la *Serra do Mar*, les passages atteignaient une telle densité que c'était un métier lucratif que de ramasser les clous de fer à cheval perdus par les bêtes de somme. On transportait vers les ports des métaux précieux et quelques produits de plantation : café, rhum, sucre ; on remontait vers l'intérieur, du sel, des aliments, de la farine... ils avaient (les transporteurs) prévu des arrêts, des repos, des *pousos* qui progressivement devinrent de petites agglomérations"[12].

Ces agglomérations vont fréquemment par la suite, à travers l'incorporation de nouveaux espaces au processus productif, perdre leurs fonctions de départ, engendrant une réduction parfois brutale de leur population. L'exploitation d'un nouveau produit, qui engendre le déplacement des aires de production, est déterminée par la demande du marché extérieur ainsi que par les potentialités des sous-espaces nationaux.

Deffontaines note ensuite de façon très pertinente "l'instabilité de tout ce semis de petites agglomérations". Cependant, il faut reconsidérer aujourd'hui, après cinquante ans, l'analyse de cet auteur et le jugement qu'il portait. Selon lui :

---

9 La ville de São Luís, capitale de la province du Maranhão a profité des modifications opérées sur le marché mondial des produits tropicaux (coton et riz) provoquées par la guerre d'indépendance américaine et par la révolution industrielle anglaise (deuxième moitié du XVIIIe siècle).

10 Le terme **Amazonia** surgira au XIXe siècle pour désigner l'extrême nord du pays, au moment du "boom" du caoutchouc. L. O. MACHADO, *Intermittent control of the amazonian territory :* 1616-1960. ronéo., 1987, p.5.

11 M. SANTOS, *Croissance nationale et nouvelle armature urbaine au Brésil*, Annales de Géographie, vol. 77, 1968, p. 48.

12 P. DEFFONTAINES, *Comment au Brésil s'est constitué le réseau de villes*, Bulletin de la Société de Géographie de Lille, Année 59, tome 82, n° 9, 1938, p. 327.

"Les villes n'ont pas la fixité de nos vieilles cités européennes ; beaucoup sont des villes à éclipse, et le nombre des *cidades mortas* (cités mortes) est tout à fait anormal pour un pays neuf où la forme ville n'a pas trois siècles d'existence"[13].

L'histoire nous a montré que plusieurs cités mortes ont été appelées quelques années plus tard à exercer de nouvelles fonctions dans l'ensemble du réseau urbain. Des villes comme Congonhas do Campo et São João del Rei situées dans les montagnes minières de Minas Gerais vont exercer une fonction touristique importante à partir des années 1960[14]. La ville de Angra dos Reis située sur le littoral sud de l'état de Rio de Janeiro — un autre exemple donné par Deffontaines— abrite aujourd'hui la première usine nucléaire brésilienne.

Le raisonnement de Deffontaines, en faisant une analogie avec l'évolution des villes européennes, oublie le dynamisme propre à la structure de l'économie coloniale et compromet ainsi l'analyse de l'organisation urbaine qui en résulte. La constellation des systèmes isolés ou très peu articulés entre eux, qui caractérisait l'économie brésilienne aux cours de trois siècles, ne pouvait qu'engendrer la faiblesse et la mobilité des noyaux urbains à l'intérieur des terres.

Les idées développées par M. Santos à propos de forme et signification sociale peuvent être utiles pour éclairer le rapport entre les formes spatiales et les fonctions urbaines. Pour cet auteur :

"Si la forme est d'abord un résultat, elle est aussi un facteur social. Une fois créée pour une fonction particulière, la forme reste souvent jusqu'à ce qu'un autre mouvement dynamique de la société lui offre la possibilité d'accomplir une nouvelle fonction. Il n'y a pas de table rase et de destruction immédiate et complète des formes préexistantes lorsque de nouvelles déterminations de la société entraînent des changements. Cela serait un gaspillage inutile et est impossible en fait. Les rugosités — ces formes héritées des périodes précédentes — doivent être prises en considération par la société qui cherche à instaurer de nouvelles fonctions"[15].

Cette notion de "rugosité" ouvre un débat fécond pour l'analyse géographique car elle introduit une heureuse dialectique entre passé et présent. La réflexion que nous offre F. Braudel sur une petite ville au coeur de l'Etat de Bahia est exemplaire à ce propos. Loin dans l'intérieur, "Minas Velhas — les Mines Anciennes — a été plantée par l'aventure minière exigeante du XVIIIe siècle..."[16]. Ayant survécu à la décadence de l'activité aurifère, la ville a également résisté à l'émigration, au XXe siècle, d'une population jeune vers Salvador ou

---

13 Idem, p. 345.

14 A São João del Rei s'est développé une industrie d'étain assez importante, dont une grande partie de la production est destinée à l'étranger.

15 M. SANTOS, *Espace et méthode*, Publisud, 1989, p. 64.

16 F. BRAUDEL, *Ecrits sur l'histoire*, Flammarion, 1969, p. 240.

São Paulo. Selon l'auteur, Minas Velhas ne pouvait compter pour vivre que sur ses artisans, dont le travail était destiné à son propre marché et à celui de l'intérieur du Brésil. Ce dernier, encore en marge des voies ferrées qui se développaient entre temps dans le Sudeste et sur le littoral[17], n'existait qu'à travers la circulation muletière.

"La surprise est d'autant plus grande, pour le voyageur qui sait qu'il a quitté la "civilisation", d'arriver à Minas dans une ville typiquement ville... une ville, ô miracle, avec ses rues pavées, ses maisons alignées au long des trottoirs, fraîchement repeintes en blanc et bleu, sa propreté générale, ses habitants décemment vêtus, ses enfants sortant de l'école en blouse blanche et culotte bleue..."[18].

Malgré la fin d'une activité économique qui lui avait donné naissance, Minas Velhas est restée, avec ses 1500 citadins, dans la carte brésilienne, grâce au développement d'une industrie artisanale — même si ses couteaux, fouets et selles voyagent encore au rythme des mulets.

Plusieurs temps se côtoient donc à l'intérieur de ce réseau urbain brésilien en formation : des villes comme Salvador et Rio de Janeiro, qui vivent alors au rythme du monde, de ses possibilités techniques les plus modernes, et d'autres comme Minas Velhas, une parmi les centaines de petites agglomérations à l'intérieur du Brésil, dont le 'rythme local' représente en effet des espaces privés de réseaux aménagés[19], mais "ville typiquement ville", comme nous décrit Braudel.

3. Le développement des réseaux territoriaux au tournant du XXe siècle

La deuxième moitié du XIXe siècle est marquée par une série de changements d'ordre politico-économique et technique. L'abolition de l'esclavage en 1888 engendre des flux migratoires, cette fois-ci constitués par la main-d'œuvre libre européenne[20]. La proclamation de la République en 1889, issue du même mouvement politique contre un Empire "réactionnaire et esclavagiste"[21] et les formes juridiques et économiques issues de la Constitution de 1891 renforcent, parfois de façon contradictoire, les enjeux des nouveaux groupes sociaux, dont les activités ne peuvent se réaliser que dans l'espace urbain (industries, commerce, services publics)[22].

---

17 Le développement des chemins de fer sera l'objet de la section suivante.

18 F. BRAUDEL, op. cit., p. 241-242.

19 Sur l'aménagement des réseaux voir : G. DUPUY, *Systèmes, réseaux et territoires*, Presses de l'Ecole Nationale des Ponts et Chaussées, 1985.

20 La fin du trafic d'esclaves dans les années 1850 avait déjà libéré des capitaux importants, qui se sont déplacés vers les activités commerciales et financières.

21 C. PRADO JUNIOR, *História econômica do Brasil*, Brasiliense, 1988, p. 182.

22 Voir à ce propos C. FURTADO, op.cit. p. 171-173. L'auteur nous montre de quelle manière la décentralisation républicaine a permis l'ascension de groupes sociaux urbains contraires aux intérêts

A partir des formes spatiales créées au cours des trois derniers siècles, une nouvelle période dans le processus d'organisation urbaine s'établit au Brésil. Ces modifications sont à l'origine d'un réseau urbain qui se construit progressivement, mais qui n'existera véritablement qu'à partir des années 1940.

L'évolution démographique des dix plus grandes villes du pays entre 1872 et 1900 :

a) la régression de São Luís et de Cuiabá au profit de Manaus et de Curitiba, qu'exprime les modifications opérées dans l'exploitation des produits d'exportation (le caoutchouc et le maté en substitution au coton et à l'or) ;

b) la permanence de Rio de Janeiro en tant que première ville brésilienne ;

c) le passage de la ville de São Paulo, en trente ans, du dixième au deuxième rang avec une croissance démographique entre 1872 et 1900 de l'ordre de 700%[23].

Quelles étaient alors les nouvelles conditions, susceptibles de déterminer un tel bouleversement dans la hiérarchie de villes brésiliennes ? Cette question présuppose la prise en compte de trois axes d'analyse :

1) un nouveau temps dans le modèle agro-exportateur brésilien représenté par l'essor de l'économie du café ;

2) des innovations apparues dans les systèmes de transports — navigation à vapeur et chemin de fer — et de communication — télégraphe et téléphone — ;

3) l'installation des premières industries.

Le café : produit d'exportation brésilienne à la fin du XIXe siècle

Le café, introduit dans le pays au XVIIIe siècle, devient produit d'exportation un siècle plus tard et son importance pour le commerce extérieur ne cesse d'augmenter jusqu'à représenter 64,5% des exportations brésiliennes dans la période comprise entre 1890 et 1900[24]. Apparues d'abord aux alentours de la ville de Rio de Janeiro (dans la *Baixada Fluminense*), les plantations de café gagnent rapidement du terrain : vers le sud (la long du littoral), puis à travers la Vallée du Paraíba, pour arriver à l'ouest de l'Etat de São Paulo (Campinas, Jundiaí, Itú)[25]. Dans cette marche historique, nous trouvons la clé

---

agricole-exportateurs. La première République (1889-1930) correspond ainsi à une période de tensions entre les deux niveaux de gouvernement — féderal et des états.

23 Il faut encore remarquer que, pour la même période, les autres villes de la liste ont présenté une croissance démographique qui a varié entre 12% (Niterói) et 152% (Rio de Janeiro. Alors que pour Recife, comme l'a fait remarquer P. SINGER, la perte de population ne peut être dûe qu'à des erreurs de dénombrements, op. cit. p. 303.

24 P. SINGER, idem, p. 28.

25 Ce sont les régions où le café pour l'exportation était exploité, bien que cultivé dans la majorité du territoire brésilien.

principale du changement de cap du processus d'urbanisation brésilien. Le "boom" du café survient en effet alors que celui-ci était déjà largement répandu sur les terres *paulistas* et ceci dans un nouveau contexte marqué principalement par :

a) la généralisation de la consommation du café en Europe et en Amérique du Nord ;

b) d'importantes transformations opérées dans la structure politique du Brésil qui, sous la décentralisation républicaine, "renforce les pouvoirs des planteurs de café"[26] ;

c) l'abolition de l'esclavage engendrant l'arrivée d'une main d'œuvre libre de l'Europe, spécialement vers les régions de production de café, c'est-à-dire São Paulo. En plus, à la différence des planteurs du sucre du XVIIIe siècle, les "Barons du café" sont aussi des entrepreneurs commerciaux qui vont fixer leurs résidences dans la capitale et créer les premiers liens entre la production agricole et l'affaire bancaire.

Tableau I.2 Evolution des positions relatives des 10 plus grandes villes au Brésil entre 1872 et 1900.

Villes	Population					
	1872	Ordre	1890	Ordre	1900	Ordre
Rio de Janeiro	274 972	1	522 651	1	691 565	1
Salvador	129 109	2	174 412	2	205 813	3
Recife	116 671	3	111 556	3	113 106	4
Belém	61 997	4	50 064	6	96 560	5
Niterói	47 585	5	34 269	9	53 433	7
Porto Alegre	43 998	6	52 421	5	73 674	6
Fortaleza	42 458	7	40 902	7	48 369	10
Cuiabá	35 987	8	-	-	-	-
São Luís	31 604	9	-	-	-	-
São Paulo	31 385	10	64 934	4	239 820	2
Manaus	-	-	38 720	8	50 300	8
Teresina	-	-	31 523	10	-	-
Curitiba	-	-	49 755	9	-	-

Source : Ministério da Agricultura, industria e comércio, Anuàrio estatistico do Brasil, vol.1, 1916.

La formation des marchés de capitaux, provenant des recettes d'exportation du café et d'un marché du travail (main-d'œuvre libre prête à produire et à consommer), prend ainsi la forme de l'urbanisation. La ville de São Paulo se transforme en riche centre

[26] C. FURTADO, op.cit., p.179.
Le Gouvernement Impérial se caractérisait, au contraire, par une forte centralisation politico-administrative et ainsi par une totale dépendance des provinces vis à vis du pouvoir central.

commercial, dont le dynamisme n'échappe pas aux auteurs de l'époque :

"... la ville de São Paulo est pleine de vie et d'energie... le café est la source principale de tout ce développement. Le café est le thème principal de conversation. Le café est la clef de la situation financière. Le café est le roi"[27].

Grâce au café se constitue à São Paulo un réseau de chemin de fer relativement dense, qui apporte à la capitale les productions issues d'une vaste région agricole. Au contraire des anciens produits d'exportation — comme le sucre — auparavant transportés par les bêtes de somme, "le café voyage par les chemins de fer"[28]. De même, les ordres et les nouvelles circulent déjà par le télégraphe et ensuite par le téléphone.

Les lieux privilégiés du développement technique

Ces innovations techniques apparues au XIXe siècle sont largement exposées par L. Mumford, pour qui, le développement de la machine et la civilisation machiniste peuvent être divisés en trois phases successives de l'histoire humaine qui "se chevauchent et s'interpénètrent : les phases éotechnique, paléotechnique et néotechnique"[29]. La période qui nous intéresse ici correspond au passage de la phase "paléotechnique" à la phase "néotechnique" (situé à la deuxième moitié du siècle dernier).

L'auteur nous montre comment l'industrie "paléotechnique" (à partir de 1750), reposait sur la mine, dont les produits déterminaient ses inventions et ses perfectionnements :

"De la mine viennent la pompe à vapeur et la machine à vapeur, plus tard la locomotive à vapeur et par suite le bateau à vapeur... Le chemin de fer vient aussi de la mine... La combinaison du chemin de fer, train de wagons et locomotives, d'abord utilisée au début du XIXe siècle dans les mines, fut appliquée au transport des voyageurs un siècle plus tard".[30]

Il s'agit, pour autant, d'une période caractérisée par la consolidation et la systématisation des grands progrès réalisés auparavant. Toutes ces innovations, fondamentales dans l'histoire du capitalisme mondial, s'inscrivent et modifient les espaces nationaux, marqués dorénavant, par une plus grande mobilité en ce qui concerne la circulation des biens, des personnes et des nouvelles.

---

27 R. de C. WARD, A visit to the brazilian coffee country, The National Geographic Magazine, vol. XXII, n° 10, 1911, p. 908. *"... the city of São Paulo is so full of life and energy ... Coffee is the mainspring of all this development. Coffee is the prevailling topic of conversation. Coffee is the key of the financial situation. Coffee is king".*

28 Dans l'heureuse expression de P. SINGER, op.cit., p. 32. *"o café viaja (nesta époce) já por ferrovias".*

29 L. MUMFORD, *Technique et civilisation*, Seuil, 1950, p. 105.

30 Idem, p. 147-148. De même, la ligne télégraphique inaugurée en 1844 entre Washington et Baltimore a comme précurseur le télégraphe à signaux développé par Claude Chappe en 1793, p. 391.

a) La navigation à vapeur

Introduite au Brésil un demi-siècle après son perfectionnement par Jouffroy et Fitch dans les années 1790[31], le bateau à vapeur s'est vite généralisé et les lignes régulières de navigation atteignaient à la fin du XIXe siècle 50 000 kilomètres d'extension.

Ce moyen de transport s'est répandu sur le territoire selon cinq axes principaux d'expansion :

a) la long du littoral, depuis Pará jusqu'au Rio Grande do Sul ;

b) à travers le *rio São Francisco*, seule liaison centrale entre le nord et le sud du pays ;

c) de la côte vers l'intérieur des terres — au Maranhão, à Bahia, à Santa Catarina et au Rio Grande do Sul ;

d) par les *rios da Prata, Paraná et Paraguai*, intégrant le Mato Grosso au reste du pays ;

e) en Amazonie, au long du *rio Amazonas* et de ses principaux affluents — *Madeira, Negro et Tocantins*[32] (figure I.4).

L'essor de cette nouvelle forme de navigation maritime modifie le modèle d'occupation à l'intérieur des terres, caractérisé entre-temps par l'établissement progressif des communications terrestres entre le littoral et l'intérieur des terres. En effet, le bateau à vapeur engendre à la fois la décadence des agglomérations formées le long de ces premières "routes" et le développement des quelques noyaux urbains situés aux bord des rivières, comme les *cidades ribeirinhas* de Juazeiro à Bahia et de Januária à Minas Gerais. P. Deffontaines nous explique les origines de ces agglomérations relais, lorsqu'il écrit :

"... la navigation à vapeur... a réclamé un nouveau type d'escale, le port à bois *porto da lenha* ; les chaudières marchant au bois, tous les 30 kilomètres environ, il faut refaire la provision de combustibles, c'est dire le nombre de ces ports. Ils constituent une petite agglomération dont la population principale est composée de *lenhadores* (bûcherons), auquels se sont adjoints quelques marchands"[33].

Outre l'interruption d'un processus d'amélioration des anciens chemins où circulaient les caravanes d'ânes et de mulets, l'emploi de la vapeur détermine aussi la configuration d'une maille nouvelle de petites agglomérations.

b) Les chemins de fer

L'histoire du développement des chemins de fer permet de comprendre les modifications opérées dans le processus d'urbanisation brésilien à la fin du XIXe siècle.

---

31 Ibid, p. 150.
32 C. PRADO JUNIOR, op.cit., p. 196.
33 P. DEFFONTAINES, op. cit. p. 329.

La première loi du Gouvernement impérial en matière de politique ferroviaire, qui date de 1835, autorisait la construction de chemins de fer reliant la ville de Rio de Janeiro aux capitales des Etats de Minas Gerais, du Rio Grande do Sul et de Bahia. Le projet ne s'est pas développé pour les raisons qu'élucide Chrockatt de Sá :

"Le Brésil est devenu indépendant de la métropole en 1822, il n'avait que treize ans de vie autonome et était inconnu et sans ressources. Ce premier essai était destiné à l'échec"[34].

Quelques années plus tard, quand le Gouvernement passe à l'exécution d'une véritable politique ferroviaire et que les premiers trains commencent à circuler, les enjeux économiques, entre-temps modifiés, engendrent une toute autre configuration spatiale du réseau (figure I.5).

Si la première section inaugurée en 1854 partait de Rio, c'est dans la vaste zone d'influence de cette dernière que le réseau s'est développé au début : vers le nord *fluminense* atteignant les zones de production de canne à sucre à Campos en 1870 ; la vallée du *Paraíba do Sul* jusqu'à Cachoeira, assurant à partir de 1877 la liaison avec São Paulo par le raccordement des deux lignes ; et vers Ouro Preto (à l'époque capitale de Minas Gerais), la seule liaison retenue et concrétisée du premier plan établi en 1835.

Dans les Etats de Bahia, Pernambuco, Paraíba, Rio Grande do Norte et Ceará (au Nordeste) les chemins de fer ont en partie remplacé les anciens chemins en ce qui concerne l'acheminement de la production agricole et des matières premières (le cacao, le coton, le tabac, le sucre, la cire) destinés à l'étranger. En partant de villes-ports vers l'intérieur, l'extension des lignes ne dépassait presque jamais les 100 kilomètres.

A l'extrême sud du pays, deux lignes se trouvaient en service, reliant Porto Alegre à Novo Hamburgo et le port de Rio Grande à Bagé. Elles permettaient l'acheminement de la production de cuir et de peaux, aussi bien que la production agricole et de viande destinée à approvisioner le marché intérieur formé spécialement par Rio et São Paulo.

En dehors de Rio de Janeiro, c'est dans l'Etat de São Paulo que les chemins de fer ont connu des ramifications extraordinaires, cristallisant ainsi dans l'espace les nouveaux impératifs économiques.Premièrement, l'acheminement du café vers l'étranger va changer avec l'inauguration, en 1868, de la liaison ferroviaire entre Jundiaí et le port de Santos. L'enjeu stratégique d'une telle entreprise,

---

34 C. E.C HROCKATT de SA, Brazilian railways - their history, legislation and development, G. Leuzinger & Filhos, 1893, p.7."Brazil has become independent of the metropolis in 1822, it had but thirteen years of autonomous life and was unknown and without resources. This first attempt was sure not to be successful".

Source : C.PRADO JUNIOR

Figure I.4 : Les communications fluviales à la fin du XIXe siècle.

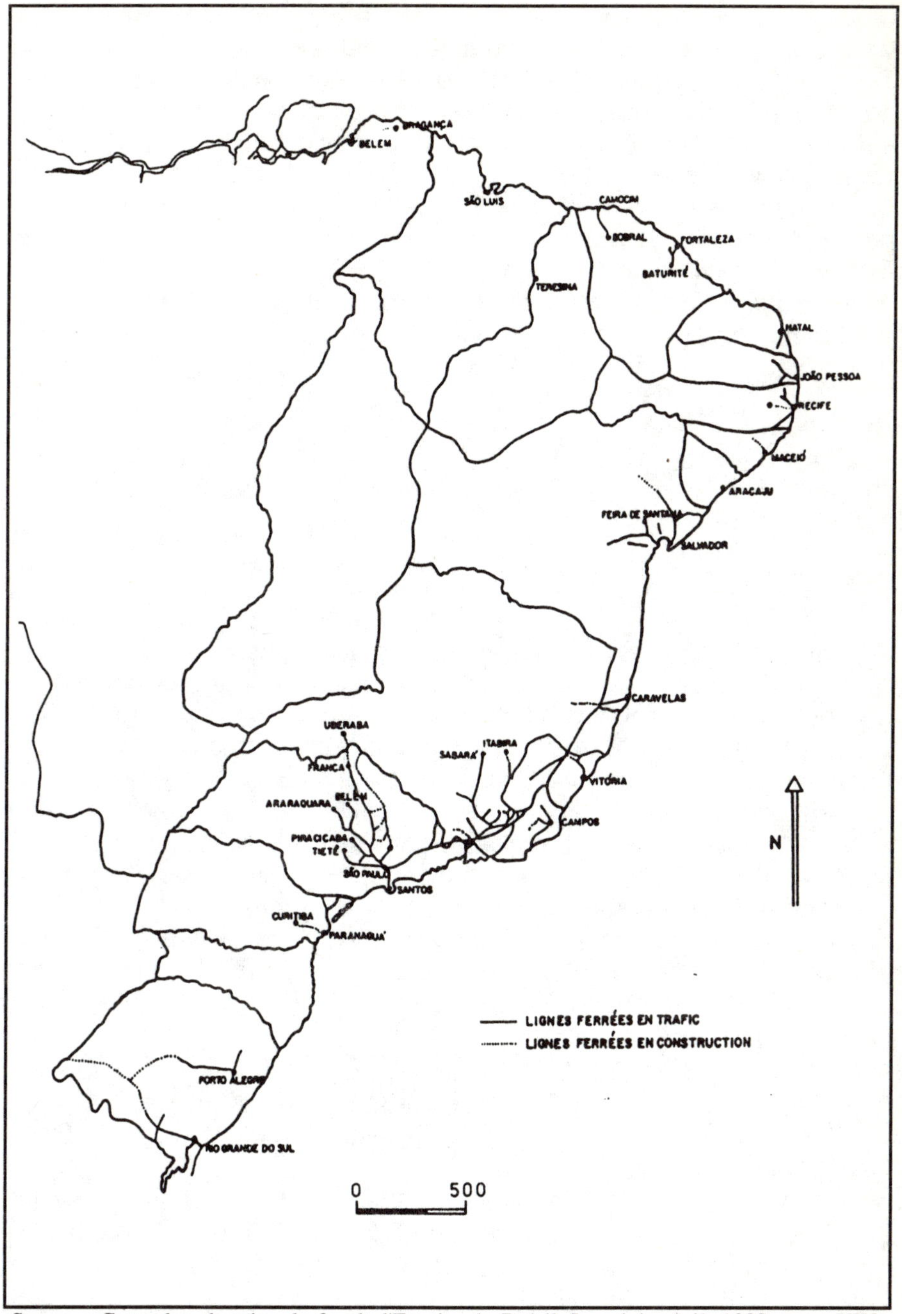

Source : Carte des chemins de fer de l'Empire du Brésil, Le génie civil, 1889, tome XIV, n° 17, pl. XVIII.

Figure I.5 : Carte des chemins de fer du Brésil en 1889.

entièrement confiée à une société anglaise[35], peut-être mesuré par les obstacles rencontrés tout au long de sa construction : après une traversée, sans difficultés, à 800 mètres d'altitude sur le revers de la *Serra do Mar*, les rails s'engagent sur les versants extrêmement abrupts de sa façade atlantique. La traversée des fortes pentes boisées a duré huit ans et a demandé la mise au point de travaux de génie civil tout à fait remarquables pour l'époque. La production *paulista*, jusqu'alors exportée par le port de Rio, est ensuite progressivement dirigée vers le port de Santos par le nouveau chemin de fer, alors nommé *São Paulo Railway*. La ville de Rio de Janeiro perd ainsi à partir de 1894 sa position hégémonique dans la commercialisation et l'exportation du produit-roi de l'économie brésilienne au profit du nouveau système fonctionnel formé par São Paulo-Santos.

Par la suite, la participation des planteurs de café aux nouvelles sociétés ferroviaires montre le pouvoir acquis par la bourgeoisie paulista qui, en décidant de la configuration spatiale du réseau ferré et ainsi de la circulation, en vint à commander d'une façon quasiment complète le processus productif. La formation de la *Cia. Paulista de Estradas de Ferro* à la fin de 1868 par 654 actionnaires, qui ont souscrit 25 000 actions, est exemplaire à ce propos :

"La plupart d'entre eux étaient *fazendeiros* et beaucoup appartenaient à la récente noblesse impériale. Le possesseur de la *fazenda* Chapadão, l'une des plus belles de Campinas, le baron d'Itapura, avait souscrit 200 actions ; un autre souscripteur de Campinas avait pris 300 actions. A l'importance de ces sommes, on devine combien était important le volume des disponibilités des planteurs de café"[36].

A la différence de la précarité des noyaux urbains des premiers temps de la conquête de l'espace brésilien, les villes desservies par les chemins de fer sont, si on ose le dire, beaucoup plus solides. En plus, des villes plus anciennes comme Campinas et Piracicaba s'affirment alors dans les cartes économiques et démographiques de l'Etat de São Paulo en tant que noyaux de commercialisation et de distribution des produits importés[37].

Le titre même "Régions ou réseaux" que P. Monbeig a donné au dernier chapitre de sa grande thèse sur les pionniers et planteurs de São Paulo est révélateur du rôle que les réseaux ferrés ont accompli sur l'organisation spatiale.

"Les capitales régionales ont grandi à la faveur d'une position exceptionnelle sur la voie ferrée... Les rails font l'unité parce qu'ils

---

[35] Dès la période coloniale, le capital mercantile anglais monopolisa le financement et les exportations des matières premières. Prédominant dans les firmes d'exportation et d'importation, dans les compagnies de navigation et dans les "maisons bancaires", il se dirigea ensuite vers les compagnies de chemin de fer.

[36] P. MONBEIG, Pionniers et planteurs de São Paulo, Armand Colin, 1952, p. 86.

[37] A titre d'exemple, en 1886, la ville de Campinas comptait à peine 6 450 habitants de moins que São Paulo. P.SINGER, op.cit., p. 32.

assurent l'écoulement de la production et que le succès individuel aussi bien que celui des entreprises colonisatrices dépend de l'expédition facile, continue et régulière de cette production... La distance est toujours l'ennemie du pionnier..."[38].

L'espace *paulista* était alors divisé en zones de production dont la toponymie reprenait les noms des compagnies de chemins de fer, comme la *Alta Araraquara* et la *Sorocabana*. Outre la contribution de P. Monbeig à la connaissance du processus d'occupation territoriale au Brésil, la mise en valeur qu'il fit du rôle des réseaux a ouvert un terrain de recherche extrêmement riche qui se révélera fécond.

Ces premiers réseaux de transport ont en effet cristallisé dans l'espace brésilien les signes d'un processus d'inégalité régionale qui se développera ensuite au cours du XXe siècle. Les régions Sud et Sudeste brésiliennes sont rapidement transformées à la fin du XIXe par de nouvelles formes d'organisation sociale et spatiale — le travail salarié et l'urbanisation. De même, sous la décentralisation républicaine, s'est accru le pouvoir des bourgeoisies régionales, qui ont vite montré leur habilité à influencer l'organisation de l'espace via la distribution spatiale des investissements dans les domaines des infrastructures[39].

Ces infrastructures, ici comprises en tant que réseaux, ne trouvent pas de similitudes dans "un caractère a priori technique", comme nous démontre G. Dupuy. Selon lui :

"... les réseaux relèvent tous de logiques socio-économiques du même ordre, que la technique concrétise dans des dispositifs et dans des modes de gestion qui participent de la nature du système urbain"[40].

La mise en place des premiéres lignes de télécommunication, contemporaines des chemins de fer, matérialise ainsi les intérêts de l'administration centralisée à Rio et des planteurs et éleveurs régionaux. En outre, l'extension du réseau démontre le besoin d'exercer une souveraineté sur une superficie de 8 511 965 km2.

c) Le télégraphe

La première ligne télégraphique fut installée dans la ville de Rio de Janeiro en 1852 ; elle liait le Palais de l'Empereur D. Pedro II, situé au *Paço de São Cristóvão*, au Quartier Général des Forces Armées dans le centre-ville. C'est en 1857, seulement treize ans après l'inauguration du premier service inter-urbain de télégraphie électrique aux Etats-Unis (entre Washington et Baltimore), que les villes de Rio et Petrópolis ont été reliées par le télégraphe.

L'histoire de la mise en place des lignes télégraphiques sur le territoire brésilien peut-être divisée en quatre périodes (tableau I.3).

---

38 P. MONBEIG, op. cit. , p. 356-357.

39 Il s'agit en effet d'une habilité qui est mondiale, comme nous prouvent les exemples présentés par D. HARVEY sur les classes bourgeoises en France et en Grande-Bretagne au XIXe siècle. *The condition of postmodernity*, BasilBlackwell, 1989, p.235.

40 G. DUPUY, Villes, systèmes et réseaux - le rôle historique des techniques urbaines, *Les annales de la recherche urbaine*, n° 23-24, 1984, p.241.

En 1866, les lignes télégraphiques terrestres présentaient déjà une étendue de dix mille kilomètres, reliant les principales villes des régions sudeste et sud du pays. Constitué au départ par de petites lignes à l'intérieur de la capitale, spécialement destinées au service du gouvernement, le télégraphe électrique fut vite employé à des fins non seulement commerciales, mais également militaires. Ainsi, en 1863, une ligne s'étendait jusqu'à la forteresse de Villegaignon, afin de renforcer le dispositif de défense de la baie de Rio de Janeiro. Et deux ans plus tard, la guerre contre le Paraguay démontra l'intérêt de recourir à ce puissant moyen de communication entre le gouvernement et les fronts de bataille. Nous trouvons mention de cette dernière utilisation dans le texte qui suit :

"La guerre entreprise contre le gouvernement du Paraguay, vers la fin de 1865,accéléra le développement de ce service. De la capitale au Sud de l'Empire, fut établie une ligne à fil double qui, tout en servant aux nécessités de la guerre, fut utilisée par un grand nombre de populations de la côte des provinces de Rio de Janeiro, de S. Paulo, du Paraná, Santa Catarina et principalement par le grand port commercial de Santos"[41].

· La période suivante est principalement caractérisée par l'extension du télégraphe à la partie orientale de la région Nordeste, mais aussi par l'installation des câbles sous-marins de la *Western Telegraph* reliant Rio de Janeiro aux villes-capitales du Sud, du Nordeste et du Nord (1874-1875). Les câbles télégraphiques sous-marins, généralement employés pour les liaisons inter-continentales, ont été adoptés relativement tôt par le Brésil, afin de résoudre les difficultés de communication entre l'administration centralisée à Rio et les centres économiques situés le long du vaste littoral. En 1876, les lignes terrestres desservaient 87 stations divisées en trois sections :

a) une ligne proprement urbaine, comptant 13 stations dans la capitale de l'Empire ;

b) une section vers le nord, où 22 stations couvraient la province de Rio de Janeiro jusqu'à celle de Espírito Santo, et 14 stations reliaient les capitales des provinces de Bahia, Sergipe, Alagoas et Pernambuco;

c) une section sud, qui avec 38 stations et des ramifications à travers les provinces de São Paulo et de Rio Grande do Sul, (où elles parviennent jusqu'aux frontières de l'Uruguay et de l'Argentine) mérite le nom de "réseau". Dans ce pays encore sous Gouvernement impérial, ayant des liens étroits avec l'ancienne métropole, est inauguré en 1874 le câble sous-marin international vers le Portugal.

Les périodes suivantes sont principalement caractérisées par l'arrivée des lignes télégraphiques terrestres dans les parties les plus lointaines du territoire brésilien. En 1915, après huit ans de travaux,

---

41 L'Empire du Brésil à l'exposition universelle de 1876 à Philadelphie, Typographia e Litographia do Imperial Instituto Artístico, 1876, p. 321.

sont établies les lignes entre Cuiabá (capitale du Mato Grosso) et Belém et Manaus (capitales du Pará et Amazonas)[42].

L'histoire de l'installation des moyens de télécommunications au Brésil nous montre qu'un projet d'une telle envergure, comme celui de la mise en place du télégraphe, ne sera repris qu'à la fin des années 1960 quand fut créé le système national de télécommunications par réseau hertzien.

Tableau I.3 : L'expansion des lignes télégraphiques entre 1857 et 1915

	Lignes (à partir de Rio de Janeiro)		
Périodes	Terrestres	Par câbles sous-marins	
		Nationale	Internationale
1857-1866	Sao Paulo, Paranà, Santa Catarina, Rio Grande do Sul.		
1867-1876	Espirito Santo, Bahia, Sergipe, Alagoas, Paraiba, Rio Grande do Norte	Sao Paulo, Santa Catarina Rio Grande do Sul Bahia, Pernambuco, Parà	Portugal
1877-1889	Cearà, Piaui, Maranhao et Parà		
1890-1915	Goiàs, Mato Grosso, Amazonas		Paris (via Dakar)

Source : Tableau établi à partir de EMBRATEL, Pequena cronologia das telecomunicações no Brasil, 1984, p. 1 à 5.

d) Le téléphone

Les premières lignes téléphoniques ont été établies à Rio de Janeiro en 1877 entre la résidence impériale et celles des ministres, à peine un an après la démonstration de transmission à distance réalisée

---

42 Il faut remarquer les difficultés associées à une telle entreprise, car cette ligne, non seulement longue (presque 2 000 kilomètres d'extension), traversait aussi de vastes parties du territoire couvertes par la forêt amazonienne. Tous les auteurs qui nous relatent cette "aventure" mettent en évidence le rôle de l'officier de l'Armée de Terre, Cândido Mariano da Silva Rondon (1865-1958) dans la construction des lignes télégraphiques qui ont relié l'ouest et le nord au littoral brésilien.

par G. Bell et T.A. Watson "reliant une manufacture de Boston à sa succursale située dans la ville voisine de Cambridge"[43].

L'année suivante, M. Kohn, ingénieur à la Cour impériale réalise la première liaison inter-urbaine entre la gare de la *Estrada de Ferro Paulista* à Campinas et celle, nommée *Inglêsa*, dans la ville de São Paulo. En 1889, un décret impérial autorise la construction des lignes téléphoniques à Rio et à Niterói (ville voisine située de l'autre côté de la baie de Rio de Janeiro).

Les innovations techniques se succèdent alors au rythme de leur invention et de leur apparition dans le monde. C'est en 1901 qu'est inauguré à Porto Alegre le premier centre téléphonique à batterie centrale, avec un réseau de câbles souterrains. La téléphonie automatique, qui se développe en Europe aux alentours de 1910[44], est mise en service à Porto Alegre en 1922. De même, c'est en 1929 qu'est installé à São Paulo le plus grand autocommutateur privé (PABX) de l'Amérique du Sud. Ces innovations sont introduites par la firme canadienne *Brazilian Traction Light & Power*, principale responsable de l'exploitation des réseaux téléphoniques à travers le système de concession. Le pouvoir de concession, centralisé à l'origine au niveau fédéral, devient sous la République l'apanage des Etats de la Fédération[45]. Entre-temps, les municipalités décident, à l'encontre du Gouvernement central, d'exercer aussi le pouvoir d'accorder des réseaux téléphoniques dans les circonscriptions municipales.

Entre 1900 et 1920, on observe un fort investissement en lignes téléphoniques afin d'accompagner une demande sociale sans cesse accrue. Suivant le modèle mondial :

"C'est la ville et plus précisement la bourgeoise d'affaires urbaine qui a été cliente du téléphone et en a permis le développement"[46].

Au Brésil, c'est ainsi dans la ville de Rio de Janeiro, capitale de la République instaurée en 1889, que la nouvelle technique va se diffuser davantage (tableau I.4). Ce sont les milieux politiques, de l'élite commerçante et les industriels qui assurent tout au début l'expansion du téléphone[47].

La division spatiale du travail était étroitement liée au développement du téléphone. Rio était en 1907 le premier centre industriel du pays, suivi par les Etats de São Paulo et du Rio Grande

---

[43] L. J. LIBOIS, *Genèse et croissance des télécommunications*, Masson, 1983, p. 308-309. L'auteur nous relate encore la présence de l'empereur D. Pedro II à l'Exposition du Centenaire à Philadelphie en 1876 où G. Bell a exposé son invention. L'empereur du Brésil, "connu comme protecteur des arts et des sciences ... s'intéressa aux appareils exposés qu'il essaya. "Mon Dieu, s'exclama-t-il, mais cette chose parle !". L'appréciation de l'empereur fit sensation et suscita un vif mouvement d'intérêt". Idem, p. 308.

[44] Idem, p. 63.

[45] Sauf en ce qui concerne les liaisons inter-états et internationales. A. M. MACULAN, *Processo decisório no setor de telecomunicações*, ronéo., 1981, p. 196.

[46] G. DUPUY, Les effets spatiaux des techniques de télécommunications : ouvrons la boîte noire ! Bulletin de l'IDATE, 1982, p. 78.

[47] C'est à Rio qu'est publié le premier annuaire téléphonique, uniquement pour les lignes commerciales. EMBRATEL, op. cit. p. 3.

do Sul. En effet, l'industrie naissante (fin du XIXe siècle) trouve dans certains espaces du territoire les conditions favorables à son développement, spécialement la présence de marchés pour les produits industriels. Pourtant, si les marchés de Rio et de São Paulo ont comme principale origine les capitaux provenant des recettes de l'exportation du café, celui du Rio Grande do Sul est formé par les capitaux originaires de l'élevage et de la production agricole destinés à approvisionner le marché intérieur.

Tableau I.4 : Situation téléphonique au début du siècle.

Etats de la Fédération	Nombre des postes (en 1913)	Niveau de concession*
Distrito Federal	12 263	F,M
Rio Grande do Sul	10 713	F,E,M
São Paulo	7 048	F,E,M
Rio de Janeiro	1 141	E
Pernambuco	1 072	E
Bahia	1 000	F
Paraná	942	E
Mato Grosso	675	M
Pará	603	E
Minas Gerais	591	E,M
Santa Catarina	493	E,M
Espírito Santo	480	E,M
Amazonas	374	E
Ceará	355	E,M
Maranhão	344	F
Alagoas	296	E
Paraíba	285	M
Goiás	150	E
Piauí	60	E
TOTAL	39 478	

* Le pouvoir de concession de lignes téléphoniques étaient partagés entre les gouvernements : fédéral (F), des Etats de la fédération (E) et des municipalités (M).

Source : M. BRITO, Subsídios para a história da telefonia no Brasil, NEC do Brasil, 1976, p. 185.

Ce sont les raisons qui expliquent l'innovation dans ces trois espaces, dont les élites ont aussitôt adopté la nouvelle invention (76% des postes téléphoniques du pays en 1913)[48]. C'est pourquoi, à la différence des autres états de la fédération, les interêts de toutes les instances du pouvoir public se trouvent ici exprimés à travers la concession de réseaux téléphoniques par les gouvernements : fédéral, des états et des municipalités.

---

[48] Subsídios para a história da telefonia no Brasil, Rio de Janeiro, 1976, p. 185.

Les premières industries et la crise du modèle agro-exportateur

Comme nous l'avons démontré, le tournant du XXe siècle réprésente à la fois l'essor des réseaux territoriaux et la réussite de l'économie caféière. Si l'acumulation des capitaux provenant de l'exportation des produits primaires est importante pour la formation des premières industries, il ne faut pas pour autant oublier celle qui provient du commerce importateur[49].

Tableau I.5 : Les dix plus grandes villes du Brésil en 1920.

Villes	Population	Villes	Population
Rio de Janeiro	1 157 873	Porto Alegre	179 265
São Paulo	579 033	Niterói	86 238
Salvador	283 422	Curitiba	79 986
Recife	238 843	Fortaleza	78 536
Belém	236 402	Manaus	75 704

Source : Ministério da agricultura, indústria e comércio, Recenseamento do Brasil, vol. IV, população, Rio de Janeiro, 1926.

Tableau I.6 : Commerce International en 1906 :
exportation et importation par les principaux ports brésiliens*.

Ports	Exportation	Importation	Total
São Paulo	20 282 592	6 409 795	26 692 387
Rio de Janeiro	7 481 158	13 521 512	21 002 670
Pará	6 659 424	2 700 278	9 359 702
Amazonas	6 648 817	1 250 582	7 899 399
Bahia	3 706 617	1 961 101	5 667 726
Rio Grande do Sul	1 563 748	2 371 131	3 934 879
Pernambuco	1 333 127	2 475 031	3 808 158
Paraná	1 310 833	394 066	1 704 899
Ceará	807 018	488 747	1 295 765
Total	49 793 334	31 572 243	81 365 577
Brésil	53 059 480	33 204 041	86 263 521

* Unité de valeur : 1 livre sterling = 25 francs français.

Source : MISSION brésilienne d'expansion économique, Brésil — carte politique et économique, 1908.

---

49 Voir à ce propos J. GORENDER, *A burguesia brasileira*, Brasiliense, 1981. L'auteur met en évidence le rôle du commerce importateur dans la formation de la bourgeoisie industrielle. De la vente des produits importés, plusieurs commerçants passent à la fabrication de ces mêmes produits, comme c'est le cas classique des Matarazzo, une des principales fortunes du Brésil au XXe siècle.

Les dix plus grandes villes de 1920 sont les mêmes qu'en 1900 et cette urbanisation cristallisée sur le littoral[50] apparaît comme la conséquence d'une dynamique économico-spatiale ayant encore comme principal noyau le binôme exportation-importation (tableaux I.5 et I.6).

En comparant les deux listes on voit très bien apparaître les principaux centres d'embarquement des produits primaires :

a) le système fonctionnel formé par São Paulo-Santos et Rio de Janeiro pour le café ;

b) Belém et Manaus pour le caoutchouc ;

c) Salvador pour le cacao et le tabac. De même, on remarque que la ville de Rio de Janeiro importe plus qu'elle n'exporte et détient donc un rôle prépondérant dans la distribution des biens provenant de l'étranger.

L'axe diplomatique se déplaça progressivement de Londres à Washington, car les Etats-Unis deviennent le principal acheteur du café, du caoutchouc et du cacao brésiliens[51]. A l'intérieur de ce modèle agro-exportateur, fortement dépendant du commerce international, certains lieux présentent des avantages comparatifs pour l'installation des premières industries .

A Rio de Janeiro, la proximité du centre de décision permettait aux industriels d'exercer une influence sur la politique douanière entraînant une série de mesures protectionnistes pour l'industrie naissante — exemption de taxes pour l'importation des matières premières et équipements et taxation élevée pour l'importation de biens déjà fabriqués dans le pays. A ces avantages, on ajoute l'importance du marché consommateur ainsi que celle du marché de capitaux — celui-ci se manifeste par la présence de très nombreux sièges de banques.

Le développement industriel *paulista* qui s'affirme ensuite a aussi compté sur un marché intérieur comparable à celui de Rio. Pourtant, un trait fondamental les opposait : tandis que la position côtière de Rio a engendré surtout sa propre croissance, la situation géographique de São Paulo — ville intérieure et carrefour important du réseau ferré, a permis la formation d'autres agglomérations urbaines. Les statistiques de localisation industrielle, au début du siècle, montrent par exemple que, malgré la concentration des industries en général dans la capitale de l'Etat, 60% des tissages *paulistas* se trouvent à l'intérieur de l'Etat de São Paulo et pas dans sa capitale[52]. Dans les années suivantes, le capital industriel continue à s'investir dans l'Etat de São Paulo selon un processus de causalité circulaire déjà bien exposé par plusieurs auteurs[53].

---

50 A l'exception de São Paulo et de Curitiba. Pourtant, la première forme un ensemble avec le port de Santos et la deuxième avec celui de Paranaguá.

51 "En 1912, les Etats-Unis achetaient 36% des exportations du Brésil, tandis que la Grande-Bretagne, deuxième marché par l'importance, en achetait seulement 15%". L. O. MACHADO, *Mitos e realidades da Amazonia brasileira no contexto geopolítico internacional (1540-1912)*, p. 434.

52 P. SINGER, op. cit. p. 49.

53 Idem ; C. FURTADO, op. cit. et M. da C. TAVARES, *Da substituição de importações ao capitalismo financeiro*, Rio de Janeiro, 1983.

L'industrialisation brésilienne s'accélère durant la Guerre de 1914-1918 et la crise mondiale de 1929. Le déclin ou même l'interruption du commerce international pendant les années de guerre, entre le Brésil et ses partenaires commerciaux, et la dépression prolongée qui atteint ces derniers par la suite, engendrent des modifications fondamentales dans le modèle économique traditionnel. Il y a à la fois diminution brutale des recettes d'exportation et des devises pour importer[54]. La substitution des importations, qui commençait déjà à s'imposer au tournant du XXe siècle par l'initiative de quelques industriels isolés, prend maintenant la forme d'un modèle de développement. Celui-ci marque une rupture significative dans les vieilles structures économiques et politiques.

Le mouvement révolutionnaire de 1930, qui marque la fin de la Première République, représente ainsi la réaction organisée des groupes industriels et des autres segments urbains — bureaucratie militaire et civile, contre l'influence des planteurs et des exportateurs de café auprès du gouvernement fédéral[55].

L'économie se tourne progressivement vers le marché intérieur. La diversification industrielle cherche à répondre à la demande des biens jusqu'alors dépendant des importations. Pour que cette industrie naissante se développe, il faut qu'il y ait à la fois importation de biens d'équipements et multiplication d'échanges à l'intérieur de l'espace brésilien entre les zones de production primaire (fournisseuses de matière première) et les aires de production industrielle.

Comme nous l'avons montré, le développement des réseaux de transport et de télécommunication avait modelé l'espace brésilien pour répondre aux besoins économiques des groupes agricoles et exportateurs, puis des industriels, ayant tous de fortes connotations régionales[56]. Toutes ces innovations techniques, apparues durant la deuxième moitié du XIXe siècle préparaient, d'une certaine façon, le terrain pour les transformations à venir. Les années qui séparent l'introduction des réseaux techniques et la constitution d'un véritable système urbain correspondent au passage entre le modèle économico-spatial tourné vers l'extérieur, et le modèle national créant de véritables liens entre les villes brésiliennes. Ce réseau urbain, qui s'établit avec une hiérarchie nationale de villes, est l'objet du chapitre suivant.

L'installation des premières grandes industries americaines date de cette époque. Les filiales brésiliennes qui à l'origine se réduisaient à de simples ateliers de finition, augmentèrent leur participation au processus productif. C'est le cas, par exemple de la *General Motors* et de la *Ford Motor Company*: Installés à la périphérie de la ville de São Paulo, les ateliers ont commencé par assembler des véhicules moteurs, la totalité des pièces étant importée des usines américaines. Par la suite, quelques-unes de ces pièces, voire même des ensembles de pièces ont été produits localement. C. PRADO JUNIOR, op. cit., p. 267.

54 M. da C. TAVARES estime que la crise des années 1930 a occasionné une réduction de 50% dans la capacité d'importer des pays latino-americains. op. cit. p. 33.

55 C. FURTADO, op.cit. p. 201.

56 On rappelle ici l'état du réseau ferré à la fin du XIXe siècle, ayant des ramifications impressionantes dans l'Etat de São Paulo et beaucoup moins importantes au Nordeste du pays, où des lignes de moindre longueur liaient les ville-ports à la zone de production immédiate. La navigation à vapeur assurait la liaison entre le nord et le sud du pays.

CHAPITRE II

Réseau et hiérarchie des villes au XXe siècle : l'intégration du marché national

"L'urbanisation intérieure" caractérise la première période du réseau brésilien de villes. Expression employée par M. Santos, elle synthétise l'ensemble des processus que détermine un déplacement de l'urbanisation, jusqu'alors fortement concentrée dans les vieilles capitales du littoral[1]. Si ces dernières voient leur population accrue, le fait nouveau, c'est le nombre de villes moyennes qui surgissent après 1940, dans le Sudeste du pays .

Nous situon la première période du réseau, entre 1940 et les années 1960. Pour la saisir, il faut d'abord considérer le processus de modernisation du Brésil, qui s'exprime par la mise en place des conditions de l'industrialisation de l'économie brésilienne dans un contexte international pourtant défavorable à l'exportation de biens d'équipements et à l'industrialisation du pays[2]. On assiste à l'émergence d'une "intelligentsia modernisante" qui, sans trouver un appui suffisant dans le secteur privé, va faire de l'Etat l'instrument de son ascension[3] : volontarisme et prééminence de l'Etat s'articulent alors pour établir une intégration du marché national qui cherche à rompre avec l'ancien modèle d'accumulation primaire exportateur.

L'équilibre des forces politiques, modifié par la Révolution de 1930, se redéfinit par le déplacement partiel des intérêts agraires les plus conservateurs en faveur des intérêts industriels et urbains. La restructuration de l'Etat transforme alors l'échelle même de traitement des questions économiques : dorénavant, les problèmes associés à la production du café, de la canne-à-sucre, etc., traditionnellement conçus en tant que régionaux, sont "convertis" en problèmes nationaux[4].

Remplacer l'ensemble des régions économiques isolées ou très peu articulées entre elles par l'intégration du marché national, voici le

---

1 M. SANTOS, Croissance nationale et nouvelle armature urbaine au Brésil, *Annales de Géographie*, vol. 77, 1968.

2 "La crise de 1929, par sa durée et son ampleur et la modification dans l'articulation des Etats qui en découle, permet dès 1933-1934 que se développent les potentialités industrialisantes de l'économie d'exportation alors même que l'économie d'exportation en tant que telle sombre dans la crise". P. SALAMA, Au-delà d'un faux débat : Quelques réflexions sur l'articulation des Etats/Nations en Amérique Latine, *Revue Tiers-Monde*, XVII, n° 68, 1976, p. 947.

3 Le processus d'institution d'un Etat-entrepreneur au Brésil est présenté par L. MARTINS, Estado capitalista e burocracia no Brasil pós-64, Paz e Terra, 1985.

4 L'expression "convertis" (convertidos) est employé par W. CANO. L'auteur nous montre comment ces produits comptent après 1930 avec des instruments de politique économique fédérale centralisée. *Desequilibrios regionais e concentração industrial no Brasil, 1930-1970,* Global, 1985, p. 185.

but de l'action de l'Etat nouveau. Dans ce sens, le processus d'intégration territoriale, commencé il y a trois siècles et prenant essentiellement la forme d'une urbanisation intérieure, permet de comprendre la configuration du réseau urbain brésilien. De plus, les techniques interviennent comme des instruments participant à ce même processus. Donc, l'analyse de l'évolution d'autres réseaux sur le territoire est une fois de plus centrale dans l'organisation de notre pensée.

Nous chercherons par la suite à rendre compte des principaux mécanismes explicatifs de la structure du réseau brésilien de villes jusqu'aux années 1960.

1. Intégration économique et industrialisation

Le développement industriel devient le secteur prioritaire de l'économie nationale, représentant une sorte de modèle par lequel l'Etat devait parvenir à réaliser l'intégration du marché national. Malgré l'absence d'un discours explicite, les décisions politiques prises au cours des années 1930 représentaient un ensemble de mesures protectionnistes pour l'industrie[5].

L'élimination de barrières de tous ordres constituait alors la condition primordiale pour intégrer le marché intérieur, car cette intégration présupposait l'accroissement du degré de complémentarité économique entre les différentes régions brésiliennes.

La barrière juridique constituée par les impôts sur la circulation des marchandises entre les Etats de la Fédération est alors l'objet de décrets gouvernementaux successifs, comme ceux-ci, datés du début des années trente :

"... Considérant que les impôts entre les Etats et entre les municipalités constituent une des plus sérieuses entraves au développement économique du pays... Considérant l'intérêt national de les éliminer ... considérant la nécessité d'assurer l'unité économique du territoire brésilien, afin que tous les produits nationaux ou déjà nationalisés soient traités avec la plus absolue égalité et le respect du travail national..."[6].

Les résistances à la disparition d'un tel impôt, source importante de revenus dans plusieurs Etats de la Fédération, expliquent son mantien jusqu'en 1943. De même, elles constituent un exemple du

---

5 Spécialement en ce qui concerne le contrôle des importations et les politiques de dévalorisation et de contrôle des changes.

6 *"... Considerando que os impostos entre os estados e os municipios constituem um dos mais sérios embaraços ao desenvolvimento econômico do país... Considerando que é da mais alta conveniência nacional erradicá-los...* Décret 2148 du 17/05/1932... *considerando a necessidade de assegurar a unidade econômica do território brasileiro, a fim de que todos os produtos nacionais ou já nacionalizados sejam tratados com a mais absoluta igualdade e respeito ao trabalho nacional... ".* Décret 19 995 du 14/05/1931, cité par W. CANO, idem, p. 188. L'auteur explique comment une marchandise produite dans l'Etat "x" et vendue dans l'Etat "y" était de nouveau taxée par ce dernier. Ce mécanisme augmentait en effet le prix final de vente, favorisant aussi bien la production similaire dans l'Etat "y" que le produit importé de l'étranger par ce même Etat.

niveau de luttes qui perdurèrent durant toute la période du Gouvernement de Getúlio Vargas (de 1930 à 1945), manifestant des anciennes divergences entre les intérêts agraires et ceux représentés par les industriels et les couches urbaines[7].

Progressivement, le discours économique devient de plus en plus explicite en faveur du développement industriel. Sous la forme idéologique du "nationalisme" dans un premier temps et ensuite du *desenvolvimentismo*, l'intervention de l'Etat brésilien se redéfinit en tant que projet de développement et privilégie trois axes principaux d'action :

a) l'installation de l'industrie lourde ;

b) l'institution du monopole public dans l'exploration et la production du pétrole (création de la *PETROBRAS* en 1953)

c) l'investissement dans le domaine des infrastructures (principalement les transports et l'énergie).

L'année 1956 est symbolique : pour la première fois, le revenu du secteur industriel dépasse celui de l'agriculture. Le Gouvernement de Juscelino Kubitschek s'installe et met en place le Plan des Objectifs (*Programa de Metas,* 1956-1960). Ce dernier, dont les origines remontent aux principales conclusions d'un programme bilatéral de recherche établi en 1948 entre le Brésil et les Etats-Unis[8], se concrétise par :

a) la construction et l'amélioration des réseaux routier et d'énergie électrique, des ports, de capacités de stockage et des silos;

b) la création et l'extension des industries prioritaires — automobile, bâtiment et sidérurgie.

La condition de cette nouvelle phase du processus d'industrialisation brésilienne était sans doute le degré d'avance des économies développées dans l'après-guerre (particulièrement les Etats-Unis), qui commencent alors à connaître de forts gains de productivité et le besoin d'étendre leurs marchés au delà des frontières nationales. Certes l'exportation des capitaux vers le Brésil existait déjà depuis longtemps, mais la nouveauté est l'investissement direct et massif dans la production manufacturière[9]. En assurant des avantages sans précédents au niveau fiscal (politique de bénéfices rapatriés), le Gouvernement Kubitschek réalise un véritable appel au capital étranger. Voici comment M. Possas résume la situation :

"... pour la première fois, l'expansion économique nationale, amorcée autour de 1956, n'a pas pû être considérée indépendamment du

---

7 La création d'une législation du travail, appliquée dans les grandes villes, date alors de la période Vargas et assure aux salariés urbains un niveau de vie supérieur à celui des couches rurales.

8 La "Mission Abbink" lancée en 1948 s'est transformée en 1950 en une commission conjointe Brésil-E.U.A. qui cherchait à identifier les principaux goulots d'étranglement de l'économie brésilienne. L'idée d'un rattrapage du développement était alors présente et s'exprimait dans le slogan "cinquante années en cinq".

9 Les principaux traits du processus d'internationalisation de la production dès les années cinquante sont présentés par A. AMIN et I. SMITH, *The internationalization of production and its implications for the UK, Technological change, industrial restructuring and regional development*, UNWIN HYMAN, 1986.

capital étranger, comme un facteur d'importance décisive dans ce processus. Tant le volume de l'investissement direct étranger, dans les industries anciennes ou récentes, que le rythme de création de filiales multinationales, étaient sans précédent. Par conséquent, le milieu de la décennie 50 peut-être considéré comme un repère aussi bien pour le processus d'industrialisation que pour la présence des corporations internationales au Brésil"[10].

Il ne fait aucun doute que, comme le souligne Possas, cette époque correspond à l'arrivée des grandes sociétés internationales[11]. Il n'y a pas de doute non plus que les choix de localisation de ces dernières renforçaient encore plus la concentration industrielle à São Paulo. En fait, la création de grandes aires industrielles sur un anneau de 100 km environ autour de la capitale de São Paulo date des années cinquante.

Etant donné l'avance de l'industrie paulista en matière de modernisation et de diversification, celle-ci représentant presque la moitié de la valeur de la production industrielle brésilienne en 1938 et 55% vingt ans plus tard[12] : rien de plus naturel que São Paulo prenne le commandement du processus d'intégration économique.

L'intégration du marché national peut être mesurée par l'évolution des exportations réalisées par São Paulo : en 1928, 63% des exportations se destinaient à l'étranger et à peine 37% au reste du pays ; en 1950, les flux s'inversent et les exportations vers le marché intérieur atteignent 52%, pour représenter 82% onze ans plus tard. L'évolution des exportations réalisées par les autres régions vers le marché intérieur présente une courbe moins prononcée, passant de 34% en 1928 à 55% en 1968[13]. L'analyse des rubriques du commerce inter-régional met également en évidence la complémentarité agricole et industrielle (tableau II.1).

São Paulo consolide sa position de commandement du processus d'industrialisation et les autres régions présentent, à des degrés variés, une diversification dans leurs structures productives. Le sud brésilien, dont l'organisation sociale et spatiale fut rapidement transformée au XIXe siècle comme nous l'avons montré au chapitre I, est alors le lieu le plus réceptif à la dissémination du progrès technique et à

---

10 " ... pela primeira vez a expansão econômica doméstica, iniciada por volta de 1956, não pôde ser considerada independentemente do capital estrangeiro como um fator de decisiva importância neste processo. O investimento direto estrangeiro nas plantas industriais já existentes ou mesmo inteiramente novas era, por outro lado, de um tamanho sem precedentes, e a abertura de novas filiais multinacionais passa a ocorrer em um ritmo sem paralelos anteriores. Em consequência, o meado da década de 50 pode ser considerado como um marco tanto para o processo de industrialização como para o registro da presença de corporação internacional no Brasil". M. POSSAS, Empresas multinacionais e industrialização no Brasil, *Desenvolvimento capitalista no Brasil*, n° 2, Brasiliense, 1983, p.19.

11 Parmi plusieurs on peut citer : Bosh, Daimler-Benz, Fiat, Olivetti, Osram et Volkswagen.

12 La distribution relative de la valeur de la production industrielle brésilienne pour les années 1938 et 1958 était la suivante:São Paulo : 43,5% et 55,0%, Distrito Federal : 14,2% et 11,4% et les autres Etats: 42,3% et 33,6%. H. RATTNER, Industrialização e concentração econômica em São Paulo, Fundação Getúlio Vargas, 1972, p. 36.

13 W. CANO, Desequilibrios regionais e concentração industrial no Brasil, 1930-1970, Global, 1985, p.263.

l'intensification des relations capitalistes de production. Le Nordeste, éloigné aussi bien par la distance physique que par l'archaïsme de sa structure économico-sociale, n'a pas pu reproduire, à cette époque, le développement du "pôle". Pourtant, des mesures macro-politiques prises par le Gouvernement Fédéral, matérialisées dans la création de la *SUDENE* en 1959, ont amené des investissements dans cette région du pays[14].

Tableau II.1 : Commerce inter-régional des Etats de São Paulo, Rio Grande do Sul et de la région Nordeste : participation relative de produits industrialisés (PI) et de produits primaires (PP).

	São Paulo		Rio Grande do Sul		Nordeste	
Années	PI	PP	PI	PP	PI	PP
1930	75	25	6	94	...	...
1968*	84	16	41	59	28	72

* Pour le Nordeste ces données correspondent à l'année 1965, tandis que pour le Rio Grande do Sul à l'année 1969.
Source: D'après W. CANO, op. cit., p. 262 à 264.

A l'intérieur de la région Sudeste, outre la proximité au marché consommateur, des facteurs classiques dans la théorie de la localisation industrielle étaient historiquement présents : les capitaux provenant des recettes d'exportation, la main-d'œuvre fréquemment renouvelée par l'exode rural et le réseau ferroviaire assez ramifié. La croissance et la diversification du secteur agricole assuraient entre-temps les matières premières, essentielles à la production industrielle[15].

Beaucoup d'économistes ont fait l'effort d'interpréter ce phénomène de concentration spatiale d'activités industrielles. Parmi eux, H. Rattner met en évidence le facteur infrastructure, en insistant sur le fait que les déficiences en moyens de transport et de communication peuvent annuler tous les efforts faits pour l'expansion ou l'installation de nouvelles industries dans les régions retardées[16].

---

[14] Il ne s'agit pas ici de produire un bilan de l'action de la *Superintendëncia de Desenvolvimento da Região Nordeste (SUDENE)*. Pour cela, voir : A. COHN, *Crise regional e planejamento*, Perspectiva, 1976.

[15] Le coeur industriel correspondait en effet à un espace assez hétérogène. Il incluait les aires en déclin économique, anciennes zones de production caféière des Etats du Minas Gerais et du Rio de Janeiro, et celles en pleine modernisation, comme le sud du Minas Gerais et l'Etat de São Paulo. Dans ce dernier, l'incorporation du progrès technique associée à l'extension du front pionnier vers le nord-ouest, ont permis une diversification agricole représentée par les produits alimentaires, le coton et la canne-à-sucre. Sur le front pionnier à São Paulo, voir : P. MONBEIG, *Pionniers et planteurs de São Paulo*, Armand Colin, 1952.

[16] H. RATTNER, op. cit., p. 58.

Comment les premiers réseaux techniques mis en place au XIXe siècle ont-ils évolué ? Dans quelle mesure leurs configurations sont-elles restées circonscrites à l'échelle du Centre-sud du pays ? Quels étaient les nouveaux réseaux et leurs enjeux spatiaux ? Voici l'ensemble des questions qui nous guide dans la partie suivante.

2. Intégration économique et réseaux territoriaux

La stagnation des réseaux de télécommunication

La citation ci-dessous, transcrite d'une publication officielle brésilienne, éclaire les conditions de fonctionnement, au début des années 1960, des réseaux de télécommunication mis en place au tournant du XXe siècle :

"Les investisseurs étrangers, quand ils analysent en termes de marché les débouchés offerts à de nouveaux investissements, s'étonnent de l'état déficient de notre infrastructure ... les moyens de communication interne sont précaires et n'offrent pas d'appui aux relations et échanges commerciaux. Un avis de crédit prend environ 30 jours. Une lettre, avec de la chance, finira par arriver un jour. Les services téléphoniques et télégraphiques font défaut. De São Paulo à Rio, et vice-versa, le drame de la communication téléphonique s'aggrave chaque jour. Nous ne savons plus dire quelle est la meilleure heure, parce que dans la journée les lignes sont occupées et le soir l'opératrice ne répond pas"[17].

Comment une telle obsolescence des services téléphoniques peut-elle succéder à une période de fort investissement et d'incorporation rapide du progrès technique, au début du siècle ? Pour répondre à cette question, il faut d'abord préciser, comme l'a déjà fait T. Benakouche, que les références bibliographiques sur l'histoire des télécommunications brésiliennes sont pratiquement inexistantes, excepté les sources provenant des organismes officiels[18]. Ces derniers attribuent deux causes au phénomène de ralentissement des investissements dans les décennies 1940 et 1950 : d'une part, la Seconde Guerre mondiale qui freinait les possibilités d'importation des équipements, d'autre part, la compétence éparpillée entre des administrations de niveaux différents (fédérales, des États et

---

17 *"Os investidores estrangeiros, quando vêm analisar as oportunidades oferecidas como mercado para novos empreendimentos, ficam surpresos com o grau de deficiência de nossa infra-estrutura...os meios de comunicação são precários e pouco rendimento oferecem no sentido de dar apoio às relações e trocas comerciais. Um aviso de crédito, por outro lado, leva cêrca de 30 dias. Uma carta, quando a sorte ajuda, chega algum dia. Faltam-nos os serviços telefônicos e telegráficos. De São Paulo para o Rio, e vice-versa, o drama da comunicação telefônica se agrava a cada dia que passa. Já não sabemos dizer qual a melhor hora, porque durante o dia as linhas estão ocupadas e à noite o interurbano não responde"*. Boletim Cambial, 2610, 16 mar., 1966. Cité par H. RATTNER, idem, p. 58.

18 T. BENAKOUCHE, *Du téléphone aux nouvelles technologies : implications sociales et spatiales des réseaux de télécommunication au Brésil*, Thése de Doctorat de l'Université Paris XII, p. 67-68.

municipalités) pour l'octroi d'un permis d'exploitation privée des réseaux téléphoniques.

Le premier argument n'est valable que pour une courte période, quand, en effet, la guerre a pratiquement arrêté l'expansion mondiale du téléphone[19]. En revanche, la présence d'une multiplicité d'instances du pouvoir public, avec chacune une forme spécifique de gestion et de fixation des tarifs, a certainement provoqué un déséquilibre qui ne permettait pas l'expansion du système existant. Au début des années 1960, le pays comptait plus de 800 compagnies téléphoniques, 1 million de postes pour 70 millions d'habitants[20]. Les moyens techniques du système de télécommunication comprenaient alors les ondes courtes, les câbles sous-marins à basse capacité de transmission et deux liaisons par faisceaux hertziens : la première, mise en place par La *Companhia Telefônica Brasileira*[21] fut inauguré en 1957 et reliait les villes de Rio de Janeiro, São Paulo et Campinas avec une capacité de 468 circuits téléphoniques ; la seconde, l'oeuvre de la *NOVACAP* [22], fut inaugurée en 1960 et joignait Rio de Janeiro, Belo Horizonte, Brasília et Goiânia (120 circuits téléphoniques)[23].

Si l'argumentation officielle n'est pas fausse, elle nous paraît insuffisante. Notre hypothèse est que la stagnation des télécommunications doit aussi être attribuée, d'une part, à l'absence d'un système financier plus développé, qui admet par exemple que des taux d'intérêts différents soient appliqués d'un point à l'autre du territoire national. En effet, l'industrialisation du pays ne s'accompagna pas d'une réforme financière qui assurât la permanence des marchés parallèles de crédit locaux ou régionaux[24]. Dans cette perspective, l'existence d'un système national et performant de transmission d'informations ne représentait pas encore la condition première de réalisation du modèle économique. D'autre part, il faut revenir à la question centrale de cette période de l'histoire brésilienne, c'est-à-dire l'intégration du marché national et la volonté de l'époque d'éliminer les barrières physiques à la libre circulation des marchandises et de la main-d'œuvre et, en conséquence, de promouvoir une politique d'unification des marchés à travers le développement des moyens de transport.

---

[19] Sauf en Amérique du Nord et dans quelques pays neutres, comme démontre L. J. LIBOIS, *Genèse et croissance des télécommunications*, Masson, 1983, p. 86.

[20] Comunicações no Brasil 87, Ministério das Comunicações, 1987, p. 10.

[21] La Companhia Telefônica Brasileira (capital canadien) détenait 2/3 du marché brésilien, concentrant ses activités sur l'axe formé par les Etats de Rio de Janeiro et de São Paulo.

[22] Organisme directement rélié à la Présidence de la République, la *Comissão Urbanizadora da Nova Capital do País (NOVACAP)* fut chargé des travaux relatifs à la construction de Brasília (loi n° 2874 du 19 septembre, 1956).

[23] EMBRATEL, 18 anos, Ministério das Comunicações, 1983.

[24] Analysant l'Etat de Bahia, M. SANTOS démontre le rôle conservateur de banques, du commerce d'exportation et du commerce grossiste dans la vie économique régionale : Passado e presente das relações entre sociedade e espaço e localização pontual da indústria moderna no Estado da Bahia, *Boletim Paulista de Geografia*, n° 65, 1987.

Essor routier et déclin des chemins de fer

La mise en oeuvre d'une politique routière au Brésil remonte aux années 1920, quand le Gouvernement de l'Etat de São Paulo crée le premier plan routier du pays[25]. P. Monbeig dresse de l'époque le tableau suivant :

"La Ford de ces temps héroïques bouleversa la circulation. Dans les mêmes années, l'usage du camion se généralisa. Les informations indiquent dans toutes les zones pionnières que le premier camion apparut en 1924... Les hommes d'affaires que sont les planteurs et les marchands de terres avaient vite compris que les routes prolongeaient le rail. Grâce à la route et au camion, il devenait possible de pousser les défrichements non plus en avant (les deux grandes voies ferrées atteignaient les points extrêmes), mais de chaque côté des voies ferrées"[26].

Conçues au départ comme moyen de transport complémentaire des chemins de fer, les routes ont vite progressé grâce à une construction moins coûteuse, aux facilités d'accès et à la flexibilité des itinéraires[27]. Le déficit d'exploitation croissant des lignes ferrées modifia les enjeux : la route, de complémentaire devient concurrentielle. Plusieurs lignes ferrées sont devenues anti-économiques, étant donné le déclin des anciennes zones productrices de café desservies par les chemins de fer. De même, les différentes largeurs de voies empêchaient un trafic continu et le clientélisme, à défaut d'une véritable politique, entraîna le déficit de plusieurs itinéraires[28].

La décadence du secteur ferroviaire, aggravé ensuite durant les années de guerre par le blocage des importations d'équipements et de combustible[29], a favorisé le plein développement d'un courant "pro-routier" (*pró-rodoviarista*) à l'intérieur du Gouvernement fédéral, mais aussi des Gouvernements des Etats de São Paulo, Minas Gerais et Rio Grande do Sul. Ces derniers avaient déjà, en effet, réalisé leurs projets indépendamment d'un Plan national et faisaient alors pression sur le pouvoir central pour obtenir une augmentation de leurs ressources.

Cette problématique ne trouve une réponse définitive qu'en 1945 grâce à l'adoption de la Loi Joppert, ainsi nommée à cause du ministre des Travaux publics de l'époque, Maurício Joppert da Silva. Elle s'inscrit dans le sillage du *rodoviarismo* au Brésil, en vue de jeter les bases d'une politique routière nationale, de satisfaire plusieurs

---

[25] S.L. GRANDI, *Desenvolvimento da indústria da construção no Brasil : mobilidade e acumulação do capital e da força de trabalho*, Thèse de Doctorat, USP, 1985, p. 106.

[26] P. MONBEIG, op. cit., p. 179.

[27] N.R. INNOCENCIO, Transportes rodoviários, *Atlas Nacional do Brasil*, folha IV (14), IBGE, 1966.

[28] N.R. INNOCENCIO, Transportes ferroviários, marítimos e fluviais, Atlas Nacional do Brasil, folha IV (13), IBGE, 1966.

[29] La croissance moyenne annuelle des lignes ferrées n'a cessé de diminuer après 1914. Elle a été de 1208 km entre 1908 et 1914 ; de 209 km entre 1929 et 1934 ; et de 153 km entre 1939 et 1945. S.N. GRANDI, op. cit., p. 101.

suggestions adressées par les Gouvernemments des Etats et de fournir le support administratif et financier à l'extension du secteur. Enfin, elle a permis la mise en place du Plan Routier national, institué en 1944[30].

Les effets de cette nouvelle orientation se matérialisèrent à la fin des années 1940 par la construction de la route Rio-Bahia, première liaison routière entre le Sudeste et le Nordeste du pays. Quelques années plus tard, la mise en place du Plan des Objectifs (1956-1960) marque le début d'une longue période d'investissement massif dans le domaine routier. Il ne s'agit plus d'expliquer l'essor routier en termes d'un substitut ou d'un concurrent commercial au réseau ferré, mais plutôt de comprendre comment il s'inscrit dans le mouvement de réorganisation territorial engendré par le processus d'industrialisation[31].

L'installation de l'industrie automobile fut, en effet, l'un des principaux atouts du Plan des Objectifs, dont 30% des ressources ont été alors destinées au secteur transport[32]. Afin que les routes assurent le rôle principal dans les flux à moyenne et longue distances, l'extension du réseau routier augmente de 42 %, tandis que l'extension des routes asphaltées quadruple entre 1955 et 1960 (Tableau II.2). La comparaison de cette période avec les suivantes démontre la continuité d'une telle politique par les Gouvernements militaires successifs installés après le Coup d'Etat de 1964[33].

Revenons à ce qui nous préoccupait à la fin de la section précédente, à savoir les motifs de la stagnation du secteur des télécommunications. Il convient de regarder aussi comment se structuraient les rapports entre les divers services de l'administration publique. En effet, le ministère des Travaux publics centralisa tous les organismes chargés d'élaborer les politiques de transports et de télécommunications.

Etant donné la priorité accordée dès 1945 au transport routier, il nous semble logique que les autres domaines puissent alors avoir été pénalisés dans la distribution des ressources. Le rythme accéléré du processus d'industrialisation dans le Gouvernemment de Juscelino Kubitschek, centré sur la substitution des importations de biens de consommation durables (spécialement les automobiles) et de biens intermédiaires (combustibles liquides, sidérurgie, etc.) exigeait d'importants investissements de l'Etat en énergie et transports[34].

L'histoire du développement routier démontre ainsi l'articulation des divers échelles en deux temps bien précis. Au départ, le processus d'unification des marchés commandé par São Paulo suscite et produit la

---

30 Idem, p. 102.

31 A propos de la signification de nouveaux réseaux, voir : G. DUPUY, *Systèmes, réseaux et territoires*, Presses de l'Ecole Nationale des Ponts et Chaussées, 1985, chapitre 6.

32 M.A.C. RIBEIRO et R.S. de ALMEIDA, *Estrutura espacial e modificações tecnológicas no sistema de transportes brasileiro, Brasil : uma visão geográfica nos anos 80*, IBGE, 1988, p.185.

33 L'analyse de la période la plus récente sera l'objet du chapitre 5.

34 L'investissement public en énergie et transports réprésentait 23% du total en 1955 et 39% en 1961. M.L. POSSAS, op. cit. p. 20.

route, en même temps qu'il en dépend. La figureII.1 montre les premières liaisons routières, qui témoignent du renforcement des anciens liens de solidarité entre le Sudeste et le Sud du pays, malgré l'exclusion de vastes zones dans les deux ensembles régionaux.

L'entrée en scène du Gouvernement fédéral légitime les aspirations régionales à travers la mise en place d'un Plan routier National, qui, fait nouveau, se situe dans une perspective nationale. En effet, un tel projet s'articulait avec d'autres décisions fédérales, comme la disparition de l'impôt sur la circulation des marchandises entre les Etats de la Fédération.

La deuxième étape débute en 1955. La croissance économique enregistrée à cette période constitue, comme le souligne A. G. Frank[35], un des processus du système économique mondial. L'auteur ajoute que :

"...ce qui amène les pays développés à s'implanter dans les pays du Tiers Monde ce sont les bas salaires, les apports consentis par ces pays tels que : paiement des équipements nécessaires à l'infrastructure locale et autres ..."[36].

Dans une association étroite avec le capital étranger, l'Etat prend en charge l'infrastructure routière et dessine une nouvelle géographie de la circulation dans l'espace brésilien.

En 1964, on remarque déjà la formation de grands axes inter-régionaux asphaltés[37], reliant le Sud au Nordeste et intégrant la nouvelle capitale au triangle économique formé par São Paulo, Belo Horizonte et Rio de Janeiro (figure II.2). Les routes asphaltées ne forment un vrai réseau régional qu'à l'intérieur du Sudeste, réseau constitué par : la liaison entre Rio et São Paulo, la plus importante du pays en matière de flux de marchandises ; les routes que relient Rio à Vitória et Belo Horizonte ; et celles qui traversent entièrement l'Etat de São Paulo, renforçant les centres agricoles à l'intérieur et les centres industriels en plein essor comme Sorocaba et Jundiaí.

Au Nordeste, l'orientation et l'extension des routes de meilleure qualité évoquent la configuration des premiers chemins de fer, dont les lignes qui partaient des villes-ports ne dépassaient pas les 100 km vers l'intérieur. De cette manière, c'est principalement par les routes qu'on appelle à circulation permanente que le réseau nordestin s'est constitué au départ. Dans certains cas, le tracé routier a complètement changé le sens des flux commerciaux et explique ainsi la croissance et le rôle que les villes de Picos (au Piauí) et Campina Grande (Paraíba) exerceront

---

35 A.G. FRANK, La crise mondiale et les transformations économiques en cours, *Espaces et sociétés*, n° 44, 1984, p.22.

36 Idem, p. 23.

37 La distinction entre routes asphaltées et routes à circulation permanente est fondamentale. En 1964, le voyage entre Salvador et Juazeiro (ville située à l'intérieur de l'Etat de Bahia et limitrophe de Petrolina dans l'Etat de Pernambuco) prenait à peu près 24 heures et demandait aux voyageurs une certaine détermination. Pour surmonter les obstacles de la nature, durant la période de pluies, il fallait ramasser les morceaux de bois et reconstituer ainsi la route emportée par les eaux. Aujourd'hui, le même parcours en route asphaltée prend environ 4 heures.

ensuite sur l'ensemble du réseau urbain[38]. Cependant, les tracés avaient aussi d'autres significations : au lieu de support des flux économiques, les routes ouvertes par le D.N.O.C.S.[39] cherchaient à secourir les populations sinistrées par suite de la sécheresse et à leur donner du travail.

Tableau II.2 : Brésil : Croissance du réseau routier entre 1955 et 1975.

Croissance des routes asphaltées				
			Croissance	
Années	Extension des routes (km)	Période	Au cours de la période	Relative (%)
1955	3 133	1955/60	9 570	305
1960	12 703	1960/70	32 603	280
1970	48 306	1970/75	12 840	26
1980	80 780			

Croissance totale des routes				
			Croissance	
Années	Extension des routes (km)	Période	Au cours de la période	Relative (%)
1955	76 178	1955/60	32 177	42
1960	108 355	1960/70	71 860	66
1970	180 215	1970/75	1 220	0,6
1975	181 435	1975/80	23 544	13
1980	204 979			

Source : D'après M.A.C. RIBEIRO et R.S. de ALMEIDA, Estrutura espacial e modificações tecnológicas no sistema de transportes brasileiro, Brasil : uma visão geográfica nos anos 80, IBGE, 1988, p.189.

---

38 P.P. GEIGER, *Evolução da rêde urbana brasileira*, MEC, 1963, p. 110.

39 La grande sécheresse de 1958 va profondément marquer l'action du *Departamento Nacional de Obras Contra a Seca (D.N.O.C.S).*

Source : Central, Southern and Northeast roads, 1944, Litog.in G.P.O. : Department of State Service.

Figure II.1 : La carte des routes en 1944.

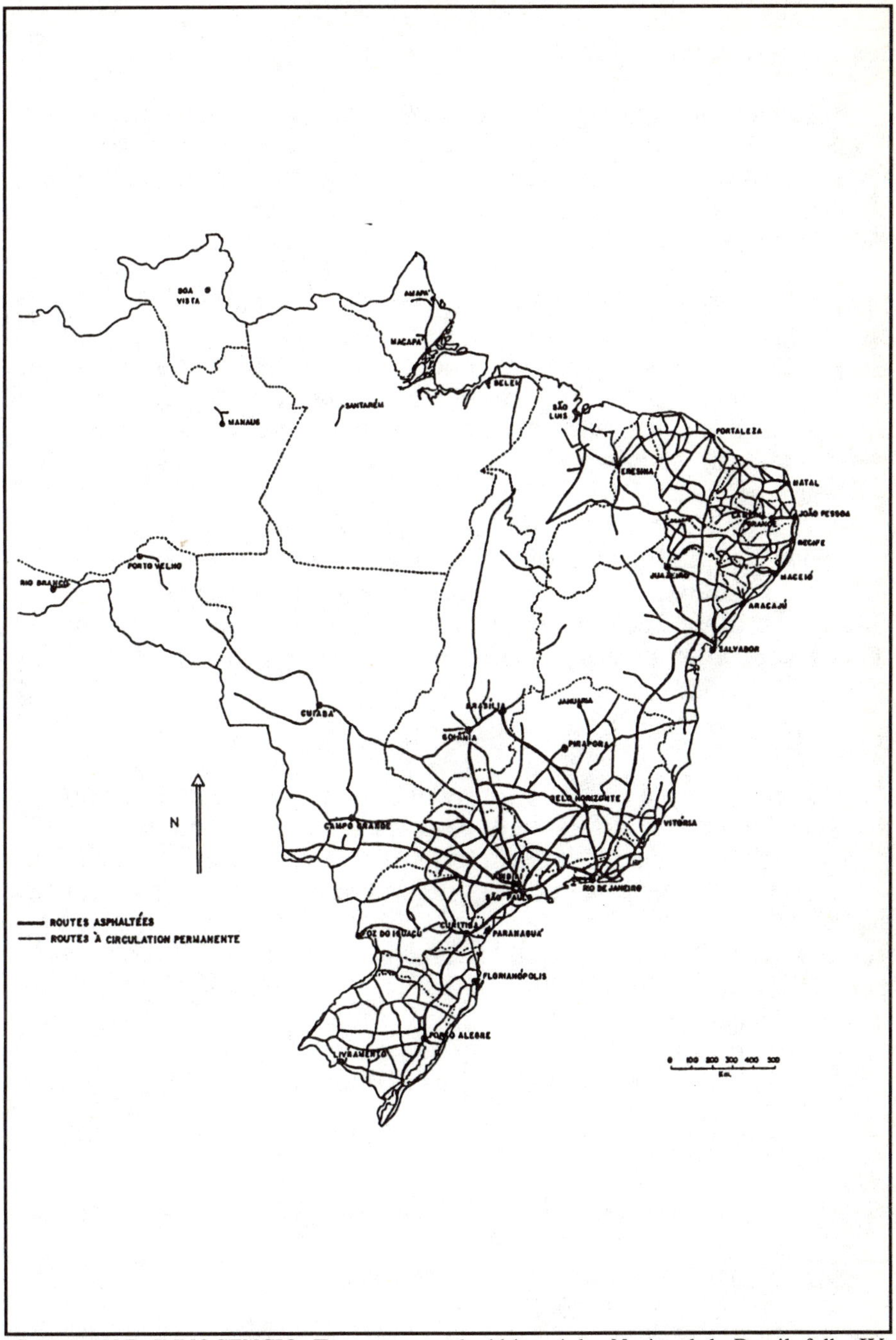

Source : N.R. INNOCENCIO, Transportes rodoviários, Atlas Nacional do Brasil, folha IV (14), IBGE, 1966.

Figure II.2 : Le réseau routier en 1964.

Au sud du pays, la principale caractéristique du réseau était la relative densité des circuits économiques selon les axes suivants : entre les aires de production caféière du nord du Paraná et le port de Paranaguá et entre ce dernier et Foz de Iguaçú, permettant ainsi au Paraguay l'acheminement de sa production vers l'étranger ; et entre Porto Alegre et le port de Rio Grande, Livramento et Uruguaiana, pour le commerce avec l'Uruguay et l'Argentine. Ces tracés, outre leur importance pour le commerce extérieur, étaient un facteur d'intégration des villes à l'intérieur des Etats.

Le déplacement de la capitale vers le Plateau central a, de fait, amorcé le processus d'intégration économique entre le Nord et le Sudeste et a renforcé les liens déjà existants entre cette dernière et le Centre-Ouest. Les travaux de la route Belém-Brasília ont accompagné dans les années 1950 le rythme fébrile de construction de Brasília, car la conception d'une nouvelle capitale fédérale à l'intérieur des terres avait pour objectif le peuplement et le développement d'une vaste partie du territoire national[40].

A côté d'une circulation croissante des biens et des matières premières, la route a également affermi les flux de main-d'œuvre. Cette migration interne, qui n'a cessé de progresser après 1930[41], était en même temps le résultat et la condition de réalisation du projet d'intégration du marché national, comme nous le verrons par la suite.

3. Intégration économique et flux migratoires

Dans les années 1930, les travailleurs qui débarquaient dans les zones pionnières à São Paulo et ceux qui construisaient les premiers bidonvilles (*favelas*) des grandes villes brésiliennes partageaient quasiment la même histoire : expulsés de leurs foyers, les uns par la sécheresse du *sertão,* les autres par le déclin économique de l'ancienne zone caféière de Minas Gerais, l'implantation d'usines de canne à sucre dans la *Zona da Mata* à Pernambuco et à Alagoas les contraint à un nouveau départ[42].

P. Singer voit dans ce dernier mouvement une dissolution du "complexe rural", c'est-à-dire de l'ensemble des activités de marché et

---

[40] Voir à ce propos : F. de M.S. GUIMARÃES, O planalto central e o problema da mudança da capital do Brasil, *Revista Brasileira de Geografia*, 11 (4), 1949. J. GOTTMANN, The role of capital cities, *Ekistics*, n° 264, 1977.

[41] Il faut pourtant remarquer la présence de flux migratoires importants avant les années 1930. Selon L.O. MACHADO, le Gouvernement central offrit, en 1877 et en 1900 des billets gratuits vers l'Amazonie et le Centre-sud aux migrants expulsés par la sécheresse du Nordeste. "Plus qu'aux sécheresses nordestines" explique Machado, "l'impulsion migratoire vers l'Amazonie se rapportait aux phases de valorisation du caoutchouc dans les marché international". "*Mais do que às secas nordestinas, o impulso migratório para a Amazonia estava relacionado àa fases de valorização da borracha no mercado internacional". Mitos e realidades da Amazonia brasileira no contexto geopolítico internacional (1540-1912),* Tese Doctoral, Universitat de Barcelona, 1989, p. 377.

[42] P. MONBEIG, op. cit., p. 133.

de subsistance qui existaient dès l'époque coloniale[43]. La fin de l'esclavage a, dans un premier temps, permis aux travailleurs (comme auparavant aux esclaves) d'associer cultures vivrières et culture de la canne pour les sucreries. La situation a complètement changé avec l'arrivé des grandes usines. Voici comment P. Singer résume la situation :

"La dissolution du "complexe rural" libère une certaine quantité de main-d'œuvre agricole. La cause est à rechercher en premier lieu dans la monoculture extensive, qui permet d'atteindre des niveaux croissants de productivité du travail, sans que la masse des travailleurs puisse trouver d'occupation alternative à la campagne. En deuxième lieu, le processus d'industrialisation de la canne à sucre absorbe une quantité limitée de main-d'œuvre, qui n'arrive pas à insuffler une vitalité économique aux villes de la *Zona da Mata*, en raison des salaires, trop faibles pour animer le commerce urbain et ouvrir un marché aux activités industrielles"[44].

Les populations locales, ainsi expulsées par la pénétration du capital industriel dans la campagne nordestine, ont : d'une part, contribué à l'expansion démographique des villes-capitales les plus proches (spécialement Recife) sans, toutefois, pouvoir s'intégrer au marché de travail, faute d'un accroissement concomitant des activités productives urbaines[45] ; d'autre part, les migrants ont été le moteur d'une croissance qui se produisait ailleurs, à la fois dans les fronts pionniers et dans les grandes villes du Sudeste.

D'après P. Monbeig, les premiers migrants arrivés dans les zones pionnières étaient en grande majorité originaires des Etats du Nordeste du pays[46]. Appelés *baianos*, car l'Etat de Bahia était le principal foyer d'émigration, ils entreprenaient un long chemin avant de débarquer à São Paulo : arrivant à pied à Juazeiro (ville au bord du fleuve São Francisco), ils prenaient le vapeur jusqu'à Pirapora, ville-terminus du réseau ferré[47].

Ainsi, à l'origine, la circulation de la main-d'œuvre était assurée par les chemins de fer, situation qui se modifie peu à peu avec le développement routier des années 1940. L'état de misère de la majorité

---

43 P. SINGER, *Desenvolvimento econômico e evolução urbana*, Nacional, 1977, p. 332-337. L' expression "complexe rural" est originaire de l'ouvrage de G. PAIM, *Industrialização e economia natural.*

44 *"A decomposição do "complexo rural" libera uma certa quantidade de mão-de-obra agrícola. Isto de deve em primeiro lugar à monocultura extensiva, que permite alcançar níveis crescentes de produtividade do trabalho, sem que a massa trabalhadora assim deslocada encontre ocupação alternativa no campo. Em segundo lugar, o processo de industrialização da cana absorve uma quantidade limitada de mão-de-obra, que não chega a proporcionar grande vitalidade econômica às cidades da Zona da Mata, devido aos baixos salários prevalecentes, insuficientes para animar o comércio urbano e abrir um mercado amplo às atividades industriais"*. Idem, p. 334.

45 En discutant les résultats du Recensement des *Mocambos* (bidonvilles) du Recife réalisé en 1939, P. Singer démontre que : 164 837 personnes habitaient les mocambos, représentant 50% des habitants de la ville ; le chômage "déguisé" dans des activités nommées "domestiques" touchait 1/3 de cette population, donc 1/6 de la population de Recife. *I*bid, p. 342-343.

46 P. MONBEIG, op. cit., p. 133.

47 Idem, p. 133.

de ces populations, incapable de se payer un billet d'autocar, explique les origines du *pau-de-arara*, sorte de petit camion, dont la partie arrière, conçue initialement pour le transport des marchandises, devient le moyen de transport de familles entières.

Dans les années suivantes, la migration des *baianos* décrit par P. Monbeig est remplacée par celle des *candangos*, la main-d'œuvre qui a construit Brasília, originaire elle-aussi du Nordeste et du Minas Gerais.

L'analyse que nous venons de présenter au long de ce chapitre sur les principaux instruments de la politique spatiale et économique utilisés pour rompre avec l'héritage du système colonial et unifier le marché national, nous permet alors de caractériser le réseau urbain dans sa première phase. Elle nous permet aussi de mieux comprendre, à travers l'action de chaque acteur — l'entrepreneur régional, les Gouvernements fédéral et des Etats, et le capital étranger — comment les impératifs de communication intègrent les villes à un réseau.

4. La géométrie du réseau urbain

Le processus d'intégration économique dans sa première étape, qui va de 1930 aux années 1960, se réalise sous l'égide du capital industriel, principalement localisé à São Paulo. Dans cette optique, l'émergence du réseau urbain se perçoit mieux : à la dépendance historique des villes par rapport à l'étranger se substitue la dépendance par rapport à São Paulo[48].

L'urbanisation s'accélère : la population urbaine a été multipliée par trois entre 1940 et 1960, passant de 31,24% à 45,08% par rapport à la population totale. Les villes de São Paulo et Rio de Janeiro comptent déjà plus de 3 000 000 habitants, suivies par quatre villes de plus de 500 000 habitants (Recife, Porto Alegre, Salvador et Belo Horizonte). En outre, il y avait 25 villes entre 100 000 et 500 000 habitants et 37 villes entre 50 000 et 100 000 (figure II.3).

Cependant, à la régularité d'une croissance urbaine déterminée par la position côtière se superpose celle commandée par les facteurs de localisation industrielle. Le tableau II.3 permet de vérifier ce changement dans la localisation des principales villes entre 1940 et 1960, ainsi que le déplacement de l'urbanisation. Les agglomérations situées sur le littoral gardent leur position historique, mais un fait nouveau surgit : l'intériorisation du noyau urbain dans la région Sudeste, alors nommée le "coeur industriel".

Plusieurs auteurs se sont penchés sur l'étude des villes brésiliennes pour dégager le caractère essentiel du réseau urbain dans sa première phase[49]. Parmi eux, M. Santos a proposé la classification qui

---

[48] M. SANTOS, Croissance nationale et nouvelle armature urbaine au Brésil, op. cit., p. 59.

[49] P.P. GEIGER et F. DAVIDOVICH, Aspectos do fato urbano no Brasil, *Revista Brasileira de Geografia*, ano 23, n° 2, 1961 ; P.P. GEIGER, Evolução da rêde urbana brasileira, op. cit. ; M.

Tableau II.3 : Localisation des 50 plus grandes villes brésiliennes en 1940, 1950 et 1960.

Caractéristiques	1940	1950	1960
Littoral	18	17	16
Au sud du Minas	34	35	38
"Coeur industriel"*	22	25	32
Capitales d'Etats	19	20	21
Villes non capitales en dehors du "Coeur industriel"	11	8	7
Villes non capitales au nord du Minas	5	3	2

* Inclut les Etats de São Paulo, Minas Gerais, Rio de Janeiro et Espírito Santo.

Source : M. SANTOS, Croissance nationale et nouvelle armature urbaine au Brésil, *Annales de Géographie*, vol. 77, 1968, p. 46.

nous semble la plus originale : contrairement aux autres schémas classificateurs, l'auteur insiste dans son analyse sur la finalité des rapports qui se nouent entre les éléments du système urbain[50]. Dans cette perspective, il distingue trois niveaux hiérarchiques : les métropoles, les métropoles incomplètes et les centres régionaux, ces derniers comportant une variante, les capitales régionales. Selon lui :

"Les métropoles seront des villes dont le degré de complexité ou l'importance des fonctions leur (sic) assure une sorte de domination (fondée sur l'une ou l'autre fonction) sur le territoire du pays. Cette domination fait que toutes les autres villes en dépendent, bien que chacune des métropoles, au moins en ce qui concerne certaines de ses fonctions, ne soit pas dépendante de ses homologues"[51].

Quelles villes brésiliennes pouvaient être qualifiées de métropoles ? Certainement São Paulo et Rio de Janeiro, les deux grands "commutateurs sociaux"[52] du réseau urbain, destinés à maximiser les interactions à l'intérieur et à l'extérieur de leurs agglomérations. Expansion démographique et expansion économique vers la périphérie se combinent alors pour effacer les limites administratives avec les municipalités voisines : le *Grande São Paulo* et le *Grande Rio* seront bientôt transformés juridiquement en régions métropolitaines. Noeuds principaux du réseau de transport et de télécommunication, comme nous l'avons démontré, elles accomplissent un rôle de commande sur les autres villes : de leurs industries et de

SANTOS, *Croissance nationale et nouvelle armature urbaine au Brésil*, op. cit. ; R.L. CORREA, Os estudos de rêdes urbanas no Brasil, *Revista Brasileira de Geografia*, ano 29, n° 4, 1967. Ce dernier passe en revue les travaux effectués sur le réseau urbain. Il démontre ainsi l'influence des études de M. ROCHEFORT sur les recherches brésiliennes, plus précisement de son article " Méthodes d'études des réseaux urbains : intérêt de l'analyse du secteur tertiaire", *Annales de Géographie*, 66, n° 354, 1958.

50 Le terme finalité, qui n'est pas employé par l'auteur, synthétise, selon nous, le point de départ de son analyse.

51 M. SANTOS, *Croissance nationale et nouvelle armature urbaine au Brésil*, op. cit., p. 55.

52 P. CLAVAL, La logique des villes : essai d'urbanologie, LITEC, 1981.

Source : M. SANTOS, Croissance nationale et nouvelle armature urbaine au Brésil, *Annales de Géographie*, vol. 77, 1968, p. 47.

FigureII.3 : Urbanisation en 1960.

leurs services dépend une grande partie de l'économie brésilienne. Têtes du réseau urbain, elles intègrent l'économie nationale au marché mondial ; en particulier par l'implantation d'activités nouvelles dans le Sudeste brésilien.

Métropole politique, siège des trois pouvoirs de la République, Brasília méritait aussi, selon M. Santos, le nom de métropole. Une telle assertion était loin de faire l'unanimité parmi les études de l'époque :

a) le schéma classificateur proposé par P.P.Geiger inscrivait Brasília dans la zone d'influence de São Paulo, sans autre précision[53] ;

b) l'analyse de M. F. Cardoso ne faisait même aucune mention de la nouvelle capitale[54] ;

c) l'étude *Divisão do Brasil em regiões funcionais urbanas* élaborée par l'IBGE qualifiait Brasília de centre régional, inclus dans la zone d'influence de Goiânia[55].

Toutes ces incertitudes reflètent, en effet, le doute majeur d'une époque : dans quelle mesure Brasília allait-elle pouvoir arracher à Rio le rôle de véritable coeur politique brésilien ? Les années passées ont confirmé la pertinence de l'analyse de M. Santos, car progressivement la domination de Brasília s'est affirmée politiquement, mais aussi économiquement sur les villes du Centre-Ouest. La source du pouvoir de la nouvelle capitale est donc à chercher dans la communication : l'intégration de Brasília à de nouveaux réseaux a accéléré la rupture avec le passé, imprimant ainsi un nouvel ordre territorial.

Le deuxième degré de la hiérarchie proposé par l'auteur correspond aux métropoles incomplètes : Recife, Belo Horizonte, Salvador, Porto Alegre et Belém. Celles-ci :

"... commandent l'économie de vastes étendues du territoire brésilien, surtout pour le ramassage de produits bruts, la distribution de certains services de niveau supérieur, la distribution de produits manufacturés, bien que celle-ci s'effectue de moins en moins par leur intermédiaire. En effet, la domination sur le territoire qui dépend de chacune d'elles n'est pas totale, à cause de l'insuffisante organisation de l'espace par les transports et du fait que l'industrie n'est pas assez développée pour répondre aux besoins de la population. C'est pour cela que nous les appelons métropoles incomplètes"[56].

Salvador, Recife et Belém présentent des traits similaires : ancienneté d'implantation et processus d'urbanisation commandé par le

---

53 Il distinguait les métropoles nationales, les métropoles régionales, les capitales régionales et les centres régionaux (de premier et de deuxième ordre). P.P. GEIGER, op. cit.

54 M.F.T. CARDOSO, Rêdes urbanas, *Atlas Nacional do Brasil*, folha IV (19), IBGE, 1966. L'auteur distinguait les métropoles nationales, les métropoles régionales, les grandes capitales régionales, les capitales régionales et les principaux centres régionaux.

55 Prenant en compte les flux agricoles et la distribution de biens et services pour l'année 1966, cette étude a déterminé les zones d'influence et la hiérarchie des centres urbains brésiliens, identifiant : la grande métropole nationale, la métropole nationale, les centres métropolitains régionaux, les centres macro-régionaux, les centres régionaux, les centres sub-régionaux et les centres locaux. Divisão do Brasil em regiões funcionais urbanas, Fundação IBGE, 1972, 112 p.

56 M. SANTOS, *Croissance nationale et nouvelle armature urbaine au Brésil*, op. cit., p. 55.

développement des activités mercantiles. Mais, avec l'intégration économique du XXe siècle des divergences apparaîssent : entre 1920 et 1960, la croissance démographique de Salvador et de Recife a été respectivement d'environ 146% et 230%, tandis que celle de Belém a été seulement de 68%[57].

Ces données révèlent une expansion démographique dissociée du développement industriel : à la différence des métropoles, la concentration des grandes masses de population dans les métropoles incomplètes nordestines apparaît comme la conséquence de la pauvreté dans les campagnes qui condamnent alors les habitants à émigrer vers les noyaux urbains. Le caractère local ou régional des lignes de transports incapables de modeler un vrai réseau, reflète ainsi le poids des anciennes solidarités entre les villes-ports, leurs zones d'influence immédiates et l'extérieur : un extérieur qui n'est plus seulement représenté par l'étranger, mais de plus en plus par São Paulo. Le paysage même des grandes villes du Nordeste, dominé par les grandes maisons commerciales grossistes, témoignait alors de la cristallisation des formes économiques anciennes et des difficultés d'intégration des premières industries nordestines au marché national.

Au contraire, Porto Alegre et Belo Horizonte assument à cette période des fonctions beaucoup plus complexes à l'intérieur du réseau urbain brésilien. Quelles que soient par ailleurs les différences, nous avons dans l'un et l'autre cas, conjugaison de deux phénomènes — urbanisation et industrialisation, au cours du XXe siècle[58].

Noeud privilégié des réseaux ferré, routier et hydrographique du Brésil méridional, Porto Alegre constitue le carrefour entre deux flux principaux de marchandises : produits agricoles destinés essentiellement au marché intérieur et beaucoup plus faiblement à l'exportation ; biens manufacturés produits localement ou provenant d'autres centres brésiliens, voire de l'étranger. La métropole exerce ainsi des fonctions commerciales et industrielles étroitement liées, reflet d'une division du travail entre industrie et agriculture[59]. C'est par un tel mécanisme que Porto Alegre commande l'économie de son propre Etat et partiellement celle des Etats de Santa Catarina et du Paraná et, en conséquence, son avenir va dépendre de la croissance de ce marché national.

A la différence de toutes les autres métropoles incomplètes — villes-ports, lourdes de plusieurs siècles d'économie coloniale — Belo Horizonte naît au tournant du XXe siècle, à l'intérieur de l'Etat de Minas Gerais, soit dans un "temps technique" autre, quand les

---

57 Entre 1920 et 1940, la ville de Belém a même accusé une perte de population, passant de 236 402 à 206 331 habitants, fait que traduit la fin de l'économie du caoutchouc.

58 Porto Alegre naît à la fin du XVIIIe siècle de l'installation de familles açoriennes, tandis que Belo Horizonte, l'ancienne *Curral d'El Rei*, n'est créée qu'en 1897, pour être la capitale de l'Etat de Minas Gerais,
Sur l'histoire de leur évolution urbaine, voir P. SINGER, op. cit., chapitres 4 et 5.

59 Idem, p. 196.

nouveaux réseaux de transports (chemins de fer puis routes) autorisent alors la formation d'une grande agglomération à l'intérieur des terres. Métropole de Minas Gerais et d'une partie des Etats de Goiás et d'Espírito Santo, Belo Horizonte a été conçu pour catalyser, dans le centre géographique de l'Etat, les forces économiques, et ainsi rompre avec la polarisation de l'axe São Paulo-Rio de Janeiro[60]. En effet, les obstacles à l'unification de l'économie régionale, venaient pour Belo Horizonte, de la proximité des deux métropoles et de leur influence sur une grande partie du territoire *mineiro.* Au cours des années quarante et cinquante, l'intervention délibérée du Gouvernement de l'Etat[61] dans les domaines de l'énergie, du transport routier et de la sidérurgie a créé les conditions préalables à la formation d'un parc industriel intra et extra muros. Comptant à peine 55 563 habitants en 1920, Belo Horizonte devient la quatrième ville brésilienne en 1960, présentant au long de cette période la plus spectaculaire croissance démographique parmi les grandes villes (1 147%). En moins de quarante ans, la ville, augmentant progressivement le rayon de son aire d'influence, devient un marché important pour les produits agricoles et d'élevage de l'Etat. La condition *sine qua non* pour la réalisation d'un tel projet d'incorporation de nouvelles régions au réseau commandé par Belo Horizonte fut, sans nul doute, le développement routier. Pouvoir local et pouvoir central se sont articulés pour établir la carte de l'intégration économique de l'Etat et ainsi définir la place du Minas Gerais dans le processus d'intégration au marché national — en reliant la capitale non seulement à toutes les parties du territoire *mineiro*, mais aussi aux principaux centres économiques et politiques du pays (voir la figure II.2).

Le troisième niveau dans la hiérarchie urbaine représente de vrais relais entre les métropoles complètes et les incomplètes"[62]. Centres régionaux qui se distinguent les uns des autres par les fonctions qu'ils remplissent à l'intérieur du réseau urbain, ils peuvent se caractériser en tant que

a) simples centres de collecte de produits primaires, ne distribuant qu'en faibles quantités les produits manufacturés ;

b) centres de distribution de marchandises, excluant le ramassage de produits destinés à l'exportation ;

c) centres de collecte de produits primaires et de distribution de produits industrialisés que, dans certains cas, ils produisent eux-mêmes[63].

Si les centres régionaux du type *a* et *b* étaient présents dans toutes les régions brésiliennes, le type *c*, synonyme d'une économie

---

60 M.L.E. RODRIGUES, Produção do espaço e expansão industrial, Loyola, 1983, p. 79.

61 Entre 1951 et 1955, Juscelino Kubitschek a gouverné l'Etat de Minas Gerais, avant d'être élu Président de la République. Sa gestion s'est caractérisée par les grands travaux dans les domaines des transports et de l'énergie : construction de 3 000 km de routes et de 5 usines d'énergie hydro-électrique.

62 M. SANTOS, *Croissance nationale et nouvelle armature urbaine au Brésil*, op. cit. p. 59.

63 Idem, p. 59.

plus développée, se trouvait dans les zones rurales les plus riches du Centre-sud brésilien. C'est le cas, par exemple, de l'Etat de São Paulo — avec au moins une douzaine des villes dans cette catégorie ; c'est aussi celui du Paraná, du Rio Grande do Sul et du Minas Gerais.

Les villes-capitales des Etats de la Fédération représentent un niveau à part dans l'échelle hiérarchique. La présence du pouvoir politique crée une certaine capacité d'organisation régionale, malgré la fragilité des économies urbaines, parfois plus pauvres que celles de centres régionaux. Les rapports privilégiés que ces villes entretenaient avec les métropoles les plus proches sont progressivement remplacés par les contacts directs et de plus en plus nombreux avec São Paulo et Rio de Janeiro. Dans cette perspective, les villes-capitales ont constitué, dans les années 1960, un degré hiérarchique entre les métropoles et les centres régionaux.

L'histoire de l'élaboration du réseau urbain brésilien dans sa première phase est marquée par l'association entre processus d'urbanisation et processus d'intégration du marché national. Mais ne serait-il pas plus correct de parler d'un seul processus ? Car nous avons là deux visages d'un même phénomène.

Le rôle et la signification de chaque métropole sont différenciés, car à l'intérieur du réseau et à chaque période de son histoire plusieurs temps se côtoient. La rupture avec le passé colonial a été accomplie plus facilement par certaines villes que par d'autres, où la cristallisation des formes spatiales, économiques et sociales entrava tout processus de modernisation.

Ainsi la prise en compte de la situation de chaque région au tournant du XXe siècle est nécessaire à la compréhension des processus qui vont suivre. Le Sudeste et le Sud, contrairement au reste du pays, sont sillonnés par des lignes multiples de transports et de télécommunications. La fluidité qu'y gagnent les territoires est précisement celle que requièrent, avant toute autre chose, la distribution des fonctions productives entre les villes et leur intégration à un réseau urbain. Dans ce sens, on peut sans doute repenser ce dernier en tant que synthèse d'éléments (ici les réseaux de communications), dont la dissociation apparente répond surtout à des impératifs techniques.

Comme nous l'avons montré, le volontarisme de l'Etat brésilien s'est articulé au capital international dans le but de moderniser le pays. Dans cette perspective, l'espace apparaît comme une composante essentielle de la modernisation du pays[64]. Composante du processus de modernisation du pays, l'espace est également le "lieu" privilégié où se manifeste la volonté nationale par le truchement de l'Etat. L'Etat façonne le territoire, lui forge une identité, et sur l'espace qu'il contrôle, il édifie un Etat-Nation.

Les techniques et la technologie interviennent comme des instruments propres à atteindre cet objectif. Elles servent à modeler, à

---

64 Faut-il rappeler les multiples rôles joués par les chemins de fer dans l'hémisphère nord ?

transformer et à contrôler le territoire. Une dialectique s'impose : le contrôle du territoire appelle des degrés de technicité de plus en plus complexes qui à leur tour imposent de nouvelles modalités de contrôle du territoire.

L'organisation territoriale et urbaine du Brésil sera ensuite profondément marquée par l'apparition de nouvelles stratégies industrielles, financières et techniques. Comprendre la seconde phase du réseau urbain, sa complexité et sa différenciation, présuppose avant tout l'examen du contenu et des instruments employés au long de ces vingt dernières annnées.

Emergeant de l'ordre précédent, cette phase dans laquelle nous sommes encore plongés, acquiert sa spécifité par les modifications opérées dans les fonctions de chacune des villes, qui reflètent la spécialisation croissante des tâches sur le territoire brésilien. Si le processus d'urbanisation peut encore être qualifié "d'intérieur", néanmoins il tend à se diffuser davantage, en raison de l'émergence de deux processus simultanés :

a) la métropolisation, ici comprise comme concentration de population, de production et de consommation autour de certains points du territoire[65] ;

b) l'implantation de noyaux urbains dans les régions les plus reculées du pays, notamment dans l'ouest et le nord.

Nous chercherons par la suite à interroger les enjeux politiques et économiques de ces mutations contemporaines et éclairer la scène où évoluent les principaux acteurs.

---

65 Voir à ce propos B.V. SCHIMIDT, *O Estado e a política urbana no Brasil,* Ed. da Universidade, UFRGS, 1983.

DEUXIÈME PARTIE

Développement des réseaux de télécommunications : le rôle de l'État et des acteurs privés

Le XXe siècle, surtout depuis 1945, a vu se multiplier les laboratoires de recherche scientifique et technique. La science, en rejoignant la technique, a engendré un nouveau phénomène : "l'invention systématique et délibérée"[1].

"Ou bien, il y avait là une nouvelle matière première, et le problème était de trouver un nouvel usage pour elle. Ou bien, il y avait là un besoin indispensable, et le problème était de trouver la formule théorique qui permettait de le satisfaire"[2].

En l'ocurrence le développement de l'ordinateur est exemplaire. L'article intitulé "*On computable numbers*" publié par le mathématicien A.M. Turing en 1936 semble amorcer le nouvel ordre électronique dans le monde[3]. Pour la première fois, les innovations ne viennent plus des tâtonnements empiriques de quelques inventeurs ou amateurs. L'application de la connaissance scientifique à la technique, l'interdépendance croissante entre science et technique, sont la marque de la phase actuelle de l'histoire humaine que L. Mumford a qualifiée de "néotechnique"[4].

Dans cette période, fait nouveau, les sources de matières premières débordent les frontières des pays ou les limites des continents ; elles deviennent planétaires. Les richesses en bois, eau, charbon, minerai de fer, éléments par excellence des économies éotechnique et paléotechnique, apportaient encore aux sociétés les plus avancées une relative autonomie dans leur organisation industrielle. La conquête d'une nouvelle forme d'énergie — l'électricité, bouleversa la localisation et l'organisation industrielles, modifiant ainsi la distribution potentielle de l'industrie dans toute la planète[5]. Ensuite, les conditions de fonctionnement du complexe scientifico-technique exigèrent en permanence un renouvellement des techniques et les recherches développées dans les laboratoires qui cherchèrent à s'affranchir

---

1 L. MUMFORD, *Technique et civilisation*, Seuil, 1950, p. 199.
2 Idem, p. 199.
3 J.D.BOLTER, *Turing's man : western culture in the computer age*, The University of North Carolina Press, 1984.
4 Voir supra, p. 32-33.
5 L. MUMFORD, op. cit., chapitre V.

totalement des conditions locales. L'organisation industrielle se fera alors à l'échelle mondiale.

Au centre des innovations techniques actuelles, les réseaux de télécommunication ont acquis une puissance beaucoup plus grande, grâce à l'association des techniques de télécommunications et du traitement de données.

La convergence entre les intérêts scientifiques et militaires dans les années quarante aboutit à la création du système SAGE : au début de la "guerre froide", devant la menace que constitue pour les Etats-Unis une flotte de bombardiers soviétiques à long rayon d'action, *l'Air Force* demande au *Massachusetts Institute of Technology* de développer un système plus performant de défense antiaérienne — les exigences militaires furent satisfaites en 1951 par la mise en place du réseau SAGE (*Semi-Automatic Ground Environment*), qui présente une innovation d'importance car :

"...pour la première fois dans l'histoire de l'humanité, un dispositif non humain était utilisé pour traiter l'information et décider de la réponse appropriée, en temps réel et dans un environnement changeant"[6].

. Au système SAGE, devenu obsolète par suite de l'apparition des circuits intégrés[7], il revient toutefois d'avoir préparé le terrain aux innovations qui ont permis le développement ultérieur des réseaux de télécommunication - intégrant petits, moyens et grands systèmes.

Il est bien connu que les nécessités du processus d'accumulation capitaliste ont toujours présidé à la mise en place des techniques qui cherchaient à réduire le "temps de circulation", car le temps, comme nous montre L. Mumford,

"...n'est pas seulement le moyen de coordonner des fonctions compliquées, c'est aussi, comme l'argent, une marchandise indépendante ayant sa valeur propre"[8].

Les nouveaux réseaux de télécommunication — comme auparavant le télégraphe et le téléphone, constituent la réponse contemporaine au besoin d'accélérer la vitesse de circulation des données et du savoir, et engendreraient même, ainsi que l'affirment certaines thèses, "la disparition de l'espace territorial"[9].

---

6 P. BRETON, *Histoire de l'informatique*, La Découverte, 1987, p. 118. Le dernier centre du système SAGE a été fermé en 1984. Idem, p. 120.

7 Le premier prototype de circuit intégré fut créé en 1958 par un ingénieur de Texas Instrument. Véritable base de la miniaturisation des composants, "le circuit intégré est une petite plaque où sont superposés, grâce à des couches successives de matériaux comme l'aluminium qui permettent de les graver dans la matière, des transistors, des amplificateurs, des résistances et des circuits de connexion permettant aux informations de circuler sous une forme binaire et surtout d'y être stockées et traitées logiquement. En 1960, un transistor occupait une surface de silicium d'environ un millimètre carré. En 1980, un tel transistor gravé sur un circuit intégré occupait un surface de 0,0001 millimètre carré...". Ibid, p. 170.

8 L. MUMFORD, o, p. 240.

9 P. VIRILIO, *Vitesse et politique,* Galilée,1977, p. 138. Voir aussi à ce propos: A. BRESSAND et C. DISTLER, *Le prochain monde, réseaupolis,* Seuil, 1985, p. 89.

La rencontre entre l'informatique et les télécommunications est alors au centre de débats pluridisciplinaires qui tournent autour de ses capacités virtuelles de créer des conditions sociales inédites, de modifier l'ordre économique mondial et de transformer les territoires. Toutefois, à vouloir cerner ces diverses interrogations dans toute leur complexité, le risque est grand de tomber dans des spéculations sur les prétendus effets des nouveaux réseaux de télécommunication. La prise en considération de la dialectique entre l'évolution de la technique et la société d'où elle émerge permet seule d'y échapper.

Questionner les enjeux des télécommunications signifie alors construire un chemin où le rôle de tous les acteurs soit bien mis en lumière. Aux Etats reviennent le rôle majeur. Le contrôle des territoires passe de plus en plus par le contrôle des systèmes de télécommunications. Comme nous montre P. Claval : "C'est à la mobilité des idées et des nouvelles plus qu'à celle des gens que s'attaquent maintenant les pouvoirs centraux. Lorsque Jaruselski a voulu paralyser Solidarnocz, en Pologne, le 13 décembre 1981, il a déconnecté les centraux téléphoniques dans tout le pays..."[10].

Dans cette deuxième partie, nous nous proposons d'éclairer la scène où évoluent au Brésil les principaux acteurs de ce nouveau front technico-scientifique. Il convient d'examiner l'histoire récente des télécommunications brésiliennes — depuis la nationalisation du secteur jusqu'à l'achèvement du réseau actuel et la mise en oeuvre d'une politique spatiale et industrielle.

---

[10] P. CLAVAL, Quelques variations sur le thème "Etat, nation, territoire", Sorbonne, ronéo., 1989, p. 14. Sur le rôle de l'information voir aussi: B.PAVLIC et C.J.HAMELINK, *Le nouvel ordre économique international: économie et communication,* UNESCO. H. BAKIS, *Géopolitique de l'information,* Collection Que sais-je, PUF, 1987.

CHAPITRE III

Les télécommunications brésiliennes : de la nationalisation à l'achèvement du réseau actuel

Les changements apparus dans les structures économiques de certains pays sous-développés au cours des dernières années appellent l'émergence de cadres conceptuels originaux pour expliquer cette nouvelle période historique. Des concepts ont été proposés pour mieux interpréter les faits actuels[1].

A prétendre éclairer notre vision du monde, certains de ces concepts n'ont réussi qu'à l'obscurcir. P. Claval remarque à juste titre : "Les spécialistes en développement sont aujourd'hui des gens qui ont à vendre un habit prêt à porter et qui n'essaient même pas de voir s'il va sur le client"[2].

Dernier article proposé sur le marché : la notion de "nouveau pays industriel" (NPI). En regroupant une grande variété de situations, les listes de NPI s'allongent au gré des institutions et des auteurs[3]. Cette approche simplificatrice qui part, dans la majorité des cas, de l'analyse des taux de croissance, ignore la complexité des objectifs nationaux — or les pays en question empruntent des chemins très divers et qui leur sont propres. L'analyse historique — trop souvent négligée — rappellerait cette vérité première que le développement n'obéit pas à un déterminisme strict ; aucune expérience ne se déroule en vase clos, certes, mais toutes ont des traits spécifiques.

Comprendre l'entrée du Brésil sur la scène scientifique et technologique internationale, et la modernisation des réseaux de télécommunication qui en découle, demande alors la prise en compte d'un cadre conceptuel plus large, capable d'intégrer les deux échelles — nationale et mondiale.

Pourtant, l'emploi courant, depuis quelques années, de termes tels que mondial, international, planétaire ou global n'assure qu'en partie la clarté du débat ; il semble cacher au moins deux réalités

---

1 Ainsi, on trouvera un écho des débats autour du concept de 'tiers monde' dans l'introduction de I. WALLERSTEIN à son ouvrage *The capitalist world-economy*, Cambridge University Press/Editions de la Maison des Sciences de l'Homme, 1979.

2 P. CLAVAL, *Géographie humaine et économique contemporaine*, PUF, 1984, p. 371.

3 Pour l'Organisation de Coopération et de Développement Economique (O.C.D.E.) il y aurait dix nouveaux pays industriels : la Grèce, le Portugal, l'Espagne, la Yougoslavie, le Brésil, le Mexique, le Hong Kong, le Singapour, le Taïwan et la Corée du Sud. On retrouve aussi dans d'autres listes, l'Argentine, le Chili, l'Inde, le Pakistan, l'Egypte, la Colombie, les Philippines, la Malaisie et la Thaïlande. P. LOROT et T. SCHWOB, *Singapour, Taiwan, Hong Kong, Corée du Sud, les nouveaux conquérants ?* Hatier, 1986, p. 7.

contemporaines : 1) la conception et la mise en oeuvre des techniques ne constituent pas un processus homogène ; 2) l'actuelle division du travail est politiquement conduite par les Etats-Nations et non par les corporations transnationales agissant en tant que force autonome[4]. La distribution mondiale des systèmes de Recherche et Développement est ainsi très inégale — environ 90% de la recherche scientifique est réalisée dans les pays développés[5]. Les pays sous-développés, à leur tour, recourent à l'importation de technologies ou développent une relative autonomie dans certains domaines, en vue de réduire la dépendance vis-à-vis des pays producteurs.

L'objectif de ce troisième chapitre est d'expliquer comment la modernisation des télécommunications, elle-même, dérive de facteurs internes et externes, à savoir l'articulation de la conjoncture économique internationale et du projet national brésilien. Quelle impulsion l'a mise en mouvement ? Sur quel degré de consensus interne a-t-elle reposé ? Quel a été le poids de la scène internationale ? Quels conflits a-t-elle produits avec l'extérieur ? Comment le territoire a-t-il été équipé ? Quels types de services ont été privilégiés ? Voici l'ensemble des questions qui va nous guider dans ce chapitre.

1. Un nouveau cadre institutionnel pour les télécommunications

Sous le Gouvernement Kubitschek, le système de télécommunications se révéla vite inadapté aux transformations de l'économie brésilienne qui traversait alors une période de forte croissance[6]. Bien qu'il ne figurât pas dans le Plan des Objectifs, le secteur des télécommunications constituait, selon le rapport de la commission conjointe Brésil-E.U.A. (1950), l'un des principaux goulots d'étranglement de l'économie brésilienne.

Devant la précarité des services téléphoniques, le Gouvernement nomma en 1957 une commission[7] chargée de rechercher les causes du manque d'intérêt des investisseurs privés, d'évaluer les enjeux financiers d'une extension des services, et d'étudier les préalables à l'installation d'une industrie d'équipements téléphoniques[8]. Dans son rapport, la commission proposait : a) la mise en place d'une nouvelle structure administrative, prévoyant la création d'une Commission Nationale des Communications directement reliée au Président de la

---

4 Cette thèse est développé par L.O. MACHADO, A Amazônia brasileira como exemplo de uma combinação geoestratégica e cronoestratégica, *Tübinger Geographische Studien*, n° 95, 1987, p. 191-192.

5 A.O.HERRERA, O planejamento da ciência e tecnologia na América Latina: elementos para um novo marco de referência, *Ciência, tecnologia e desenvolvimento 2,* CNPq/UNESCO, 1983, p.18.

6 Voir Supra, chapitre II, p. 62-65.

7 La commission lancée par le Gouvernement Kubitschek était composée de cinq membres, dont un militaire, et était présidée par Octávio Gouveia de Bulhões, bien connu pour ses positions contre l'étatisation des entreprises de services publics.

8 A.M. MACULAN, Processo decisório no setor de telecomunicações, Tese de Mestrado, IUPERJ, 1981, p. 27.

République ; b) les réajustements tarifaires comme solution aux problèmes financiers des concessionnaires privés ; c) le développement d'une industrie d'équipements.

Toutes ces propositions, qui à aucun moment ne remettaient en cause l'exploitation des réseaux téléphoniques par le secteur privé, étaient en résonnance parfaite avec les objectifs économiques du Gouvernement Kubitschek : accélérer le processus d'accumulation par l'augmentation de la productivité des investissements déjà présents et par de nouveaux investissements dans la production manufacturière.

En 1961, sous le Gouvernement de Jânio Quadros, un incident politique hâta la discussion sur la nécessité de créer un Code des télécommunications : une radio diffusa des fausses nouvelles. Le Président réagit sur le champ en ordonnant la suspension des émissions pendant trois jours[9]. L'événement ayant démontré l'urgence d'un Code, un Conseil national des télécommunications fut créé à cet effet[10]. Cette même année, particulièrement fertile en soubresauts politiques, vit le renoncement inattendu de Jânio Quadros ; le nouveau président João Goulart installa une commission parlementaire, où étaient également représentées les Forces armées, pour établir la version définitive du Code national des télécommunications[11].

Ce bref rappel nous permet déjà d'entrevoir les principaux acteurs du processus de restructuration du secteur des télécommunications au Brésil, qui vont se recruter dans les milieux politiques et militaires. Comme nous le verrons par la suite, le rôle des Forces Armées ira en s'amplifiant.

Le rôle des militaires

L'absence de cadres civils dans les années 1950 — les premiers ingénieurs de télécommunications ont éte formés dans l'Armée de Terre — explique l'alliance entre militaires et techniciens. Grâce à leur qualification professionnelle, les militaires ont été appelés à orienter les décisions gouvernementales.

En 1961, concernés au premier chef par la mise en place d'une politique nationale de télécommunications, ils se sont montrés favorables à une fédéralisation des réseaux par la nationalisation de la *Companhia Telefônica Brasileira*[12]. Comme le décrit A. Maculan :

---

9 Ministério das Comunicações, EMBRATEL, 18 anos, 1983, p. 19.

10 Décret 50 666 du 30/05/61.

11 L'Etat Major des Forces Armées avait, cette même année, crée un Groupe d'Etudes du Programme de Télécommunications composé par sept officiers, représentant les trois armées, et deux civils.

12 Il s'agissait d'un document du Conseil de Sécurité Nationale, répondant à une consultation du Président João Goulart. A.M. MACULAN, op. cit., p. 39.

"Les secteurs militaires se préoccupaient également de l'infrastructure de base, en raison de son incidence, non seulement sur la vie économique, mais encore sur la sécurité nationale"[13].

L'intérêt et la participation des militaires à ce qui touche au développement des réseaux de télécommunications ne constituent pas une nouveauté dans l'histoire du Brésil[14], pas même une exclusivité. Il s'agit plutôt d'un schéma mondial, comme le prouve l'histoire de la rencontre entre l'informatique et les télécommunications.

Pourtant, le rôle croissant que les militaires brésiliens ont exercé tout au long des années cinquante, puis à la suite du Coup d'Etat de 1964, dans la définition d'une politique des télécommunications, possède des traits originaux : a) utilisation d'un cadre conceptuel développé à l'intérieur de l'Ecole Supérieure de Guerre (ESG) ; b) le rythme rapide des mutations institutionelles, particulièrement après 1962.

a) L'ESG et la Doctrine de la "Sécurité Nationale"

A l'origine du concept de "sécurité nationale" se trouve l'Ecole Supérieure de Guerre (ESG) fondée en 1949 sur le modèle de l'*U.S. National War College* et de *l'Institut Français des Hautes Etudes de la Défense Nationale*[15]. A travers ses cours, suivis à la fois par les officiers les plus gradés et par les civils (hommes d'affaires et fonctionnaires), l'ESG a eu un rôle fondamental dans la diffusion d'une pensée géopolitique[16].

Parmi les principaux leaders intellectuels de l'Armée se détache le Général Golbery do Couto e Silva. Ses travaux, au dire de certains auteurs, dépassent le technicisme militaire pour s'inscrire dans un cadre conceptuel politique plus vaste[17]. Cette longue citation extraite d'un essai méthodologique intitulé "Formulation d'un concept stratégique national", exprime les fondements d'une politique de sécurité nationale :

"LE CONCEPT STRATEGIQUE NATIONAL — C.E.N. — est l'axe fondamental qui, dans une période donnée, doit guider toute la stratégie de la Nation, en vue de satisfaire ou de préserver les objectifs nationaux quels que soient par ailleurs les antagonismes qui se

---

[13] "*Expressava-se também, a preocupação dos setores militares em ralação a um setor de infra-estrutura básica, cuja eficiência não dizia respeito unicamente às necessidades da vida econômica, mas constituiase também, em ítem relevante para a segurança nacional*". Idem, p. 26.

[14] Nous songeons ici à la guerre contre le Paraguay en 1865 et au développement consécutif du télégraphe.

[15] Ce qui explique l'expression de "faction de la Sorbonne" fréquemment appliquée aux officiers de l'ESG. L.W. HEPPLE, Geopolitics, Generals and the State in Brazil, ronéo., 1986, p. 7.

[16] Le pionnier des études géopolitiques au Brésil a été Everardo Backheuser. Titulaire en 1899 du diplôme d'ingénieur-géographe, il publie ses premiers travaux en 1925 sous l'influence de l'école allemande. Dès lors, la pensée géopolitique se développe en dehors des Universités : l'ouvrage *Projeção continental do Brasil* publié en 1931 par l'officier Mário Travassos marque le début d'une série d'écrits militaires. Idem.

[17] Ibid, p. 9.

manifestent ou qui pourraient se manifester, tant dans le domaine international, qu'à l'intérieur du pays. Or, au sens large, la stratégie d'une nation se confond avec la politique de sécurité nationale elle-même, sachant que celle-ci a pour tâches :

- d'une part, la mise au point dans le respect des délais et objectifs fixés, de l'instrument complet d'action stratégique — le pouvoir national — au moyen d'une élévation ou d'un renforcement du potentiel de la nation et sa conversion au moment opportun en pouvoir effectif ;

- d'autre part, la conception et conduite, dans la paix et dans la guerre, de l'ensemble des actions stratégiques visant, tant dans le domaine international, qu'à l'intérieur du pays, le dépassement ou la neutralisation des antagonismes qui font obstacle à la réalisation ou à la préservation des objectifs nationaux. En résumé, on peut donc dire que le C.E.N. est l'axe fondamental de la politique de sécurité nationale, dans la paix comme dans la guerre"[18].

En embrassant conjointement les notions de géopolitique, d'objectifs nationaux, de pouvoir national, de potentiel de la nation et de sécurité nationale, les écrits de Couto e Silva apportaient les fondements conceptuels et idéologiques de la doctrine naissante de la sécurité nationale (DSN). La notion de nation, tout comme celle de stratégie traversait son analyse. Politique de sécurité nationale et stratégie devenaient, selon lui, une catégorie unique, à laquelle seraient subordonnés les stratégies militaires, économiques, politiques et psycho-sociales (figure III.1). Ces dernières devraient alors réaliser les objectifs commandés par "l'aspiration nationale d'unité, de sécurité et de prospérité"[19].

Cristallisé autour de la DSN, la géopolitique brésilienne issue de l'ESG, visait en outre à démontrer la nécessité d'intégrer le territoire et d'assurer sa sécurité (dans une vision fortement pro-américaine et anti-communiste). Dans le raisonnement de Couto e Silva, la circulation constituait le facteur clé dans ce processus, car c'est elle :

"... qui relie les espaces politiques internes ou externes, qui conquiert, éveille et stimule le territoire, qui canalise les pressions,

---

[18] "*O CONCEITO ESTRATEGICO NACIONAL - C.E.N. - é a diretriz fundamental que, em dado período, deve nortear tôda a estratégia da Nação, com vistas à consecução ou salvaguarda dos Objetivos Nacionais à despeito dos antagonismos que se manifestem ou possam vir manifestar-se, tanto no campo internacional, como até mesmo no âmbito interno do país. Ora, em sentido amplo, a Estratégia de uma Nação confunde-se com a própria Politica de Segurança Nacional, responsável esta :*
- de um lado, pela preparação no devido tempo e conveniente adequação do instrumento integral da ação estratégica - o Poder Nacional - mediante a elevação ou fortalecimento do Potencial da Nação e sua transformação oportuna em Poder efetivo;
- de outro lado, pela concepção e condução, em tempo de paz e durante a guerra, do conjunto de ações estratégicas visando, tanto no âmbito interno como no campo international, a superação ou neutralização dos antagonismos que se manifestem contra a consecução ou salvaguarda daqueles Objetivos Nacionais. Pode-se, pois, dizer en síntese que o C.E.N. é a diretriz fundamental da Política de Segurança Nacional, tanto na paz como na guerra". G. do COUTO e SILVA, Aspectos Geopolíticos do Brasil, Biblioteca do Exército, 1957, p. 69.

[19] Idem, p. 17. Ces idées sont reprises par l'auteur dans l'ouvrage Geopolítica do Brasil, Livraria José Olympio, 1967.

oriente les réactions défensives, et donne un sens concret aux principes d'extension, de forme, de situation"[20].

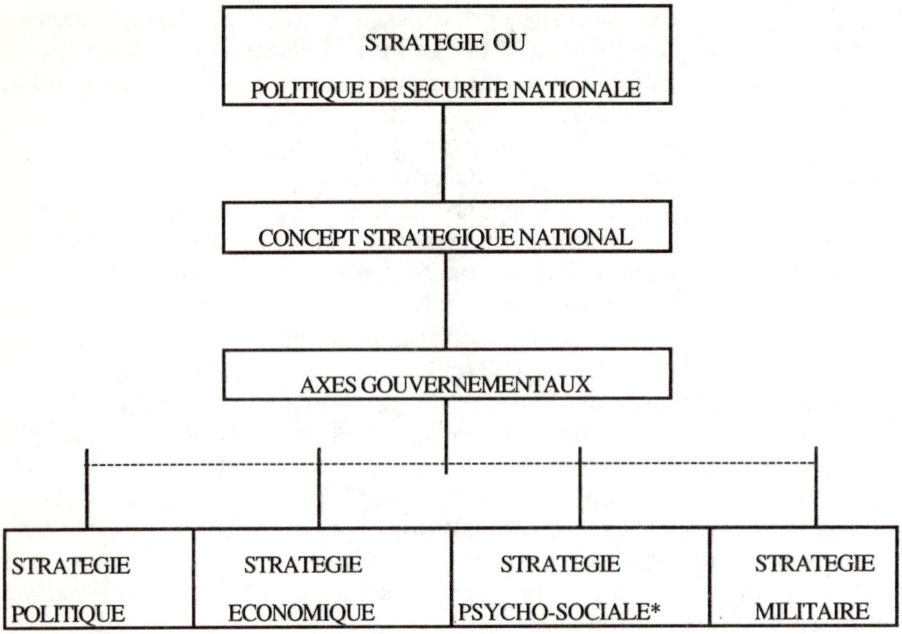

* La stratégie psycho-sociale, telle que l'entend G. do Couto e Silva, regroupe un ensemble disparate d'éléments tels que :

- au niveau national, l'éducation, la culture, les données démographiques, les structures et la dynamique sociales, les mentalités, les idéologies.
- au niveau international, les conflits idéologiques, la caractérisation psychologique et sociale des groupes antagonistes, le potentiel démographique des autres nations.

Source : G. do COUTO e SILVA, Aspectos geopolíticos do Brasil, p. 17.

Figure III.1 : Le schéma de la "Sécurité Nationale" proposé par G. do Couto e Silva

En résumé, la "manoeuvre politique" qu'il suggérait s'appuyait sur : a) le renforcement de la "base oecuménique nationale" (le triangle formé par Rio, São Paulo et Belo Horizonte) par son articulation avec les régions Nordeste et Sud ; b) l'intégration du Centre-Ouest et de l'Amazonie[21].

Dès les années trente, la volonté d'intégration territoriale et l'élimination consécutive des entraves physiques à la libre circulation des marchandises et de la main-d'oeuvre s'inscrivaient, comme nous l'avons démontré au cours du deuxième chapitre, dans un projet

20 "*... que vincula os espaços políticos internos ou externos, que conquista, desperta e vitaliza o território, que canaliza as pressões e orienta as reações defensivas e que dá significação concreta à extensão, à forma, à situação*". Ibid, p. 34.

21 Ibid, p. 43-44.

d'unification du marché national. En ce sens, la pensée géopolitique brésilienne récupérait une thématique plus ancienne certes, mais toujours aussi pertinente en raison des déficiences des réseaux de transports et de télécommunications. Mais, par ailleurs, en formulant des concepts tels que sécurité et pouvoir, les géopoliticiens légitimaient et entérinaient le rôle des militaires dans l'Etat. En même temps qu'ils élaboraient la doctrine de la Sécurité Nationale, les militaires s'appropriaient — en son nom — de larges pans de la politique économique nationale, domaine relevant logiquement de l'Etat. C'est là du moins l'hypothèse que nous formulons.

Dans ce contexte, le gouvernement militaire qui s'installe en 1964 va mettre en oeuvre nombre de principes de la doctrine de l'ESG, en associant sécurité nationale et modèle économique et en recourant au capital international. Le Conseil de Sécurité Nationale est renforcé, et en 1969 un amendement constitutionel lui assure le pouvoir "d'établir les objectifs nationaux permanents et les bases de la politique nationale"[22].

En particulier, leur rôle dans la définition d'une politique des télécommunications s'accentue à mesure que se renforce le binome Sécurité et Développement : les propositions, au départ d'ordre technique et politique, vont ensuite recevoir l'aval et le renfort des forces armées.

D'une action normative et réglementaire, l'Etat brésilien passe à partir de 1962 à une intervention directe dans le secteur des télécommunications. Comprendre la nature de cette intervention est l'objet du paragraphe suivant.

b) La mise en place de nouvelles institutions

L'intervention commence en 1962 quand le Congrès national vote le Code des Télécommunications. Les principales résolutions du code prévoyaient : a) la mise en place d'un Système National de Télécommunications ; b) la création du Conseil National de Télécommunications (CONTEL), directement relié au Président de la République, afin d'appliquer la politique générale ; c) l'institution du Fonds National des Télécommunications (FNT), dont les ressources proviennent d'une surtaxation de 30% perçu sur les services de télécommunications ; d) la formation d'une entité autonome, ayant statut d'entreprise publique, pour installer et entretenir les services inter-urbains et internationaux.

---

22 "*establish the permanent national objectives and the bases for national policy*". W.A. SELCHER, The National Security Doctrine and policies of the Brazilian government, Parameters, Journal of the U.S. Army College, 7, 1977, cité par L.W. HEPPLE, op. cit., p. 16.

Nous avons déjà montré l'ancienneté du rôle politique de la bureaucratie étatique au Brésil, spécialement des militaires. Le fait nouveau après 1964, tel que le suggère L. MARTINS, c'est la "fonction structurante" de la doctrine de l'ESG. Estado Capitalista e burocracia no Brasil pós-64, Paz e Terra, 1965.

Les difficultés qui marquent la création en 1965 de cette entreprise — l'Entreprise Brésilienne de Télécommunications (EMBRATEL) — illustrent les profondes divisions au sein de l'Etat face à l'organisation du secteur. Deux modèles s'opposent : le premier, qui est l'expression de l'alliance entre les concessionnaires étrangers et les organes gouvernementaux de décision économique, recommande la formation d'un consortium d'entreprises privées[23] ; le second, finalement vainqueur, est défendu par le CONTEL et les secteurs militaires et prévoit la création d'une entreprise publique[24].

En 1967, profitant d'une vaste réforme ministérielle, l'action étatique s'amplifie avec la création du ministère des Communications[25]. La restructuration du secteur se termine en 1972 par la mise en place de Télécommunications brésiliennes S.A. (TELEBRAS) (figure III.2).

Une multitude d'administrations — à des niveaux différents — avait la compétence pour délivrer des permis d'exploitation des réseaux téléphoniques. Progressivement, celle-ci va être du seul ressort de la TELEBRAS, dont les principaux objectifs sont : a) coordonner l'action de l'EMBRATEL et des Compagnies téléphoniques de chaque Etat de la fédération[26] ; b) définir la politique de Recherche et Développement du secteur.

Ce processus, qui est intervenu à la fin du XIXe siècle dans la majorité des pays développés, s'est déroulé au Brésil en une quinzaine d'années, soit entre 1962 et 1977 ; il s'inscrit dans un nouveau contexte marqué par des efforts considérables en matière de science et technologie[27].

2. Le projet national et les télécommunications

Dans son analyse sur l'Amérique Latine, A. Herrera établit la distinction entre politique scientifique explicite et politique scientifique implicite. La première se dégage des lois, des plans de développement ou des déclarations gouvernementales — c'est la politique officielle. La

---

[23] Le ministre de la Planification de l'époque, Roberto Campos, était bien connu pour ses positions en faveur du secteur privé.

[24] Le secteur militaire était en effet doublement représenté, car entre 1963 et 1967 — date d'intégration du CONTEL au Ministère des Communications, tous ses présidents ont été des militaires. A.M. MACULAN, op. cit., p. 60.

[25] La réforme administrative du décret 200 s'est traduite par l'abrogation de l'ancien Ministère des Travaux Publics, qui a été dédoublé en deux ministères distincts — Transports et Communications. A ce dernier, ont été rattachées, successivement, l'Entreprise Brésilienne des Postes et Télégraphes (ECT), créée en 1969 et l'Entreprise Brésilienne de Radiodiffusion (RADIOBRAS), créée en 1975.

[26] Le but initial était de réduire le nombre de Compagnies téléphoniques à une par Etat. Le nombre de Compagnies est passé de 962 en 1972 à 80 en 1987. Parmi ces dernières, 32 appartiennent au système TELEBRAS et représentent 98% du total des postes du pays (Annexe I). Ministério das Comunicações, TELEBRAS, s/d, p. 7 et IBGE, Anuário estatístico do Brasil 1987/1988, 1988, p. 683.

[27] Il importe de bien distinguer entre technique et technologie — "la technique s'applique, alors que la technologie se maîtrise et se crée, dans les entreprises industrielles en particulier". En résumé, la liaison croissante entre science, technique et économie est l'élément majeur d'une mutation dans les structures de l'innovation et de la production industrielle, liaison qui permet l'émergence de la technologie. P. DUSSAUGE et B. RAMANANTSOA, Technologie et stratégie d'entreprise, Mc GRAW-Hill, 1987, p. 19.

seconde est beaucoup plus difficile à identifier, car elle ne présente pas une structure formelle, mais détermine pourtant le rôle réel de la science dans la société et exprime la demande scientifique et technologique du "projet national" de chaque pays. Pour cet auteur :

"Le projet national est l'ensemble des objectifs, ainsi que le type de société auquel aspire la classe ou les groupes sociaux qui ont, directement ou indirectement, le contrôle économique et politique"[28].

L'existence d'un large soutien social au projet national assure alors la convergence des deux instances — explicite et implicite. Par contre, lorsqu'elle ne reflète pas les demandes induites par le projet national, la politique officielle n'est plus qu'une chose factice sans grand rapport avec la politique implicite — cette dernière constituant alors la politique scientifique réellement mise en place. La politique implicite s'articule à travers des instruments indirects, englobant un ensemble de mesures dont on méconnaît généralement l'importance dans la politique scientifique et technologique : crédits et taux de bénéfices, politique d'importation et d'exportation, contrôle des investissements étrangers, politique d'achat de l'Etat, etc[29].

Les instruments directs et indirects dans les Plans de Développement

La mise en place d'une politique scientifique et technologique au Brésil date de la fin des années soixante, car auparavant les priorités du premier Gouvernement militaire étaient autres : à la fois lutte contre l'inflation et reprise du flux d'investissements étrangers. Accusée d'avoir entretenu un climat hostile au capital étranger, la loi sur le rapatriement des bénéfices, votée sous le Gouvernement Goulart, est modifiée. La question technologique est traitée en résonance avec la politique économique globale — en attirant les entreprises étrangères, on vise le transfert de technologies[30].

Le Programme Stratégique de Développement (PED) apporte des modifications substantielles — pour la première fois se manifeste la volonté de systématiser une politique scientifique et technologique pour le pays. La nature même de cette politique est explicitée par le PED :

"...la substitution des importations de produits industriels ne suffit pas à assurer un développement auto-centré, il est nécessaire de la compléter par la substitution de technologie, ... autrement dit par l'adaptation de la technologie importée et la mise en place graduelle d'un processus autonome d'avance technologique"[31].

---

28 "*o projeto nacional é o conjunto de objetivos, o modelo do país, ao qual aspira a classe ou grupos sociais que têm, direta ou indiretamente, o controle econômico e político*". A. O. HERRERA. op. cit., p.15.

29 Idem, p. 15.

30 Plusieurs idées exposées dans ce paragraphe s'inspirent du travail de E. GUIMARÃES, J. de ARAUJO Jr et F. ERBER, A política científica e tecnológica, Jorge Zahar, 1985.
de adaptação de tecnologia

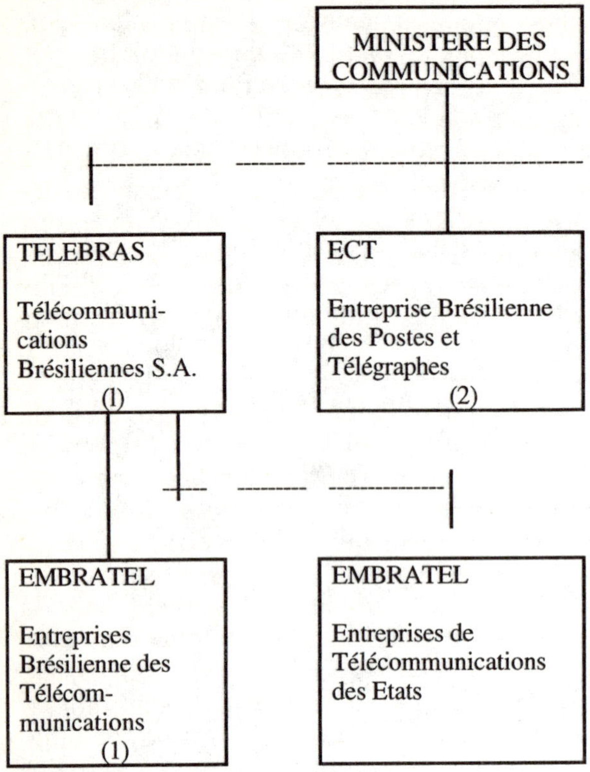

(1) Sociétés d'économie mixte
(2) Entreprises publiques
Source : TELEBRAS, op. cit., p. 2.

Figure III.2 : Organigramme du Ministère des Communications

Les programmes gouvernementaux successifs manifestent une certaine constance d'objectifs par rapport au PED. En premier lieu, on observe un affinement des instruments : financement de projets prioritaires ; renforcement des instituts nationaux de recherche ; soutien à la formation de chercheurs ; réorientation de l'enseignement universitaire. En second lieu, on constate une harmonisation croissante entre recherche scientifique et production industrielle qui conduit ensuite aux premières mesures limitant le champ d'action des entreprises étrangères. La formation d'un holding puissant dans chaque secteur clef d'infrastructure réorganise la planification économique.

---

31 *"...a substituição de importações de produtos industriais não basta para assegurar um desenvolvimento auto-sustentável, 'sendo necessário' complementá-la através da substituição de tecnologia, ... no sentido importada e gradual criação de um processo autônomo de avanço tecnológico"*. Idem, p. 32.

Le Ier Plan National de Développement (1972-1974) s'appuye sur une relance de la croissance économique. Ses principaux objectifs sont : faire du Brésil un pays développé en l'espace d'une génération, doubler d'ici 1980 le revenu per capita, et parvenir à un taux de croissance du PIB de l'ordre de 8 à 10%[32].

De l'avis de certains auteurs, le Ier PND est l'expression la plus achevée du projet national brésilien, tel qu'il a été conçu par les militaires[33]. Toutefois ces derniers ne gouvernent pas seuls ; ils ont été rejoints par une technocratie qui partage les mêmes aspirations — comme le prouvent les termes d'un discours prononcé à l'Ecole supérieure de Guerre par l'économiste Reis Velloso, ministre de la Planification de l'époque :

"Le moment est arrivé de s'atteler à une tâche majeure, celle de réaliser, dans toutes ses dimensions, un modèle brésilien de développement ... Ce modèle que signifie t-il ? Il est la manière brésilienne d'organiser l'Etat et de construire les institutions pour créer, dans le pays, une économie moderne, compétitive et dynamique..."[34]

La condition de réalisation du modèle, qui se cache derrière les discours et les déclarations gouvernementales, a été l'accroissement de la dette externe brésilienne — pratiquement stable durant toute la décennie soixante, elle est passée de 3,8 à 12,6 milliards de dollars entre 1968 et 1973[35]. La politique économique interne, nettement favorable à l'importation de biens intermédiaires et de biens de capital, est favorisée par les transformations sur l' Euromarché — la disponibilité de crédits à long terme assure le développement industriel. Les exportations augmentent, tirant profit de l'expansion du commerce international et de la politique interne en matière de bénéfices fiscaux.

La mise en oeuvre du IIe Plan National de Développement (1975-1979) s'effectue dans une conjoncture internationale tout à fait différente, marquée par les effets de la hausse du prix du pétrole, survenue à la fin 1973, et par la diminution des taux de croissance des économies avancées. Dans ces circonstances, il y a à la fois déficit de la balance commerciale et élévation des taux d'intérêts sur le marché financier international. Le II° PND, ignorant le renversement de tendance qui s'amorce sur la scène internationale, maintient le modèle de croissance, dont les priorités sont : a) le développement des industries à haut contenu technologique — électronique, aéronautique, chimie, pétrochimie, sidérurgie et métallurgie ; b) le développement

---

32 Ibid, p. 48-49.

33 A.O. HERRERA, op. cit., p. 19.

34 *"É chegado, agora, o momento de partir para a tarefa maior de realizar, em todas as suas dimensões, um modelo brasileiro de desenvolvimento ... Esse modelo significa a maneira brasileira de organizar o Estado e construir as instituições para criar, no país, uma economia moderna, competitiva e dinâmica...".* J.P. dos REIS VELLOSO, O modelo brasileiro de desenvolvimento, Revista paranaense de desenvolvimento, n° 24, 1971. Cité par O. IANNI, A ditadura do grande capital, Civilização brasileira, 1981, p. 11.

35 P.D. CRUZ, Notas sobre o endividamento externo brasileiro nos anos setenta, Desenvolvimento capitalista no Brasil, n° 2, Brasiliense, 1983, p. 60.

agro-industriel. Priorité est également donnée à l'industrie de biens de capital en raison de son importance stratégique pour la diffusion du progrès technique au sein du système productif[36].

Le rétablissement de la situation économique internationale à partir de 1976 détermine une nouvelle expansion de l'Euromarché, suivi par un affinement des mécanismes internes de prêts à l'extérieur — en 1979, la dette externe brésilienne s'élève déjà à 50 milliards de dollars[37].

Selon Tavares, la "solidarité" entre l'Etat-entrepreneur et le capital étranger assure la modernisation économique[38]. Le schéma proposé par cet auteur met en lumière une véritable division des tâches dans les secteurs considérés comme stratégiques (figure III.3). En outre, cette solidarité permet la concrétisation du binôme Sécurité et Développement : la mise en valeur systématique des ressources naturelles entraîne l'intégration de zones jusqu'alors marginales à l'espace économique national, telle la région amazonienne. Le projet de changement spatial présuppose alors l'extension et la modernisation des réseaux techniques d'infrastructure — énergie, transports et télécommunications.

Pendant le IIe PND l'action du Gouvernement révèle un souci d'assurer la cohérence entre d'une part la politique scientifique et technologique, d'autre part la politique industrielle. Les investissements sur les systèmes de Recherche et Développement atteignent entre 0,6 et 0,8% du PIB[39]. Toutefois, la volonté d'accroître le contrôle du capital national sur le processus industriel tarde à faire sentir les effet ; elle est contredite par le maintien du modèle de financement en vigueur et de la dynamique de l'accumulation — excepté les secteurs de l'aéronautique, de l'informatique et des armements[40].

---

36 E. GUIMARÃES, J. de ARAUJO Jr et F. ERBER, op. cit. p. 58.

37 P.D. CRUZ, op. cit., p.69. Les principaux mécanismes sont : a) la protection contre les pertes de capital résultant d'éventuelles modifications dans la politique des changes ; b) les restrictions, imposées aux entreprises étatiques, à l'obtention de ressources internes.
Pratiquement, la dette externe triple sous le II PND, passant de 17,2 à 49,9 milliards de dollars entre 1974 et 1979. Idem, p. 61.

38 M. da C. TAVARES, Da substituição de importações ao capitalismo financeiro, Zahar, 1983, p. 176-182.

39 E. ADLER suggère que le pourcentage des dépenses en R & D a presque triplé entre 1971 et 1979, passant de 0,24 à 0,65% du PIB. The power of idelogy : computer and nuclear energy development in Argentina and Brazil ; IUPERJ, Série Estudos, n° 42, p. 7. A. HERRERA estime le chiffre à 0,8%, pourcentage, selon lui, qui s'inscrit déjà dans l'ordre de grandeur des pays centraux (entre 1 et 3%). Op. cit., p. 19.

40 Cette hypothèse est développée par E. A. GUIMARAES, J.T. de ARAUJO Jr. et F. ERBER, op. cit., p. 59-60. Sur le secteur de l'informatique voir : E. ADLER, idem; C. PIRAGIBE, *A indústria da informática - desenvolvimento brasileiro e mundial*, Campus, 1985. Sur l'aéronautique et l'industrie d'armements voir : B. BECKER, C. EGLER et R. BARTHOLO, *O embrião do projeto geopolítico da modernidade no Brasil : o vale do Paraíba e suas ramificações*, ronéo, UFRJ, 1988. Le rôle de l'Etat brésilien en tant qu'acteur intervenant dans la définition des choix stratégiques touchant les industries aéronautique et d'armements obéit à un schéma mondial, comme le montrent les exemples de la France et des Etats-Unis présentés par P. DUSSAUGE et B. RAMANANTSOA, op. cit., p. 151.

Capital étranger	État
	Marché intérieur
Matériel de transport	Programme de transports
Matériel mécanique	Sidérurgie
Matériel électrique	Construction civile Programme d'énergie Programme de communications
Chimie	Pétrole et dérivés
	Marché extérieur (exportations)
Élevage	Café (politique du)
Extrative minérale et végétale	Minerai de fer

Source : Schéma établi à partir de : M. da C. TAVARES, *Da substituição de importações ao capitalismo financeiro*, Zahar, 1983, p. 178

Figure III.3 : Le noyau solidaire d'expansion

Les acteurs sur la scène technologique se multiplient au cours des années soixante-dix dans les secteurs gouvernementaux et privés (figure III.4). Dans chaque ministère, civil ou militaire, sont créés des secrétariats pour l'exécution des activités scientifiques et technologiques. La coordination centrale de ces activités revient au Conseil National du Développement Scientifique et Technologique (CNPq). La FINEP (Financement des Etudes et des Projets) soutient les universités, les instituts de recherche et les programmes de développement technologique des entreprises nationalisées à travers le budget du Trésor National. Le Secrétariat Spécial d'Informatique (SEI), auparavant relié au Conseil de Sécurité Nationale, formule et exécute la politique informatique.

En 1985, ces trois institutions vont être rattachés au ministère de la Science et de la Technologie (MCT), dans une conjoncture économique et politique en mutation. En premier lieu, l'économie brésilienne du début des années quatre-vingt est marquée par les contraintes imposées par le Fonds Monétaire International[41] : la

[41] Pour une analyse des mesures économiques imposés par le F.M.I., voir : R. CARNEIRO et J.C. MIRANDA, *Os marcos gerais da política econômica, Política econômica da Nova República*, Paz e Terre, 1986, p. 7-26.

récession économique entraîne la réduction des dépenses gouvernementales, y compris le financement des instituts de recherche. En second lieu, le retour à la démocratie loin de signifier la fin des conflits internes va au contraire les aggraver, en leur ajoutant une dimension externe. Ainsi, la politique scientifique et technologique du Brésil va susciter des oppositions extérieures comme celle des Etats-Unis à la suite de la loi de "réserve de marché" votée par le Congrès National en 1984, en faveur de la microinformatique. L'histoire même de la création du MCT témoigne

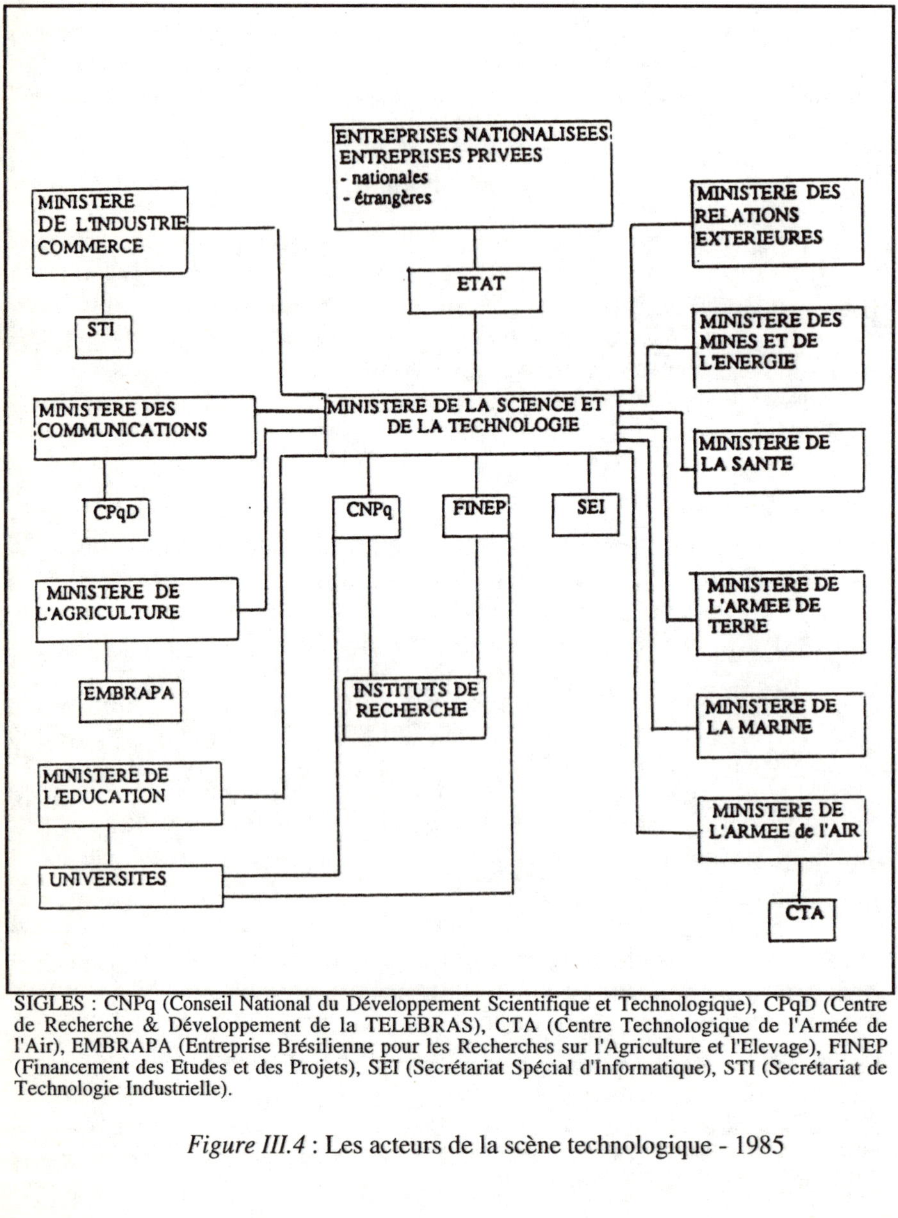

SIGLES : CNPq (Conseil National du Développement Scientifique et Technologique), CPqD (Centre de Recherche & Développement de la TELEBRAS), CTA (Centre Technologique de l'Armée de l'Air), EMBRAPA (Entreprise Brésilienne pour les Recherches sur l'Agriculture et l'Elevage), FINEP (Financement des Etudes et des Projets), SEI (Secrétariat Spécial d'Informatique), STI (Secrétariat de Technologie Industrielle).

Figure III.4 : Les acteurs de la scène technologique - 1985

une fois de plus des divisions au sein de l'Etat face à l'organisation des activités en science et technologie. Il s'agit, en effet, de l'opposition entre deux modèles concurrents : l'un recommande l'autonomie des différents ministères ; l'autre traduit la conjonction de forces favorables à l'instauration de la "Nouvelle République"[42] et suppose l'existence d'un MCT fort.

L'ensemble des instruments que nous venons d'exposer au long de cette section représente le préalable nécessaire à la réalisation d'un projet national brésilien, tel qu'il a été conçu par les gouvernements militaires. Le but fondamental est de "continuer et d'accélérer une restructuration radicale du pays à travers la modernisation économique et le changement spatial"[43]. Or, la condition *sine qua non* pour cette réussite embrasse à la fois la mise en place d'une politique industrielle et celle d'un réseau efficace de télécommunications.

La mise en place d'une politique industrielle

L'action de la TELEBRAS revêt un caractère particulier en raison de l'ampleur des investissements et des profits. Centralisant décisions et ressources financières, le holding étatique du secteur des télécommunications contribue au développement rapide d'un secteur industriel de biens d'équipements.

De l'avis de certains auteurs, le haut degré d'autonomie productive et financière atteint par les holdings étatiques s'appuie sur l'endettement externe[44] — le poids croissant du secteur public dans la dette externe brésilienne représentant l'augmentation de leurs investissements. On assiste à un phénomène "d'étatisation" de la dette externe ; la part de la dette d'Etat, limitée à 25% du total en 1972, passe à 50% en 1975, et à 76% en 1980.

L'analyse montre le poids considérable, dans la dette, de trois secteurs, à savoir l'énergie, l'administration publique et les transports qui ensemble accaparent plus de 50% des prêts.

Le premier secteur reflète les lourds investissements dans les domaines, à la fois de l'énergie hydro-électrique — centralisés par l'ELETROBRAS, et de l'énergie nucléaire — sous la responsabilité de la NUCLEBRAS. Le deuxième montre que le processus d'étatisation de la dette se réalise également par l'endettement de presque tous les gouvernements des Etats et même de certaines municipalités[45]. Le secteur des transports s'endette, à son tour, pour financer les

---

42 Il s'agit en effet d'un ensemble de forces politiques qui a largement soutenu la campagne pour les élections directes et la candidature de Tancredo Neves à la présidence de la République.

43 *"continuar e acelerar uma radical reestruturação do país através da modernização econômica e mudança espacial"*. L.O. MACHADO, op. cit., p. 194.

44 Cette hypothèse est développée par H.P. REICHSTUL et L. COUTINHO, Investimento estatal 1974-1980 : ciclo e crise, *Desenvolvimento capitalista no Brasil*, n° 2, Brasiliense, 1983.

45 Au cours des années quatre-vingt, plusieurs municipalités font faillite, comme c'est le cas de la municipalité de Rio de Janeiro en 1988.

investissements du D.N.E.R (programmes routiers) et la Compagnie du Métro de la ville de Rio de Janeiro.

Tableau III.1 : La participation des secteurs économiques dans les prêts réalisés par le secteur public entre 1972 et 1980, (en milliards de dollars).

Secteur	Prêts US$	%
Public	24 836,0	100,00
Energie	5 479,4	22,06
Administration publique	4 800,2	19,33
Transports	4 289,0	17,27
Organismes financiers	3 126,4	12,59
Sidérurgie	2 761,8	11,12
Télécommunications	1 668,0	6,72
Petrochimie	1 034,7	4,16
Autres	1 676,5	6,75

Source : Tableau établi à partir de : P.D. CRUZ, op. cit., p. 75.

Dans ce tableau général, le secteur des télécommunications ne participe que faiblement à la dette publique, avec moins de 7% du total. Les investissements dans ce secteur sont sujets à d'amples fluctuations : relativement élevés entre 1974 et 1976, ils s'effondrent en 1977 et ne retrouvent dans les années suivantes qu'un niveau modeste.

Tableau III.2 : La participation des télécommunications dans les prêts du secteur public, 1972-1980 (en milliards de dollars).

Années	Secteur des télécommunications		Secteur public	
	US$	%	US$	%
1972	63,5	10,19	623,1	100,0
1973	50,5	4,46	1 130,9	100,0
1974	209,1	19,04	1 098,0	100,0
1975	267,7	14,08	1 900,9	100,0
1976	262,2	13,55	1 935,3	100,0
1977	10,0	0,40	2 500,5	100,0
1978	267,0	5,02	5 317,4	100,0
1979	309,0	4,65	6 642,9	100,0
1980	229,0	6,21	3 687,0	100,0
Total	1 668,0	6,72	24 836,0	100,0

Source : Tableau établi à partir de : P.D. CRUZ, op. cit., p. 75.

Ces données tendent à remettre en cause l'hypothèse d'une autonomie productive et financière de la TELEBRAS reposant essentiellement sur l'endettement externe — au moins après 1977. A la différence de la grande majorité des holdings étatiques, l'action de la TELEBRAS est conditionnée par la recherche de mécanismes d'autofinancement.

D'après M. Hobday, le financement de la TELEBRAS s'appuie sur un triplet constitué par : a) les revenus des services les plus rentables — interurbains et internationaux ; b) la mise en place d'un système d'auto-financement reposant sur l'obligation, pour tout nouvel abonné, de souscrire des actions des compagnies téléphoniques dans chaque Etat[46] ; c) le Fonds National des Télécommunications (FNT), dont les ressources proviennent d'une surtaxation de 30% sur les services de télécommunications[47]. L'emploi d'une telle formule assure un taux d'auto-financement jamais inférieur à 94%[48] depuis 1977 et permet d'accroître le volume des crédits d'investissements.

Les formes d'intervention de l'Etat brésilien, qui satisfont à des considérations de stratégie économique et de souveraineté nationale, conditionnent les premières actions de la TELEBRAS consacrées au renforcement du contrôle national sur la production d'équipements de télécommunications.

Le plan initial de la politique industrielle de télécommunications, conçu en 1975, prévoit — en résonance avec la politique d'informatique, la clause de réserve de marché pour la production nationale d'équipements. Cependant, les conditions historiques d'évolution des deux secteurs sont fort distinctes. En effet, une des principales raisons de la réussite de l'industrie informatique a été l'absence de firmes multinationales produisant au Brésil les micro-ordinateurs[49]. Par contre, la politique de nationalisation des télécommunications n'est pas mise en oeuvre au milieu d'un "désert", mais sur un espace bien délimité par la présence de firmes multinationales depuis longtemps installées dans le pays. La solution adoptée, nationalisation des firmes par la participation de groupes

---

[46]Les actions coûtent, selon les villes, entre cinq mille et dix mille francs français, et sont payées par mensualités selon les plans de financement qui varient entre 6 et 24 mois. T. BENAKOUCHE éclaire ce système, dont elle indique qu'il est "très différent de celui des avances remboursables qu'a connu la France jusqu'en 1968. Dans ce cas, les versements que les futurs abonnés faisaient à l'administration des PTT, à travers leurs communes, dans le but de financer leurs raccordements, étaient déduits ultérieurement de leurs notes de téléphone. Ce n'est pas le cas au Brésil". Du Téléphone aux nouvelles technologies : implications sociales et spatiales des réseaux de télécommunication au Brésil, Thèse de Doctorat, Université de Paris XII, 1989, p. 90.

[47] M. HOBDAY, The brazilian telecommunications industry : accumulation of microelectronic technology in the manufacturing and service sectors. Report prepared for UNIDO, 1984, p. 10-11.

[48] Idem, p. 11.

[49] Les performances de l'industrie informatique nationale peuvent être mesurées par la comparaison de quelques indicateurs pour les années 1980 et 1986 : nombre des firmes enregistrées - 29 et 310 ; nombre d'ordinateurs installés - 1 588 et 800 000, représentant respectivement 17 et 98% du marché ; nombre d'emplois crées - 7 264 et 40 316, représentant respectivement 40 et 89% du total des emplois dans l'informatique. C. PIRAGIBE, *Policies toward the electronic complex in Brazil*, ronéo., 1987, p. 16.

brésiliens au capital et à la gestion, est l'aboutissement de trois années de longues et dures négociations et de règlementations successives[50].

Sous la tutelle de la TELEBRAS, qui a l'exclusivité de tous les achats d'équipement et qui mise par ailleurs sur une expansion du marché interne brésilien, une centaine de firmes brésiliennes surgissent qui représentent déjà en 1982 14% du capital et 30% de la main d'oeuvre dans l'industrie des biens d'équipement[51]. L'existence d'une masse critique composée essentiellement des ingénieurs a été décisive. Outre leur évidente contribution technique, ces ingénieurs ont constitué une force politique de soutien aux différents projets de développement technologique[52].

Si le contrôle national dans ce secteur reste en deçà des objectifs initiaux, il n'en reste pas moins que la formation de petites entreprises à capital national dans un marché jusqu'alors entièrement dominé par les firmes multinationales, a bouleversé le panorama industriel. Le tableau III.3 montre les 21 plus grands producteurs dans le secteur et illustre la prolifération des firmes locales à côté des multinationales comme Ericson, NEC et Standard Eletric.

Face à l'incapacité des entreprises nationales de financer leurs programmes de développement technologique, en raison de l'ampleur des investissements, la TELEBRAS installe en 1976 à Campinas (Etat de São Paulo) un Centre de Recherche et Développement (CPqD).
Dès le départ, les projets développés par le CPqD, en coopération avec les Universités et les industries, témoignent d'un choix délibéré en faveur des technologies de pointe[53] : programmes de communication par satellite, de transmission numérique et de communication optique. Conformément à un schéma mondial, la stratégie adoptée par la CPqD privilégie le développement de centraux de commutation temporelle[54], s'orientant ainsi à long terme vers la numérisation intégrale du réseau de télécommunications. Autrement dit, l'orientation n'est plus axée sur

---

50 La loi 662 de 1978 définit les règles de la nationalisation : a) le groupe brésilien doit détenir la majorité absolue du capital social de la firme nouvellement créée (51% des actions) ; b) le pouvoir de gestion doit être exercé par les directeurs de nationalité brésilienne ; c) le transfert effectif de technologie doit être assuré par des contrats enregistrés à l'Institut National de la Propriété Industrielle. A.M. MACULAN, op. cit., p. 137.

51 M. HOBDAY, op. cit., p. 51.

52 Voir à ce propos le travail de E. GUIMARÃES, J. de ARAUJO Jr et F. ERBER, op. cit.

53 Pour la présentation détaillée de tous les projets développés par le CPqD, voir : M. HOBDAY, op. cit. et T. BENAKOUCHE, op. cit.

54 L'histoire de la commutation est exposée par L. J. LIBOIS, *Genèse et croissance des télécommunications*, Masson, 1983. La "fonction commutation" s'est imposée "lorsque le nombre de personnes susceptibles de communiquer entre elles dépassait la dizaine", p. 140. La commutation temporelle, dont le premier central téléphonique "véritablement opérationnel" est mise en place aux Etats-Unis en 1965 est ainsi définie par LIBOIS: " ... en commutation temporelle,... le signal d'entrée, après échantillage et, le plus souvent aussi, après codage, transite par une 'voie temportelle' d'un multiplex à répartition dans le temps. Cette voie est ensuite mise en relation, par des moyens purement électroniques, avec une autre voie temporelle, d'un autre multiplex à répartition dans le temps, qui elle-même est affectée à une ligne de sortie. Il y a en somme 'connexion temporelle' et non plus 'connexion spatiale'", p. 147. Voir encore à ce propos : C. PINAUD, *Trans, inter, com, pac, petit abécédaire de la commutation*, Réseaux territoriaux, Paradigme, 1988, p. 69-103.

la diffusion d'un service précis (téléphone, télex), mais sur la diversification des services[55].

Tableau III.3 : Les principales firmes de biens d'équipement pour les télécommunications - 1981

FIRMES	VENTES (en millions de Cr$)
Ericson do Brasil*	17 961
NEC do Brasil*	8 877
Standard Electric (SESA)*	8 871
GTE do Brasil*	5 664
Equitel/Siemens*	4 784
Telettra*	3 306
Telefunken (Siteltra)*	2 392
Microlab	1 624
Unitel	1 275
Daruma	1 180
Splice	938
Elebra S/A	863
Embracom	773
E.E.Equip. Eletrônicos	751
Tecnasa	692
Autel	507
IGB-Control	428
Redentor	393
Telequipo	307
Schause	269

* firmes à capital d'origine étrangère.
Source: Wajnberg, 1982, p. 11, cité par M. HOBDAY, op. cit., p. 51.

Ce fait est la conséquence de la pénétration des télécommunications par l'informatique et de la convergence technologique entre différents secteurs économiques, lesquels vont désormais disposer d'une seule unité technique s'appuyant sur l'électronique, plus particulièrement sur les circuits intégrés. Il ne fait aucun doute qu'un facteur économique est à l'origine de cette évolution, à savoir la baisse des coûts dans l'électronique en cours des dernières années, baisse des coûts qu'illustre spectaculairement l'exemple ci-dessous :

55 L.J. LIBOIS, op. cit., p. 157.

"Un microprocesseur vendu 20 dollars en 1975 possédait déjà la même capacité de calcul que le premier ordinateur IBM commercialisé à 1 million de dollars au début des années 50 !"[56].

Pourtant, la rencontre entre ordinateurs et télécommunications est jalonnée de conflits nationaux et internationaux, dûs essentiellement à la rencontre de deux logiques distinctes de développement — la mise en place des réseaux de télécommunications a toujours été un domaine relevant de l' Etat, tandis que le monde de l'industrie informatique a été, dès le départ, avant tout, "le monde des affaires"[57].

Dans un contexte d'élargissement des marchés et d'internationalisation des économies, les premiers conflits des années soixante-dix, aux Etats-Unis, ont pour cause le "contraste entre une ATT purement nationale et un IBM très international"[58]. En 1982, le Département de la Justice, qui avait alors à connaître de diverses poursuites engagées au titre de la loi anti-trust, prend des mesures mettant fin au cloisonnement entre les secteurs de l'informatique et des télécommunications — assujettis jusqu'alors à des règlements distincts. Dorénavant, l'*International Business Machines* (IBM) et l'*American Telephone and Telegraph Company* (AT&T) seront des concurrents sur un marché devenu unique[59].

Dans les années quatre-vingt, des conflits surgissent également en Europe, qui mettent en cause le monopole des télécommunications. Quelles que soient par ailleurs les différences de stratégies, une même préoccupation guide les politiques menées par les pays européens : l'accés aux nouvelles technologies, plus précisement la numérisation de la commutation, l'utilisation des fibres optiques sur une grande échelle, la liaison par satellite et les liaisons hertziennes, ainsi que l'introduction d'équipements terminaux plus 'intelligents'[60].

Au Brésil, la convergence entre l'informatique et les télécommunications va remettre en cause la politique industrielle des télécommunications suivie depuis 1975 — les *joint-ventures* avec les firmes étrangères s'opposent radicalement à la clause de réserve de marché dans l'informatique. Les conflits entre le Ministère des Communications et le Secrétariat Spécial d'Informatique, quant à la forme d'organisation industrielle à adopter, s'amplifient.

Le I° Plan National d'Informatique et d'Automation (PLANIN) , approuvé par le Congrès National en 1986, marque une augmentation du pouvoir de la SEI, qui désormais contrôle également la production d'équipements de téléinformatique. La nouvelle réglementation,

---

56 A. BRESSAND et C. DISTLER, *Le prochain monde - réseaupolis*, Seuil, 1985, p. 37.
57 Cette hypothèse est développée par F. du CASTEL, The meeting of the worlds of data-processing and telecommunications, *International Journal of Computers Applications in Technology*, , 1988, p.
58 "...contrast between a purely national ATT and a very international IBM..." Idem, p. 2.
59 Voir, à ce propos: L.J. LIBOIS, op. cit., p. 336-338.
60 M.D. FANO, Evolution de la politique des télecommunications, *Les tendances du changement des politiques des télécommunications*, OCDE, 1987, p.43. Pour l'analyse détaillée des politiques de télécommunications menées récemment en Europe, aux Etats-Unis, au Canada, au Japon, en Australie et en Nouvelle-Zelande, voir l'ensemble de l'ouvrage.

approuvée pour une période de trois ans, stipule que les entreprises nationales ont l'exclusivité de la production d'équipements d'autocommutation privée numérique (PABX)[61] et recommande l'accroissement de leur participation pour la production d'équipements de commutation publique numérique[62]. Toutefois, dans le cas où la technologie nationale ferait défaut, les entreprises nationales sont autorisées, sous certaines restrictions, à introduire la technologie étrangère.

Tableau III.4 : Le marché de la commutation privée numérique (PABX) - 1986.

Entreprises Nationales	Production		Technologie étrangère	
	Unités	Valeur*	Entreprise	Pays
Sul América	66	307 200	Phillips	Hollande
Elebra Telecon	17	76 300	Northen	Canada
Daruma	13	4 678	CIT-Alcatel	France
Multitel	-	-	ITT	Autriche

* en mille Cz$
- donné inconnu
Source : tableau établi à partir de : - pour les colonnes 1 et 2, Boletim informativo SEI, v. 7, n° 16, Legislação, 1987, p.117; - pour les colones 3 et 4, Revista Dados e Idéias, ano 11, n° 98, 1986, p. 92.

Il ne fait aucun doute que cette nouvelle législation est source de litiges entre les organismes de décision brésiliens et les firmes multinationales, auxquelles elle interdit formellement de produire et de commercialiser les nouveaux centraux PABX[63], tandis qu'elle renforce, à nouveau, les industries nationales de biens d'équipements. Déjà en 1986, s'ébauche un marché de la commutation privée temporelle avec quatre firmes brésiliennes.

Le développement des programmes de recherche, la réglementation des nouveaux mécanismes de contrôle sur la production de matériel téléinformatique et la création de groupes d'études pour mettre au point la numérisation du réseau de télécommunication sont les traits principaux de l'action étatique dès la fin des années soixante-dix. L'objectif majeur est de jeter les bases d'un Réseau Numérique à Intégration de Services (RNIS) ; à cet effet, une expérience-pilote était prévue en 1990, qui devait permettre la transmission de tous les services

---

61 De l'anglais *Private Automatic Branch Exchange*.

62 Loi n° 7 463 du 17 avril, 1986. Le I PLANIN est élaboré par le Conseil National d'Informatique et d'Automation (CONIN), organisme subordonné au ministère de la Science et de la Technologie. Boletim informativo SEI, v. 7, n° 16, Legislação, 1987, p.15.

63 Les firmes multinationales font appel aux techniques de marketing, assurant "qu'il vaut mieux louer un équipement électromécanique d'Ericsson, ou Siemens ou Nec, qu'acheter cher les produits nationaux". "Que mais vale alugar um equipamento eletromecânico da Ericsson, ou Siemens ou NEC do que comprar caros produtos nacionais". Revista Dados e Idéias, ano 11, n° 98, 1986, p. 92.

de télécommunication sur un réseau unique — voix, images, sons et données.

En matière de politique industrielle, moins de vingt ans séparent les premières actions de la TELEBRAS et la mise en route d'une production nationale d'équipements de télécommunications. Sous le régime politique autoritaire, militaires et technocrates font de la création de programmes scientifiques et technologiques un objectif national : combinant création et transfert de technologie, les universités, les instituts de recherche et les entreprises nationales mettent en place une stratégie sélective et flexible dans les domaines où les conditions sont les plus favorables. Une telle stratégie permet le développement d'un certain savoir-faire, savoir-faire qui sera exporté par la suite vers l'Amérique Latine et l'Afrique — entre 1977 et 1987, plus d'une cinquantaine de missions brésiliennes sont implantées dans ces pays ; dans le même temps la TELEBRAS accueille plus de 500 techniciens étrangers[64]. Le Brésil joue alors le double rôle de partenaire périphérique pour les pays centraux et de partenaire central pour les pays périphériques ; il est de ces pays que I. Wallerstein désigne sous le terme de "semi-périphériques"[65].

Le poids de l'Etat, essentiel dans la modernisation industrielle, ne l'est pas moins dans le réaménagement de l'espace national ; celui-ci est, d'ailleurs, un préalable indispensable à la réalisation du modèle brésilien.

L'équipement du territoire

A la fin des années soixante, le réseau de télécommunications repose sur les techniques suivantes : ondes courtes, câbles sous-marins à basse capacité de transmission et faisceaux hertziens, ces derniers utilisés pour seulement deux liaisons, Rio de Janeiro - São Paulo - Campinas d'une part, Rio de Janeiro - Belo Horizonte - Brasília - Goiânia d'autre part. En effet, de vastes parties du territoire ne sont pas intégrées par les télécommunications. Par la suite, l'équipement du territoire par réseaux hertziens et par satellites permettra le développement de la téléphonie, puis celui de nouveaux services de plus en plus complexes[66].

En 1985, le réseau technique de base intègre toutes les municipalités. Par contre, l'évolution des services de télécommunications souffre de nombreuses disparités, qu'elles aient

---

64 Ministério das Comunicações, Comunicações no Brasil 87, 1987, p.61.
Ce phénomène s'inscrit dans un processus plus large de développement des échanges "Sud-Sud". A. LIPIETZ, utilisant la notion de "fordisme périphérique", parle d'un "véritable éclatement de la périphérie" et cite, à cet effet, l'exemple du Brésil dont le taux de couverture des échanges industriels est passé de 153% en 1973 à 555% en 1980 (soit un solde positif de 3,2 milliards de dollars. De la nouvelle division du travail à la crise du fordisme périphérique, *Espaces et Sociétés*, n° 44, 1984, p. 67.

65 I. WALLERSTEIN, op. cit., p.247.

66 Pour une présentation de l'ensemble des nouveaux services-réseaux apparus depuis 1980, nous remettons le lecteur à la thèse de T. BENAKOUCHE, op. cit.

trait à l'accès à ces services ou a leur rythme de croissance. Il importe ici de bien distinguer, avec Curien et Gensollen, les services de télécommunications et les réseaux-supports, qui en constituent l'infrastructure :

"Il importe tout d'abord de remarquer que, dans le cas des télécommunications, le concept de réseau s'applique à deux niveaux distincts : d'une part, à celui des infrastructures de support, c'est-à-dire des réseaux techniques permettant l'acheminement et l'aiguillage des flux; d'autre part, à celui des services de communication offerts à l'aide de cette infrastructure : réseau téléphonique, réseau de messagerie, réseau de transmission de données, réseau de vidéo-communications ... "[67].

Par rapport au réseau-support, les réseaux téléphoniques ou les réseaux de transmission de données comportent "une valeur ajoutée liée à des procédures particulières de traitement et de distribution des flux d'information"[68]. La distinction entre réseau-support et service-réseau est riche de signification ; elle jette une lumière sur la complexité des transformations que connaissent les réseaux des télécommunications.

a) La mise au point des réseaux-supports

La caractéristique la plus marquante de l'histoire de l'équipement du territoire brésilien est, sans nul doute, la rapidité de la mise au point d'un réseau national de télécommunications. Il s'agit de rattraper le retard accumulé depuis 1957, date à laquelle la technique des faisceaux hertziens a été utilisée pour la première fois au Brésil[69], et d'assurer ainsi les moyens techniques nécessaires à la réalisation du binôme Sécurité et Développement.

L'intégration progressive des principales villes du pays, amorcée en 1969, commence avec le Centre-Sud pour s'achever avec le Nordeste (tableau III.5). Les premières liaisons, établies entre 1969 et 1972, assurent alors la transmission simultanée de 960 voies téléphoniques ; les antennes des faisceaux hertziens sont installées tous les 50 km : les réseaux sont dits "en visibilité". Le Centre-Ouest et le Nord sont équipés d'un réseau hertzien "en tropodiffusion" — pour obvier aux difficultés d'installation et d'entretien de stations qui ne pourraient bénéficier de l'appui d'un réseau routier, les antennes sont installées dans les noyaux urbains à des intervalles variant entre 100 et 400 km. Cette solution technique réduit de beaucoup la capacité de transmission : elle n'autorise que 156 voies téléphoniques et ne peut accueillir les voies de télévision. En 1972, le réseau est, officiellement,

---

67 N. CURIEN et M. GENSOLLEN, Réseaux de télécommunications et aménagement de l'espace, *Revue Géographique de l'Est*, 1985, p.50.

68 Idem, p. 50.

69 Aux Etats-Unis et en France, l'utilisation des faisceaux hertziens remonte au début des années cinquante. L.J. LIBOIS, op. cit., p. 106-107

reconnu comme national[70], bien qu'il n'intègre que les principales villes du pays — à peine 55% des municipalités brésiliennes sont desservies par les services téléphoniques[71].

La mise en place d'équipements plus puissants (1800 voies téléphoniques) et le remplacement graduel du système "en tropodiffusion" par celui "en visibilité" facilite l'expansion du réseau par faisceaux hertziens dans les années suivantes — à la fin 1983, le réseau compte 21 949 km d'extension[72]. Toutefois, il faudra attendre l'utilisation des satellites pour assurer la couverture du territoire et l'intégration de toutes les municipalités brésiliennes au réseau-support de télécommunications.

Tableau III.5 : L'expansion des liaisons par faisceaux hertziens entre 1969 et 1983.

	Liaisons nationales	
Périodes	"visibilité"	"tropodiffusion"
	São Paulo-Curitiba	Curitiba-Porto Alegre
	B.Horizonte-Brasília	B.Horizonte-Rio de Janeiro
	Rio de Janeiro-S.Paulo	
1969-1970	S.Paulo-Curitiba	Curitiba-Florianópolis
	B.Horizonte-Salvador	S.Paulo-R.Preto-Uberaba
	Uberaba-Brasília	Recife-Fortaleza
	Campo Grande-Corumbá-Cuiabá	Rio de Janeiro-Vitóri
	Belém-Manaus	
1971-1972	Belém-Brasília	São Luís-Belém
	Fortaleza-Teresina	Cuiabá-Porto Velho
	Porto Velho-Rio Branco	
	São Paulo-B.Horizonte	
	Cuiabá-Goiânia	
1977-1978	B.Horizonte-Brasília	
	Curitiba-Bauru	
	Rio de Janeiro-Vitória	
	Vitória-Salvador	
1981-1983	Salvador-Fortaleza	
	Cuiabá-Porto Velho	

Source : Tableau établi à partir de EMBRATEL, Pequena cronologia das telecomunicações no Brasil, p. 10-19.

70 Ministério das Comunicações, EMBRATEL, 18 anos, p. 67.
71 Ministério das Comunicações, TELEBRAS, p. 9.
72 EMBRATEL, Relatório anual 1987, 1988, p. 4.

Dès 1969, le pays utilise le satellite INTELSAT (*International Telecommunication Satellite Organisation*) pour les liaisons internationales, à partir d'une première station terrestre localisée à Itaboraí, municipalité voisine de la ville de Rio de Janeiro[73]. La mise en place de stations terrestres à Manaus et à Cuiabá marque, en 1974, le début de l'utilisation des satellites pour les besoins domestiques[74]. Dans ce but, l'EMBRATEL loue un sous-système de transmission-réception (*transponder*) au consortium international INTELSAT et installe, en une dizaine d'annés, vingt stations terriennes, dont la majorité sont localisées en Amazonie[75].

A la suite de pays très étendus comme l'URSS, le Canada, les Etats-Unis ou l'Inde, le Brésil lance à son tour ses propres satellites, BRASILSAT I en février 1985 et BRASILSAT II en mars 1986[76]. L'entreprise canadienne *Spar/Aerospace* fournit les satellites, grâce à une opération de transfert de technologie qui prévoit la participation des industries nationales (e.g. les stations terrestres ont été développées et produites au Brésil). La mise sur orbite est effectuée par la fusée Ariane-3 depuis la base spatiale de Kourou, en Guyane française. Dorénavant, les stations terrestres vont pouvoir fonctionner plus simplement et à moindre coût grâce à une meilleure orientation des faisceaux. Parallèlement, il n'y a aucune restriction à leur utilisation à des fins militaires, comme dans le cas d'INTELSAT.

La figure III.5 montre la distribution spatiale des stations terrestres, dont 75% sont localisées en Amazonie dans les noyaux urbains les plus peuplés ou, au contraire, dans des régions presque vides. Leurs fonctions sont diverses : répondre aux besoins des populations pour les services de téléphonie et de télévision ; aider les grands projets économiques d'exploitation minière dans la région ; appuyer l'occupation militaire de l'extrême nord du pays[77]. Ce dernier objectif est bien illustré par le programme militaire *Calha Norte* (PCN), lancé en 1985 et conçu en tant que :

---

73 "Un système de télécommunications par satellites comporte deux aspects : le secteur spatial (satellites et moyens à terre nécessaires à leur mantien en orbite) et le secteur terrien (stations au sol dites "terrestres" émettrices et réceptrices des signaux de télécommunication)". G. MARAL, M. BOUSQUET et J. PARES, *Les systèmes de télécommunications par satellites*, Masson, 1982, p. 3.
Le premier satellite géostationnaire commercial INTELSAT a été lancé en 1965. Voir aussi : I. SOURBES, *Les satellites de télécommunications : étude géographique,* NETCOM, vol. 2, n° 12, 1988.

74 En 1976, le Brésil occupe déjà la quatrième place parmi les usagers du Consortium INTELSAT. EMBRATEL, *Pequena cronologia das Telecomunicações no Brasil*, 1983, p. 14.

75 Parmi les vingt stations terriennes installées entre 1974 et 1983, quatre sont localisées en dehors de la région amazonienne, à savoir : Rio de Janeiro, São Paulo, Campo Grande et Fernando de Noronha. Ministério das Comunicações, EMBRATEL, 18 anos, p. 125.

76 Les premières études pour la mise en place d'un satellite domestique au Brésil datent de 1969 dans le cadre du Projet "SACI", destiné à la téléèducation par radio et télévision et développé à l'Institut des Recherches Spatiales (INPE). Idem, p. 130.

77 H. BAKIS, discutant la place des moyens de télécommunications dans les politiques des Etats donne l'exemple de l'Amazonie brésilienne, "où des émissions de radio sont assurées en langue portugaise jusque dans des régions reculées afin d'éviter aux nationaux toute tentation de capter les émissions des pays hispanophones voisins pour meubler le silence de retransmission dans la langue nationale". *Géopolitique de l'information*, PUF, 1987, p. 30. Actuellement, c'est aussi par la diffusion des émissions de télévision que l'Etat affirme sa souveraineté sur l'ensemble du territoire brésilien.

"...moyen de renforcer l'expression du pouvoir national, le contrôle des frontières, et l'intégration et le développement de la Région Nord"[78].

Sous l'actuel gouvernement civil, les idées développées à l'ESG, plus précisement par G. do Couto e Silva, restent valides. Il est fait appel à la notion de "Sécurité" pour la protection des frontières avec les Guyanes, le Surinam, le Vénézuela et la Colombie, et à celle de "Développement" pour justifier la présence militaire dans les lieux stratégiques d'exploitation minérale. En moins de quatre ans, le PCN construit un réseau de douze casernes et de neuf aéroports couvrant une superficie de plus d'un million de kilomètres carrés (14% du territoire national), du Oiapoque (Amapá) jusqu'à Tabatinga (Amazonas).

Il aura suffi d'une vingtaine d'années pour l'installation d'un réseau technique de base. L'équipement par faisceux hertziens (22562 kms d'extension), par satellites (38 stations terrestres) ou par câbles sous-marins[79] a, en même temps, intégré et articulé le territoire avec l'extérieur. Ces réseaux-supports permettent désormais la diversification des usages et la fourniture des différents services-réseaux.

b) Le réseau téléphonique

Les réseaux-supports ont d'abord permis l'extension du réseau téléphonique. Sa densité (nombre de postes pour 100 habitants) avait à peine doublé en un quart de siècle ; mais, à partir de 1972, sa croissance

Tableau III.6 : Évolution de la densité téléphonique au Brésil
(nombre de postes téléphoniques pour 100 habitants)

Années	%	Années	%
1948	1,0	1978	4,9
1964	1,5	1980	6,2
1968	1,8	1982	7,3
1970	2,1	1984	8,4
1972	2,4	1986	9,1
1974	2,7	1987	9,4
1976	3,5	1990	9,9

Source : pour les années 1948 à 1976, A.M. MACULAN, op cit. p. 193; pour les années 1978 à 1986, Ministério das Comunicações, Relatório TELEBRAS 1986, 1987, p.11 ; pour l'année 1987, IBGE, Anuário estatístico do Brasil 1987/1988, 1988, p.683, 1991

---

78 "*...via de fortalecimento das expressões do poder nacional, verificação das fronteiras, et integração e desenvolvimento da Região Norte*". Cité par Revista Isto é Senhor, n° 1020, 1989, p. 51.

79 Les câbles sous-marins ont été inaugurés respectivement en 1973 (BRACAN vers les îles Canaries), 1980 (BRUS vers les Etats-Unis) et 1983 (Atlantis vers le Portugal).

7,3%. Malgré cette évolution rapide, la densité téléphonique actuelle demeure faible comparée à d'autres pays tels que l'Allemagne fédérale où elle atteint 64% ou la France (61%) ; elle reste encore inférieure à celle de pays latino-américains comme l'Argentine (10,3%) et le Mexique (9,6%)[80].

Dans la plupart des pays centraux, l'introduction des réseaux de transmission de données est contemporaine de l'achèvement du réseau téléphonique. Une grande partie des communications liées aux affaires s'effectue alors sous forme de téléinformatique, ce qui explique le développement actuel de ce moyen de communication qui croît, aux Etats-Unis, trois fois plus vite que les services par voies traditionnelles[81]. Le Brésil, ainsi que d'autres pays semi-périphériques, mène une politique à la fois d'extension du réseau téléphonique et de création des réseaux de téléinformatique[82].

c) L'essor des réseaux de transmission de données

La réglementation en vigueur depuis 1979 octroie à l'Entreprise Brésilienne de Télécommunications (EMBRATEL) le monopole de la transmission des données. La constitution par des personnes morales de services-réseaux utilisant les réseaux-supports nationaux de télécommunications n'est autorisée que dans les cas où l'EMBRATEL ne peut offrir le service demandé.

En matière de transmission de données, l'EMBRATEL offre aux abonnés deux réseaux spécialisés : RENPAC et TRANSDATA. Le premier, mis en service en 1985, est un réseau national de transmission de données par paquets. On peut y avoir accès à travers l'équipement informatique relié au réseau ou à travers le réseau téléphonique et le réseau telex. La tarification est indépendante de la distance, mais dépend du volume d'informations transmises. Le réseau TRANSDATA, mis en service en 1981, est basé sur des liaisons point à point ou multipoints[83]. Il répond aux besoins des entreprises qui exigent l'utilisation continue d'un moyen de communication pour la transmission de grandes quantités de données. Sa tarification est calculée en fonction de la distance et de la vitesse de transmission.

---

80 Ces données se rapportent à l'année 1986, Nations Unies, Annuaire Statistique 1985/86, New York, 1988, 855 p.

81 L. NICOL, Communications technology : economic and spatial impacts, High technology, space and society. Urban Affairs Annual Reviews vol. 28, Sage Publications, 1985, p. 201.

82 Voir à ce propos les rapports sur la situation des télécommunications en Grèce et en Turquie, OCDE, op. cit.

83 L'utilisation du modem (modulateur-démodulateur) numérique est étroitement dépendante de la qualité des réseaux-supports - elle exige que les lignes de communication soient en parfait état. Les bruits de circuits ont entravé sa diffusion, malgré un prix très faible. En 1987, le modem numérique coûte environ 4 000 cruzados et le modem analogique entre 4 000 et 44 000 cruzados selon les différentes vitesses de transmission. EMBRATEL, Tarifas nacionais, 1987, p. 8.

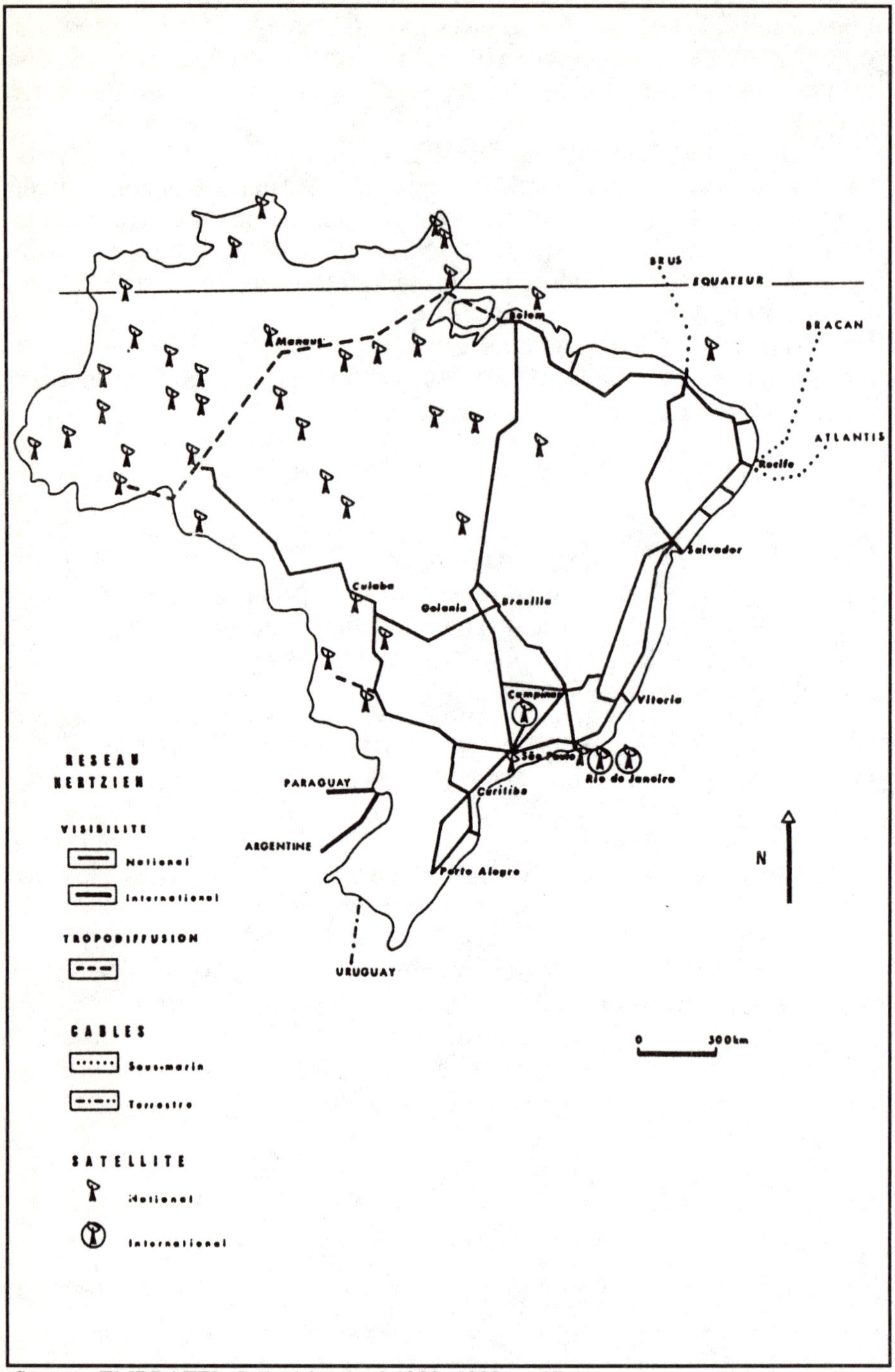

Source : EMBRATEL, Relatório anual 1988, 1989, p. 17.

Figure III.5 : Les réseaux-supports au Brésil, 1988

Les deux réseaux n'ont pas connu la même fortune. Ainsi en novembre 1987, les dix premiers usagers de TRANSDATA lui ont assuré une recette de 219 millions de *cruzados* ; dans le même temps, les dix premiers usagers de RENPAC lui ont apporté guère plus de 2 millions de *cruzados*[84].

Le RENPAC a été conçu pour les besoins des petits et moyens usagers, dont la demande ne justifie pas la location d'un circuit privé. Le bilan que nous présente T. Benakouche éclaire les limites d'une telle politique :

"Malgré sa destination 'grand public', à la fin de l'année 1987, le réseau RENPAC comptait 332 accès dédiés facturés, pour une clientèle de seulement 110 usagers ... Il s'agissait plutôt d'une demande potentielle, d'une clientèle qu'il fallait créer de toutes pièces et les dirigeants de l'EMBRATEL en étaient conscients"[85].

L'installation par EMBRATEL d'une banque de données s'appuyant sur le réseau RENPAC n'a pas réussi à drainer vers ce dernier une vaste clientèle[86]. Le tableau III.7 montre donc que le RENPAC est, tout comme le TRANSDATA, un réseau pour les grands usagers — banques, administrations publiques et industries.

Tableau III.7 : La recette des dix plus grands usagers du réseau TRANSDATA et du réseau RENPAC, novembre 1987. (en millions de Cz$)

TRANSDATA		RENPAC	
Usagers	Recette	Usagers	Recette
Banque BRADESCO	81	AMSA*	0,458
SERPRO*	30	DATAMEC*	0,379
Banque Itaú	28	Atlas Copco**	0,222
Banque du Brésil	16	Banque du Brésil	0,216
Banque UNIBANCO	14	Banque UNIBANCO	0,196
Banque Bamerindus	12	SERPRO*	0,195
CEF***	11	CFE***	0,141
IBM	10	IBM	0,125
Banque Nacional	9	Dupont**	0,095
PETROBRAS	8	BOVESPA****	0,090
Total	219		2,127

* Services de traitement de données
** Industries
*** Caisse d'Epargne Féderale
**** Bourse de São Paulo
Source : Statistiques fournies par l'EMBRATEL.

[84] A l'époque le dollar était coté à 50 cruzados.
[85] T. BENAKOUCHE, op. cit., p. 153 et 155.
[86] Idem, p. 169.

A la différence du réseau RENPAC, le réseau TRANSDATA est créé en réponse à une demande déjà existante des secteurs financiers, industriels, mais aussi des services gouvernementaux de traitement de données[87]. Malgré une croissance rapide des liaisons urbaines et interurbaines (en 1988 un ensemble de plus de 20 000 liaisons desservent huit cents villes brésiliennes), l'offre est impuissante à satisfaire la demande ; pour la location d'une nouvelle ligne une attente de trois à six mois est nécessaire. Pour faire face à la demande croissante, une expansion du réseau est en oeuvre : à partir de 1990, le TRANSDATA II, qui a fait choix de la technique de multiplexage compatible avec le CCITT[88], va permettre l'augmentation de la vitesse de transmission — limitée aujourd'hui à 9600 bits par seconde, elle atteindra 48 kbits par seconde.

Dans le but d'atteindre des débits encore plus performants, l'EMBRATEL introduit en 1988 le service de transmission de données "à haute vitesse" par l'utilisation du satellite domestique — le débit variant de 48 à 64 Kbits par seconde[89].

La place que le Brésil réserve à la téléinformatique est assez révélatrice d'un type de développement accentuant les inégalités sociales. En effet, une grande partie de la population est totalement exclue du processus de modernisation : entre 1985 et 1986 l'utilisation du réseau TRANSDATA augmente de 28,1%, la téléphonie d'affaires de 8,3% et celle des foyers de seulement 0,7%[90]. On ne peut invoquer l'ancienneté plus ou moins grande des divers services de télécommunication pour justifier les écarts entre ces pourcentages ; l'expansion des uns et des autres est récente, y compris dans le cas de la téléphonie.

La contribution relative des différents services dans la recette de l'EMBRATEL se modifie : la part des services de transmission de données, limitée à 14% en 1986, passe à 22% en 1988, tandis que celle de la téléphonie decroît de 51% à 40%[91].

C'est dans un contexte de stagnation des investissements dans les télécommunications que les réseaux de transmission de données vont se développer. La mise en place d'un premier réseau-support par faisceaux hertziens, au cours de la décennie soixante-dix, n'a nécessité un financement extérieur — avec pour conséquence une aggravation de la dette externe — que dans un premier temps ; par la suite, elle a été assurée par l'auto-financement. Dans les années quatre-vingt, l'expansion des réseaux-supports et des services-réseaux ne peut plus compter ni sur les prêts externes, ni sur le Fonds National de

---

87 Avant la mise en oeuvre du réseau TRANSDATA, quelques usagers avaient déjà installé des lignes privées de transmission de données (environ 5000), utilisant le réseau téléphonique. SEI, Relatório da comissão especial de teleinformática, 1981, p. 20.

88 *International Telegraph and Telephone Consultative Committee.*

89 EMBRATEL, Relatório anual 1988, 1989 p. 12.

90 Ministério das Comunicações, Relatorio TELEBRAS 1986, 1987, p. 19 et 21.

91 EMBRATEL, Relatório anual 1988, 1989, p. 7.

Télécommunications, dont les ressources sont systématiquement détournées vers d'autres programmes gouvernementaux[92]. Le ralentissement des investissements entraîne alors des retards considérables dans l'installation de nouveaux équipements : prévue pour 1987, l'introduction des liaisons par fibres optiques dans les villes de São Paulo et Rio de Janeiro a été différée à 1989[93].

L'intervention directe de l'Etat dans les télécommunications s'inscrit dans un véritable projet national d'acquisition et de maîtrise des technologies de pointe. En ce domaine, l'action gouvernementale s'est organisée dès la fin des années soixante. Elle a pu, en une vingtaine d'années, bouleverser le panorama industriel et spatial — les objectifs de "l'intégration nationale" sont atteints en 1985, date à laquelle toutes les municipalités sont reliées aux réseaux-support de télécommunications. Malgré la rapidité des changements, la densité téléphonique reste faible. En revanche, les réseaux de transmission de données se trouvent en plein essor — ils répondent à une demande qu'exprimaient les firmes depuis plusieurs années, à savoir de bénéficier de la communication instantanée (en temps réel).

Cette situation reflète bien les fortes inégalités de la société brésilienne — la multiplication des réseaux-supports, et avec elle les possibilités de communication territoriales se heurte à une société qui, elle, est restée très hétérogène. Il s'en faut de beaucoup que beaucoup de Brésiliens bénéficient de la modernisation du pays : 30 à 40% de la population se trouve totalement exclue, alors que 10% des familles les plus riches consomment plus de la moitié de la richesse produite[94]. Ce phénomène d'exclusion sociale, effet pervers du modèle brésilien, met en péril la création de systèmes de Recherche et Développement et la modernisation des télécommunications, car seule l'existence d'une demande sociale effective justifie et crée les conditions pour le développement de programmes technologiques de coûts très élevés. Le type de développement adopté traduit la volonté de l'Etat de défendre les intérêts des firmes multinationales et des grandes organisations industrielles et financières brésiliennes : c'est ainsi qu'il faut comprendre la réussite du réseau TRANSDATA de même que l'échec de la banque de données utilisant le réseau RENPAC[95].

---

92 En 1982, sur une recette totale de Cr$ 770 milliards, le Fonds n'a investi que Cr$ 341 milliards dans les télécommunications. Revista Nacional de Telemática, suplemento especial, TELEBRAS 79-85, 1986, p. 14.

93 EMBRATEL, Relatório anual 1986, 1987, p. 12 et Relatório anual 1988, 1989, p. 16.

94 C. LESSA, Rumos da economia brasileira, Ciência Hoje, 1985, p.8.

95 L'analyse de la répartition des noeuds et des flux du réseau TRANSDATA sur l'espace national est l'objet du chapitre V.

TROISIÈME PARTIE

Réseau urbain et réseaux d'information : l'intégration territoriale à la fin du XXe siècle

L'organisation urbaine du Brésil présente, au cours des dernières années, une nouvelle dynamique liée aux processus de modernisation par lesquels passe le pays. L'apparition de nouvelles stratégies techniques et économiques — financières et industrielles — a engendré un remodelage territorial sans lequel elles ne pourraient se développer totalement.

Toutes ces stratégies, qui se rencontrent, se combinent ou s'affrontent, manipulent la même matière douée d'énergie motrice — l'information — dont elles vont dessiner et réguler les flux. Les forces et les intérêts qui les mettent en oeuvre — Etat, entreprises publiques ou privées — vont trouver dans les réseaux d'information l'outil incomparable de contrôle et de 'surveillance' des unités territoriales et économiques.

Les 'vecteurs' d'information viennent alors s'ajouter à ceux historiquement présents des biens, des matières premières et de main-d'oeuvre pour expliquer la distribution actuelle des fonctions productives entre les villes brésiliennes et leur intégration au réseau urbain. Le rôle et la signification de chaque métropole se sont differenciés au long de ces vingt dernières années à travers la mise en place de nouvelles formes économiques et juridiques qui ont exigé l'emploi de nouveaux instruments techniques. C'est pourquoi nous formulons l'hypothèse que les réseaux d'information, en tant qu'équipements de "solidarité urbaine"[1], sont les vecteurs par excellence de l'intégration territoriale en cette fin de siècle.

L'objectif de cette troisième partie est double : 1) analyser le degré et le rythme d'utilisation des nouveaux réseaux de télécommunications par les grandes organisations économiques ; 2) identifier les principales tendances en cours, en articulant l'étude du réseau urbain à la grandeur et à la direction des flux d'informations qui relient les villes brésiliennes.

---

1 Terme auquel nous avons déjà fait appel dans l'introduction de la première partie du livre.

CHAPITRE IV

Les temps des organisations

L'introduction de nouvelles techniques prétendant à une maîtrise du temps n'est pas uniforme — ni parmi les Nations, ni parmi les secteurs économiques. D'autre part, même là où elles sont répandues, leur capacité d'intégrer tous les points de l'espace quelle que soit la distance qui les sépare n'est que virtuelle — elle se matérialise "en fonction de décisions et de stratégies"[1]. Dans les années cinquante, G. Gurvitch parlait de multiplicité des temps sociaux :

"...jamais on n'a vécu dans une ambiance intellectuelle aussi favorable à la prise de conscience de la multiplicité des temps que celle du XXe siècle. Et jamais les différents temps sociaux ne se sont confrontés avec un tel relief qu'aujourd'hui, où sous l'influence du développement impressionant des techniques de communication, nous passons en un clin d'oeil par les différents temps propres aux civilisations, Nations, types de sociétés et groupes variés"[2].

Comme nous l'avons démontré dans le chapitre précédent, l'utilisation que les différents acteurs économiques font des nouveaux réseaux n'a pas la même ampleur — le secteur financier est de loin de plus grand usager. Or, en réduisant le temps de circulation de l'information, les organisations économiques visent avant tout à fondre leurs étalons de temps dans les étalons de l'économie nationale, et même mondiale, mettant ainsi à profit les échelles générales de productivité, de circulation et d'échanges[3]. Il y a d'abord sélectivité économique dans la recherche d'une maîtrise du temps, sélectivité résultant des nouvelles hiérarchies économiques qui s'installent. Ce n'est que par la suite que les lieux deviennent également objet d'une sélection et que de nouvelles hiérarchies spatiales peuvent aussi s'instaurer.

De cette manière, l'examen des enjeux spatiaux des nouveaux réseaux de télécommunications passe obligatoirement par une analyse préalable du degré et du rythme de leur assimilation par les différents secteurs économiques. Le but de ce chapitre est alors de mettre en relief

1 A. BRESSAND et C. DISTLER, *Le prochain monde - réseaupolis*, Seuil, 1985, p. 115.
2 G. GURVITCH, La multiplicité des temps sociaux, Le cours de la Sorbonne, 1958, p. 8. Selon l'auteur, "il peut exister n+1 temps ; c'est une question de réalité des faits et de construction de ces faits par les cadres opératoires des différentes sciences. Tous les temps, malgré leurs profondes divergences, possèdent les mêmes caractéristiques formelles (décalage ou coordination des mouvements) et entrent donc dans la catégorie temps", idem, p. 8.
3 Ibid, p. 65.

la multiplicité des 'temps des organisations' économiques, en éclairant les incidences possibles du développement conjoint de l'informatique et des télécommunications sur l'organisation du travail et sur la logique de localisation.

1. La banque : l'accélération des rythmes économiques et la recherche d'un 'temps mondial'

La croissance économique accélérée du Brésil dans les années cinquante doit s'accommoder d'un système financier où dominent encore les formes de crédit et de financement du début du siècle : les banques et les grands commerçants assurent le fonctionnement des marchés de crédit locaux ou régionaux[4]. Le décalage entre l'expansion industrielle et la survivance de vieilles formes de financement ne saurait être longtemps toléré ; la nécessaire réforme financière suit de peu le coup d'Etat de 1964.

Dès lors, le système financier va permettre une plus grande mobilité des ressources et les banques, toujours très circonspectes en matière d'investissements, privilégient les secteurs économiques les plus rentables et les plus compétitifs sur les marchés national et international. Au Brésil, comme partout ailleurs, la puissance des banques s'accroît de façon impressionnante[5].

L'importance croissante du secteur financier et l'utilisation massive qu'il fait des nouveaux réseaux de télécommunication seront analysées à travers l'histoire d'une banque, la Brasileiro de Descontos S.A. — BRADESCO. D'une petite banque d'action régionale, la BRADESCO est devenue la plus grande banque privée commerciale du pays, aujourd'hui présente sur l'ensemble du territoire brésilien[6].

Le réseau bancaire régional

La fondation de la BRADESCO remonte à 1943 et a pour cadre Marília, une ville de l'intérieur de l'Etat de São Paulo[7]. Située au point extrême atteint par le chemin de fer, Marília est au coeur d'une vaste zone de production agricole, dont la principale ressource est le café.

---

4 Voir supra, chapitre II, p. 65.

5 D. MASSEY, analysant la Grande-Bretagne, montre que le capital bancaire contrôle non seulement le secteur financier, mais d'autres domaines de l'économie. Spatial divisions of labour, MACMILLAN, 1984, p. 282.

6 En 1986, la BRADESCO est la plus grande banque privée commerciale du pays, qu'il s'agisse du volume des dépôts (Cz$ 65,756 milliards), du nombre de clients (22,6 millions), des bénéfices liquides (Cz$ 3,884 milliards), du nombre d'employés (147000) et du nombre d'agences (2022). BRADESCO, Relatório anual 1986, 1987, p.2 et 28.

7 La banque s'est édifiée sur les ruines de la *Casa Bancária Almeida*. Le *Banco Brasileiro de Descontos S.A.* était de taille si modeste que des plaisantins l'avaient surnommé *Banco Brasileiro de Dez Contos, Se Há ?* En 1946, le siège est transféré à Osasco, municipalité voisine à la ville de São Paulo. Le transfert exigea la mise en place de toute une infrastructure nouvelle : eau, électricité, téléphone.

Comme dans le schéma général de localisation que propose J. Labasse :

"Au départ, la banque se plie au compartimentage fragmentaire de l'économie et limite ses horizons aux échanges circonscrits dans le ressort d'une ville ou de son aire d'influence"[8].

Multipliant les investissements — "avec priorité pour les zones agricoles"[9] — la BRADESCO conquiert l'Etat de São Paulo et le nord du Paraná (figure IV.1)[10].

A partir de cette assise régionale, où la ville et l'Etat de São Paulo tiennent une place essentielle, la BRADESCO effectue dès les années cinquante une première percée vers les Etats voisins : Rio de Janeiro, Minas Gerais, Mato Grosso et Goiânia. Le réseau des agences en 1960 (figure IV.2) est révélateur d'une étape dans le processus d'unification du marché national : l'intégration, commandée et maîtrisée par l'agglomération paulista, des zones agricoles et industrielles localisées dans l'Etat de São Paulo et dans les Etats voisins[11].

La couverture spatiale de la BRADESCO accompagne une nouvelle phase de l'économie brésilienne qui commence à se tourner vers l'industrie dans une conjoncture d'expansion entre 1956 et 1961. Pourtant, le passage du réseau régional au réseau national aura exigé la mise en place de nouvelles formes économiques et juridiques. Des formes qui vont, par la suite, demander l'emploi de nouveaux instruments techniques sans lesquels elles ne pourraient se développer totalement.

Le réseau bancaire national

a) La réforme financière

Les mesures économiques prises par le gouvernement militaire ont pour but la modernisation du système financier, sa rationalisation, sa flexibilité et son eficacité[12]. Elles ont engendré une concentration bancaire dont témoignent la réduction du nombre de sièges d'établissements et l'augmentation de la participation relative de quelques banques dans les dépôts, prêts et patrimoine liquide du

---

8 J. LABASSE, *L'espace financier*, Armand Colin, 1974, p. 18.

9 BRADESCO, Relatório anual 1951, 1952, p. 1.

10 Pour l'élaboration des cartes donnant la localisation des agences bancaires, nous avons opté pour la division du Brésil en 361 micro-régions. Pourtant, afin de bien dégager l'importance de la ville de São Paulo, nous l'avons séparée de son aire métropolitaine. La BRADESCO comptait 72 agences bancaires en 1951, 175 en 1960, 456 en 1972 et 2022 en 1986.

11 Il s'agit alors d'intégrer : a) les zones d'élevage du Mato Grosso, dont la production est écoulée sur le marché *paulista* en utilisant la liaison ferroviaire entre les villes de Bauru (SP) et Corumbá (MT), qui passe par Campo Grande (MT) ; b) les zones de production agro-industrielle dans les Etats de Minas Gerais (Juiz de Fora pour le lait) et Rio de Janeiro (Campos pour le canne à sucre) ; et c) les centres industriels proches de la capitale, comme Sorocaba (textile) et Jundiaí (produits alimentaires).

12 Voir à ce propos : M. da C. TAVARES, *Da substituição de importações au capitalismo financeiro*, Zahar, 1983, p.213-263.

Source : BRADESCO, Relatório anual 1951.

Figure IV.1 : Localisation des agences de la BRADESCO, 1951.

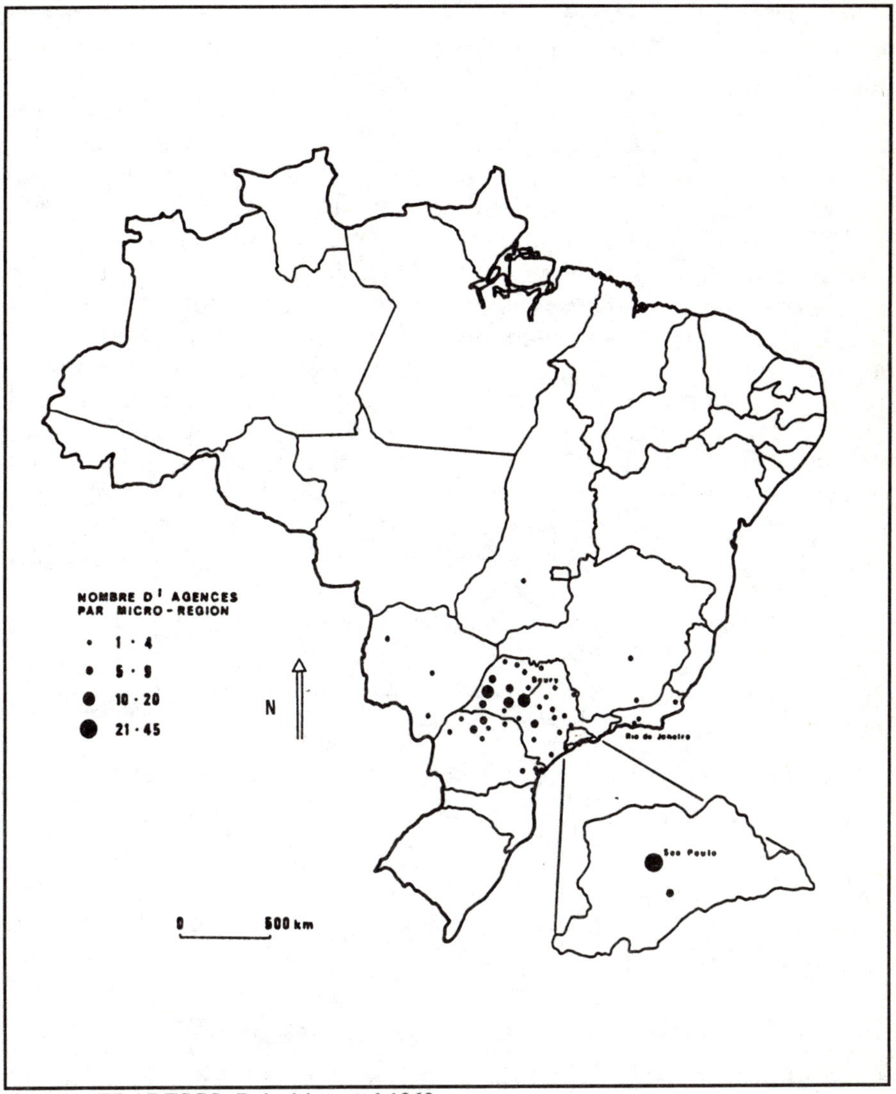

Source : BRADESCO, Relatório anual 1960

Figure IV.2 : Localisation des agences de la BRADESCO, 1960

système bancaire commercial[13]. A cette réduction fait pendant l'accroissement plus lent du nombre d'agences (Tableau I.1). Entre 1961 et 1971, le nombre de sièges passe de 333 à 145 (soit une diminution de plus de la moitié) alors que le doublement du nombre d'agences va demander quinze ans (1971 à 1985).

La réforme financière mérite que l'on s'y attarde un instant car son objet est plus qu'une simple réforme bancaire ; elle est révélatrice d'une voie 'brésilienne' de conquête pionnière et d'intégration du territoire.

En 1967, des règles sont imposées afin d'éviter l'expansion incontrôlée du nombre de sièges et d'agences bancaires. Ainsi l'ouverture de nouvelles agences doit satisfaire à des contraintes, d'une part de capital minimum — celui-ci étant déterminé en fonction de la localisation géographique et de la catégorie de l'agence[14], et d'autre part de taux d'intérêt maximun. Entre 1970 et 1977, on ira jusqu'à geler la concession de nouvelles 'lettres patentes'. Toutefois, la création d'agences 'pionnières' est encouragée. Par exemple, la fermeture d'une agence de première catégorie donne droit à l'ouverture de 4 agences pionnières ; la fermeture d'une agence de quatrième catégorie donne encore droit à l'ouverture de 2 agences pionnières. L'expansion des banques ne peut donc se faire qu'au travers des fusions et des absorptions, et par l'ouverture d'agences pionnières : on dénombre 205 absorptions et 15 fusions entre 1964 et 1976[15].

Tableau IV.1 : Évolution du nombre de sièges et d'agences des banques commerciales au Brésil, 1941-1985.

Années	Sièges	Agences par siège	Agences
1941	512	1134	2,2
1952	408	2619	6,4
1961	333	5247	15,7
1971	145	7679	52,9
1985	90	15070	167,4

Source : R. L. CORREA, Concentração bancária e os centros de gestão do território, *Revista Brasileira de Geografia,* vol. 51, n° 2, 1989, p. 18.

---

13 N. da S. MARQUES, *A concentração bancária brasileira no período pós-1964*, Tese de Doutorado, USP, 1982, p. 32.

14 Pour critère de classification des agences, il a été retenu le rapport entre le volume moyen de dépôts et le salaire minimun le plus élevé (un salaire minimun est calculé pour chaque région). La première catégorie regroupe les agences pour lesquelles le rapport est au moins égal à 32000. Dans la 5ème catégorie, dite pionnière, se trouvent les agences isolées, celles qui sont seules à opérer dans leur localité, Idem, p. 49.

15 L'année 1967 est la plus importante quant aux absortions et fusions (47 au total). Ainsi, la BRADESCO a successivement englouti, entre 1964 et 1976, *Nova América-Villarino, Brasileiro Oeste de Minas Gerais, Agrícola da Alta Mogiana, Brasileiro de Goiás, Correia Ribeiro, Segurança, Brasileiro de São Paulo, Marcantil de Pernambuco, Porto Alegrense, Indústria e Comércio de Santa Catarina, de Crédito Comercial, dos Importadores e Exportadores do Ceará, Mineiro do Oeste, da Bahia*, Ibid, p. 123.

La mise en place des programmes gouvernementaux de subventions à la production agricole et à l'exportation, ainsi que la politique de captation des ressources externes dans les années soixante-dix, profitent essentiellement aux grandes banques. Elles viennnent rapidement à financer les marchés d'exportation et d'importation et à jouer un rôle d'intermédiaire entre les banques étrangères et le secteur public brésilien. Leur activité sur le marché international leur permet d'attirer les fonds qui serviront au financement des grands projets d'infrastructure[16].

Instrument privilégié de l'Etat dans le processus d'internationalisation de l'économie brésilienne, la banque l'a été également dans le processus d'intégration du marché national. Concentration bancaire et constitution de grandes banques nationales "qui ne s'identifient plus aux intérêts d'un territoire limité, mais de tout le pays" vont de pair. Elles signifient la disparition des banques régionales et la réduction du nombre de places bancaires. Le nombre de centres urbains accueillant des sièges de banques décroît de 77 à 28 entre 1961 et 1985[17]. L'altération des raisons sociales des banques reflète l'élargissement de leur champ d'action :

"La Banque Nationale du Minas Gerais S.A. devient simplement Banque Nationale S.A., la Banque Economique de Bahia S.A. est rebaptisée Banque Economique S.A., tandis que la Banque Mercantile et Industrielle du Paraná S.A. — BAMERINDUS devient Banque Bamerindus du Brésil S.A."[18].

En 1972, déjà, s'esquisse le réseau bancaire national. La BRADESCO est présente dans presque tous les Etats de la Fédération (figure IV.3). Cependant, de grands axes d'expansion se dégagent : a) l'Etat de São Paulo, non seulement la capitale mais également la région de Campinas et la Vallée de Paraíba qu'emprunte la principale route du pays, celle qui relie la capitale paulista à Rio de Janeiro ; b) la ville de Rio de Janeiro, deuxième marché financier du pays, où sont installés les sièges des compagnies d'assurance et des sociétés financières et d'investissement, mais également, et depuis leur fondation, les sièges des grandes entreprises étatiques[19] ; c) les Etats du sud, où la multiplication spectaculaire des agences depuis 1960 s'est effectuée à partir de l'absorption des banques locales du Rio Grande do

---

16 Plusieurs exemples peuvent confirmer cette hypothèse. En 1982, la banque privée UNIBANCO a capté 70 millions de dollars sur le marché international pour financer la construction par ELETROBRAS de l'usine hydro-éléctrique de Itaipú (au sud du pays). Ibid, p. 103.
Les formes d'internationalisation des banques sont présentées par C. SIMON, qui en distingue quatre : "l'implantation à l'étranger, la fonction d'intermédiation internationale, l'activité devises sur le territoire national et la participation à des 'clubs' internationaux", *Les banques*, La Découverte, 1984, p. 93.

17 R. L. CORREA, op.cit., p. 26.

18 " O Banco Nacional de Minas Gerais S.A. passa a ser simplesmente Banco Nacional S.A., o Banco Econômico da Bahia S.A. é redenominado Banco Econômico S.A., enquanto o Banco Mercantil e Industrial do Paraná - BAMERINDUS transforma-se no Banco Bamerindus do Brasil S.A.", idem, p. 26.

19 C'est le cas, par exemple de la PETROBRAS (Petróleo Brasileiro S.A.) et de la Companhia Vale do Rio Doce (exploitation minière).

Sul (en 1967) et de Santa Catarina (en 1968) — la banque s'installe dans des villes dont l'activité industrielle est assez importante, comme Blumenau et Porto Alegre, mais aussi dans des régions d'élevage qui approvisionnent les marchés intérieur et extérieur (Uruguaiana à l'extrême sud du pays) ; d) l'ouest du pays, en suivant très précisement le tracé de la route Belém-Brasilia (Etat de Goiás) au coeur d'une zone agricole ; e) le Nordeste où, sauf pour les Etats de Bahia et du Ceará, les agences n'existent que dans les capitales.

Le rôle décisif de la réforme financière sur la configuration du réseau bancaire au début des années soixante-dix ne saurait faire oublier celui, à peine moins important, du système des transports. Comme le souligne P. Claval :

"Les techniques de transport et de communication ont des effets propres sur l'organisation de l'espace, si bien qu'on lit leur poids dans la géométrie de tous les faisceaux de relations qui se développent entre les acteurs sociaux"[20].

Avec la centralisation financière, les acteurs se multiplient : la banque travaille alors pour toutes les entreprises du groupe — compagnies d'assurances, sociétés d'investissement, de crédit immobilier, de tourisme, etc. Rappelons que les banques au Brésil réalisent d'autres tâches en dehors de leur fonction classique : elles encaissent le règlement des factures d'électricité, de téléphone, mais également des achats à crédits de toutes sortes ainsi que les loyers. Cette multiplicité des tâches occasionne la circulation d'une masse considérable de documents entre les agences et le siège social. Dans ce mouvement, il existe un échelon intermédiaire entre le siège et les agences, à savoir les 'sous-centres de service'. Chaque sous-centre dessert plusieurs agences et sa localisation est fonction des distances et des facilités de communication avec le siège.

Tous les soirs, le siège traite les documents concernant les sous-centres et envoie le lendemain matin les liasses imprimées, par voiture ou par avion. Dans cette organisation fortement centralisée et hiérarchisée, l'implantation des agences va évidemment dépendre étroitement de l'existence de moyens de transport efficaces.

On imaginera facilement la complexité et la vulnérabilité d'une telle organisation du travail au cours de la décennie soixante-dix. Le texte qui suit en est une parfaite illustration :

"Il y a quelques mois, la chute d'une voiture blindée au service d'une banque commerciale dans les eaux du fleuve Tietê, à São Paulo, déchaîna une véritable opération de guerre. Tout de suite la police boucla la zone, provoquant un embouteillage inextricable dans les alentours. Le Corps des pompiers, convoqué à la hâte, amèna sur les

---

20 P. CLAVAL, *Géographie humaine et économique contemporaine*, PUF, 1984, p. 172.

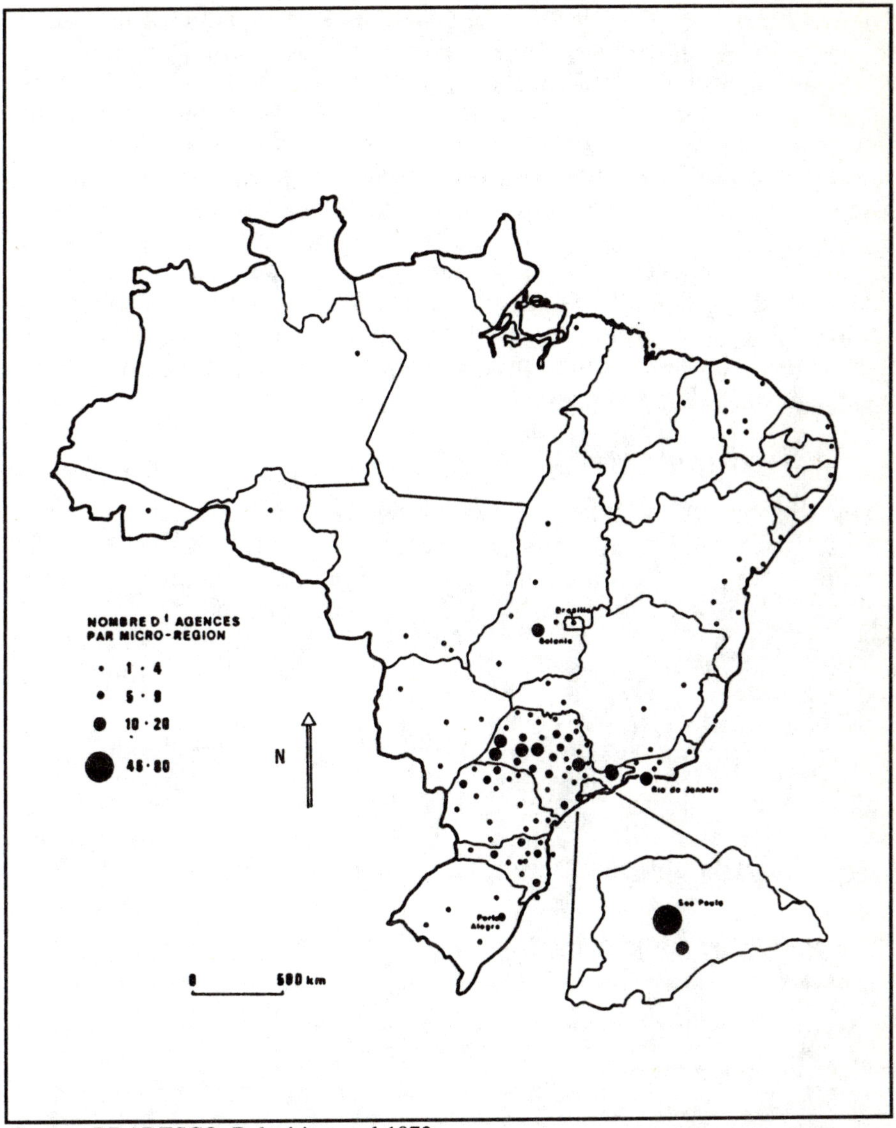

Source: BRADESCO, Relatório anual 1972.

Figure IV.3 : Localisation des agences de la BRADESCO, 1972.

lieux des dizaines d'hommes dotés d'un équipement complet de sauvetage. Des dragues de la Préfecture, garées près de l'accident, furent également réquisitionnées pour aider à l'opération. Des hommes-grenouilles revêtus de vêtements spéciaux à cause de la haute pollution des eaux furent transportés sur les lieux par hélicoptère. Pourquoi une telle mobilisation de moyens ? Il n'y avait pas de victimes ; il n'y avait pas même de grosses sommes d'argent à récupérer dans les eaux du fleuve. On cherchait simplement à remettre la main sur des documents sans aucune valeur commerciale provenant des agences de la banque, à São Paulo, et en voie d'acheminement vers un centre informatique de traitement. L'enjeu était grave ! Si elles n'étaient pas alimentées, comme de coutume, en liasses imprimées, les caisses des agences risquaient de ne pouvoir fonctionner normalement, le matin suivant. La seule solution, pour ne pas interrompre leur activité, serait alors d'utiliser les liasses du jour précédent, en courant ainsi le risque de payer des chèques sans provision"[21].

b) La place de la téléinformatique

Pour faire face à la croissance du volume d'informations à traiter et à diffuser, les investissements s'accélèrent dans le domaine de la téléinformatique. C'est à la demande des banques que sont mises en place des liaisons nationales et internationales spécialisées : d'où la création du réseau TRANSDATA et l'extension du réseau de transmission de données de la Society for Worldwide Interbank Financial Telecommunications (SWIFT) au Brésil[22].

Parallèlement, les banques, d'usagers des télécommunications[23] et de l'informatique qu'elles étaient, vont vite devenir des producteurs. Tel est le cas de la BRADESCO. Après avoir pris en 1981 une participation minoritaire dans la DIGILAB (firme de production éléctronique), la BRADESCO acquiert la totalité du capital en 1983. C'est

---

21 "*Alguns meses atrás, a queda de um carro-forte a serviço de um banco comercial nas águas do rio Tietê, em São Paulo, desencadeou uma verdadeira operação de guerra. A polícia logo isolou a área, iniciando um congestionamento total do trânsito nas imediações. O Corpo de Bombeiros, convocado às pressas, levou dezenas de homens ao local munidos dos mais diferentes tipos de equipamentos de resgate. Dragas a serviço da Prefeitura, estacionadas próximo ao acidente, também foram deslocadas para ajudar na operação. Homens-rãs, vestindo roupas especiais por causa da alta poluição das águas, foram trazidos ao local de helicóptero. Não foi a existência de vítimas a razão principal de tal mobilização. Nem mesmo a necessidade de resgatar às águas do rio alguma soma alta de dinheiro. Procuravase reaver documentos sem nenhum valor comercial recolhidos depois do expediente nas agências centrais do banco, em São Paulo, em trânsito, para serem processados. Sem eles não haveria, na manhã seguinte, listagem para os caixas do banco, em todo o país, trabalhar normalmente. A alternativa seria a direção do banco, para não interromper temporariamente suas atividades, determinar o uso das listagens do dia anterior, arriscand-se a pagar cheques sem cobertura*". J. MARTINEZ, Automação bancária, uma questão de tempo, Revista Dados e Idéias, ano 5, n° 1, 1980, p. 14.

22 La signature, en 1982, d'un accord entre l'EMBRATEL et la SWIFT est le résultat de deux années de négociation. Le monopole de l'EMBRATEL se heurtait aux ambitions de la SWIFT qui rêvait d'installer, d'exploiter et d'entretenir l'équipement. Dans la solution adoptée, le processeur régional est propriété de l'EMBRATEL, mais l'opération est assurée par la SWIFT.

23 Premier usager du réseau TRANSDATA, la BRADESCO est aussi le premier usager de services de télécommunications au Brésil ; en juin 1989 elle est responsable de 9,4% des recettes de l'EMBRATEL.

là le point de départ d'une politique d'investissements massifs dans les entreprises d'équipements pour l'informatique et les télécommunicatons (tableau IV.2).

Tableau IV.2 : Les participations de la DIGILAB, 1989 (en % du capital)

Entreprises	% du capital
DNI	100,0
Scopus	70,0
CPM	50,0
PDV	50,0
Matel	48,0
Victori	34,0
Elebra	30,0
Matec	26,0
Rima	17,0
Sid Microeletrônica	14,6
Sid Informática	11,5
Cobra	1,4
Ericsson	0,7

Source: Revista Isto é Senhor, n° 1020, 1989, p. 60.

Depuis 1988, la production de la DIGILAB ne se limite plus aux besoins du réseau BRADESCO ; ayant conquis de nouveaux marchés, elle occupe désormais la deuxième place parmi les industries informatiques[24]. Certes, fusions et associations obéissent à une tendance mondiale à la concentration industrielle dans ce secteur. Ici, toutefois, le rôle dirigeant des banques dans le processus semble être un trait spécifique.

De nouvelles alliances se nouent, qui s'efforcent de remettre en cause le monopole étatique des télécommunications. Ainsi, la Victori, née d'une association entre le groupe de médias 'Globo', la NEC et la BRADESCO, fait pression en 1988 pour une privatisation du service de transmission de données par satellite.

Les investissements des années quatre-vingt débouchent sur une architecture unifiée du réseau téléinformatique, généralement connue sous la désignation SNA (System Network Architecture)[25]. Le réseau

---

24 La première place est occupée par l'ITAUTEC, entreprise qui appartient à la deuxième banque brésilienne, la banque Itaú.

25 Voir à ce propos l'étude de H. BAKIS sur I.B.M. L'auteur analyse dans le détail la stratégie qui sous-tend l'introduction, en 1974, "d'une archictecture avancée destinée au télétraitement centralisé", "*un advanced architecture designed for centralized teleprocesseing*", The communications of larger firms and their implications on the emergence of a new world industrial order - a case study I.B.M.'s global data network, *Commission on industrial systems*, I.G.U., 1980, p.20.

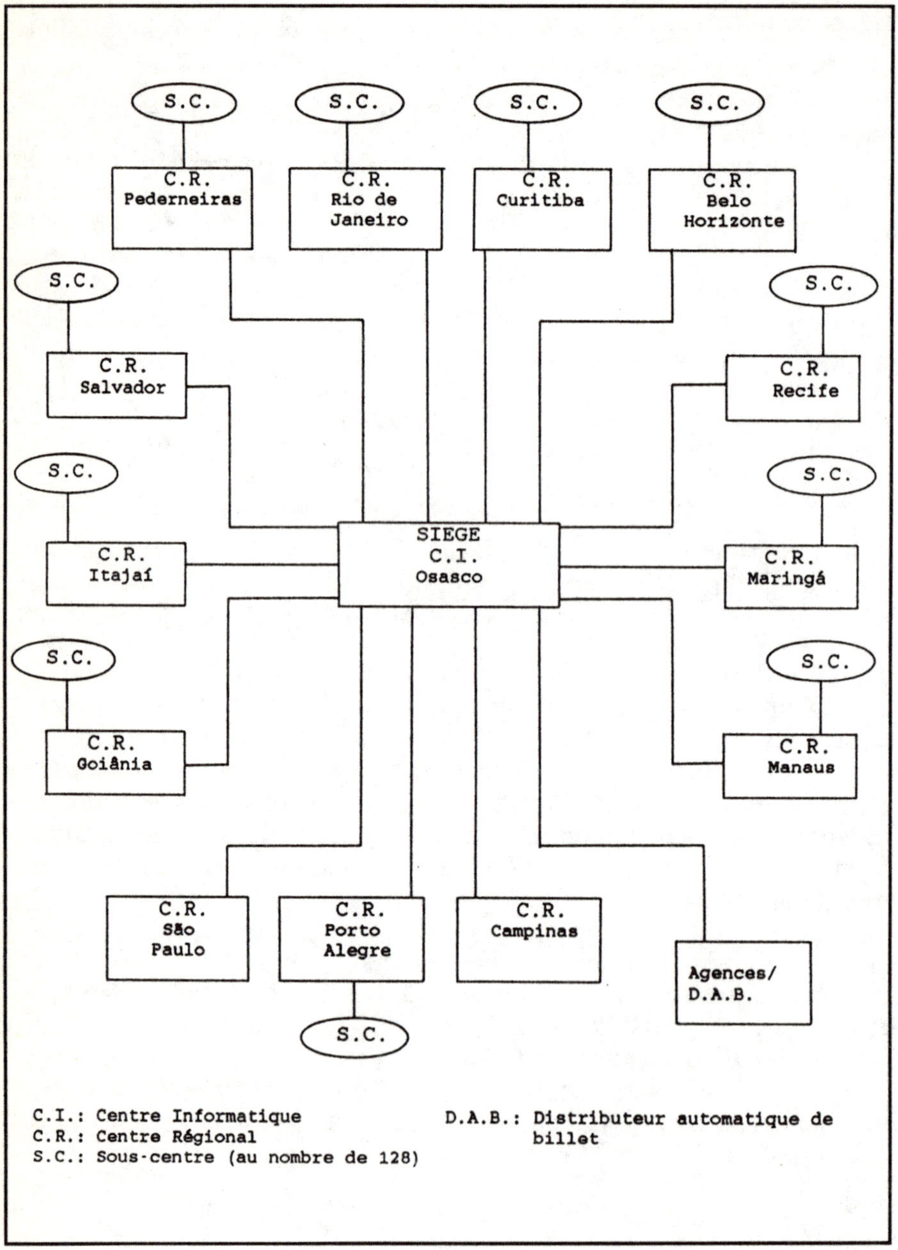

Figure IV.4 : Le réseau téléinformatique de la BRADESCO, 1987

s'appuie sur un centre informatique sis à Osasco, treize centres régionaux et cent vingt huit sous-centres[26] (figure IV.4). Fin 1987, plus de 800 agences bancaires et 300 distributeurs automatiques de billets (D.A.B.)[27] sont reliés en temps réel au centre d'Osasco — directement, ou par l'intermédiaire des centres régionaux ; les autres agences, les plus éloignées, sont d'abord reliées aux sous-centres en temps différé. Le réseau permet la décentralisation des opérations sur les comptes courants, les livrets d'épargne et les cartes de crédit — les informations sont traitées et stockées dans les centres régionaux ; elles ne sont plus transmises au centre. En revanche, les fichiers-clients et les opérations de crédit restent centralisés à Osasco. L'implantantion, en 1988, d'un deuxième centre informatique à Alphaville[28], distante d'à peine vingt kilomètres de Osasco, satisfait à des normes de sécurité. D'après la direction de la Banque : "la création d'un deuxième centre informatique est une mesure de précaution tant en termes techniques, qu'en termes humains — à Osasco et Alphaville dominent deux syndicats différents"[29].

L'informatisation de la banque apporte d'énormes économies de temps qui touchent, soit le travail interne des agences[30] (la moyenne des contrôles de caisse par jour et par machine passe de 100 à 350), soit la circulation des informations entre les agences et le siège (en particulier, les mouvements de liasses peu à peu cessent).

La figure IV.5 nous montre une BRADESCO qui depuis un noyau dur constitué par l'Etat de São Paulo, le nord du Paraná, le sud du Minas Gerais et l'agglomération de Rio de Janeiro, projette ses tentacules à travers tout le territoire, jusqu'à ses limites extrêmes. Pourtant, la prolifération des agences ne doit pas faire oublier leur hétérogénéité : leur poids et leurs fonctions varient beaucoup. Au Nordeste, c'est-à-dire dans une région où le tissu des municipalités est très dense, les nombreux guichets ont essentiellement pour rôle de

---

[26] Le matériel informatique est composé de 15 gros ordinateurs I.B.M. (3084, 3033 et 4381) et Fujitsu (M382 et 200), de 13 ordinateurs moyens I.B.M. 4341 et de plus de mille micro-ordinateurs fabriqués par la DIGILAB, BRADESCO, op. cit., p. 13.

[27] Les D.A.B. sont introduites par la BRADESCO en 1983 et couvrent, fin 1987, cent villes brésiliennes. Les mieux desservies sont : São Paulo (89), Rio de Janeiro (42), Salvador (7), Belo Horizonte (7), Porto Alegre (6) et Brasília (5).
Début 1989, plus de cinq millions de cartes magnétiques BRADESCO sont en circulation, Folha de São Paulo, Informática, 8/2/89, p. 1.

[28] Située dans la municipalité de Barueri, Alphaville montre au visiteur un visage bien particulier dans la périphérie, plutôt misérable, de la ville de São Paulo. Conçue pour abriter les centres informatiques des entreprises localisées dans la capitale, elle a exigé des investissements massifs en énergie électrique et télécommunications. L'air conditionné et la propreté des lieux contrastent fortement avec les alentours.

[29] Dans son étude sur les banques françaises, J. LOJKINE montre le poids du facteur 'panne humaine' (mouvements de grève) dans l'option du Crédit Lyonnais en faveur d'une pluralité des centres informatiques. *Stratégies des grandes entreprises et politiques urbaines : les cas des banques et assurances*, Centre d'Etude des Mouvements Sociaux, 1976, p. 59.

[30] Pourtant, ces économies sont loin de bénéficier aux employés. Dans une étude sur le pouvoir disciplinaire à l'intérieur du groupe BRADESCO, L. SEGNINI démontre que les employés de la BRADESCO perçoivent les salaires les plus bas, alors que leur horaire journalier est le plus lourd de tout le secteur bancaire. *A liturgia do poder, trabalho e disciplina*, EDUC/USP, 1988, p. 34.

collecter la petite épargne des entreprises locales[31]. Par contre, dans les zones d'expansion agricole et minière (Mato Grosso, Pará, nord du Goiás et sud de Bahia), les agences sont une véritable antenne des groupes économiques contrôlés par la banque.

La BRADESCO est devenue la tête d'une puissante organisation économique qui a des intérêts dans les secteurs de l'agriculture et de l'élevage, dans les mines, le commerce, l'hôtellerie, le tourisme, les assurances et la production électronique[32]. En outre, la BRADESCO multiplie les prises de participation dans le textile, l'industrie mécanique, la sidérurgie, l'industrie chimique et pharmaceutique et l'industrie des pneumatiques[33].

La réforme financière, fruit d'une volonté de renforcer et d'articuler les différents secteurs économiques a profité essentiellement aux banques — ces dernières ont été dès lors un élément clef de l'intégration du territoire, fonction que les industries, à elles seules, n'ont pu assurer. Le capital financier, en s'associant au capital industriel et commercial, a pris le contrôle du processus global d'accumulation[34].

Dans sa mise en valeur de l'espace, le capital financier joue à fond de sa flexibilité et de sa rapidité. Ainsi, en une sorte de vision kaléidoscopique, on assiste à une sucession rapide et changeante de modèles spatiaux. A la ville de São Paulo revient le rôle de siège des organisations qui vont contrôler à distance un ensemble diversifié d'activités économiques.

Le capital financier, par lequel s'opère l'articulation de l'espace national à l'espace international, détient désormais le pouvoir hégémonique qui pendant longtemps appartenu au capital industriel. Ce mouvement est à la fois moteur et conséquence du progrès des techniques d'information et de communication, progrès qui permet au capital financier brésilien d'être directement relié à toutes les places financières extérieures. Pour les banques, il s'agit là d'un facteur

---

[31] D'après M. SANTOS FILHO, la fragilité du système bancaire et financier dans la région Nordeste, limite l'aptitude à canaliser et gérer l'épargne privée, Impacto regional da dívida externa, UFBa, ronéo., 1987, p. 9. Voir également : J.F. FRITSCHE, *L'espace bancaire brésilien : évolution 1959-1983*, CREDAL, Document de recherche, n° 11, 1986.

[32] L'organisation BRADESCO est formée par les entreprises suivantes : *Banco Bradesco de Investimento S.A., Financiadora Bradesco S.A., Poupança Bradesco, Bradesco Leasing S.A., Grupo Bradesco de Seguros, DIGILAB Laboratório Digital S.A., Bradesco S.A. Corretora de Títulos e Valores Mobiliários, Bradesco Turismo S.A., Gráfica Bradesco S.A., Agropecuária, Indústria e Comércio S.A., Agro Pastoril Babié S.A., Arbor Minas Reflorestamento e Agropecuária S.A., Bradesplan S.A. Reflorestamento e Agropecuária, Capra mineração Ltda., Cia. Agropecuária Rio Araguaia, Cia Agropecuária Sul da Bahia, Cia. de Hotéis Bradesco, Cia. Nacional de Induústria e Consturção, Cia. Rio Capim Agropecuária ; Cia. União de Comércio e Participações, Empreendimentos Imobiliários Taguá S.A., Empresa Melhoramentos de Caxias Ltda., Floresta Monte Carmelo Agropecuária S.A., Nova Marília S.A. Comércio e Participações, Pastoril e Agrícola de Canuanã S.A., Pastoril e Agrícola Vale do Gurupi S.A., Sete Quedas Companhia de Comércio e Participações*. BRADESCO, op. cit., p. 20-25.

[33] On peut citer quelques exemples de taux de participation : Textile - *São Paulo ALpargatas S.A.* (15,8%) et *Artex S.A.* (12,0%); Mécanique - *Indústrias Romi S.A.* (12,%) et *Cimaf* (10;5%) ; Sidérurgie - *Cia. Belgo-Mineira* (10,6%) ; Pharmaceutique - *Manah S.A.* (10,6%) ; Pneumatiques - *Pirelli Pneus S.A.* (10,0%). Revista Isto é Senhor, n° 1066, 21/2/1990, p. 52.

[34] M. da C. TAVARES, op. cit., p. 216.

fondamental dont nous sommes loin d'avoir dégagé toutes les incidences.

2. La valorisation de la téléinformatique dans les organisations non financières : rythmes et conséquences

L'histoire du développement des techniques d'information et de communication au sein des grandes organisations économiques installées au Brésil — comme la BRADESCO — peut être divisée en deux phases. La première débute dans les années soixante et s'étend au long de la décennie soixante-dix. A ce stade, comme souligne le rapport Nora-Minc,

"... l'informatique avait un statut particulier au sein des grandes organisations : isolée parce qu'elle s'appuyait sur des machines réunies en un même lieu ; centralisée puisqu'elle faisait remonter toutes les informations des services utilisateurs ; traumatisante enfin puisqu'elle livrait un produit fini après une opération qui avait toutes les apparences de l'alchimie"[35].

La deuxième phase, dans laquelle nous sommes encore plongés, s'amorce dans les années soixante-dix et acquiert sa spécifité par l'introduction des micro-ordinateurs et par l'utilisation des réseaux en temps réel :

"L'unité centrale et les fichiers se situent au sein d'un système complexe dont les points d'accès se multiplient et où des terminaux de plus en plus nombreux dialoguent entre eux et avec les ordinateurs"[36].

Pourtant, la diffusion des techniques nouvelles dans les grandes et moyennes entreprises des secteurs industriels et tertiaires n'est pas uniforme, mais s'opère à des rythmes différents déterminés par la nature de l'organisation et la capacité à assimiler les innovations.

Les premiers plans informatiques

L'informatique des gros ordinateurs centralisés est, au début des années soixante, réservée à une minorité de firmes industrielles multinationales, comme la *Nestlé,* la *Pirelli,* la *Mannesmann* et la *Volkswagen*[37]. L'ampleur des investissements en matériel en limite alors la diffusion ; les organisations industrielles et tertiaires brésiliennes s'informatisent suivant un rythme plus lent ou font appel à des sociétes de services de traitement des données. Toutefois, d'après notre enquête sur le terrain, l'intervalle entre l'informatisation des unes et des autres ne semble pas dépasser cinq ans.

Dans tous les cas, les centres informatiques sont implantés dans les sièges sociaux des organisations et directement liés à la direction financière. Leur place dans l'organigramme des firmes est modeste :

---

35 S. NORA et A. MINC, *L'informatisation de la société*, La Documentation Française, 1978, p. 19.
36 Idem, p. 21.
37 Sur l'enquête de terrain et la liste des firmes étudiées, voir l'annexe II.

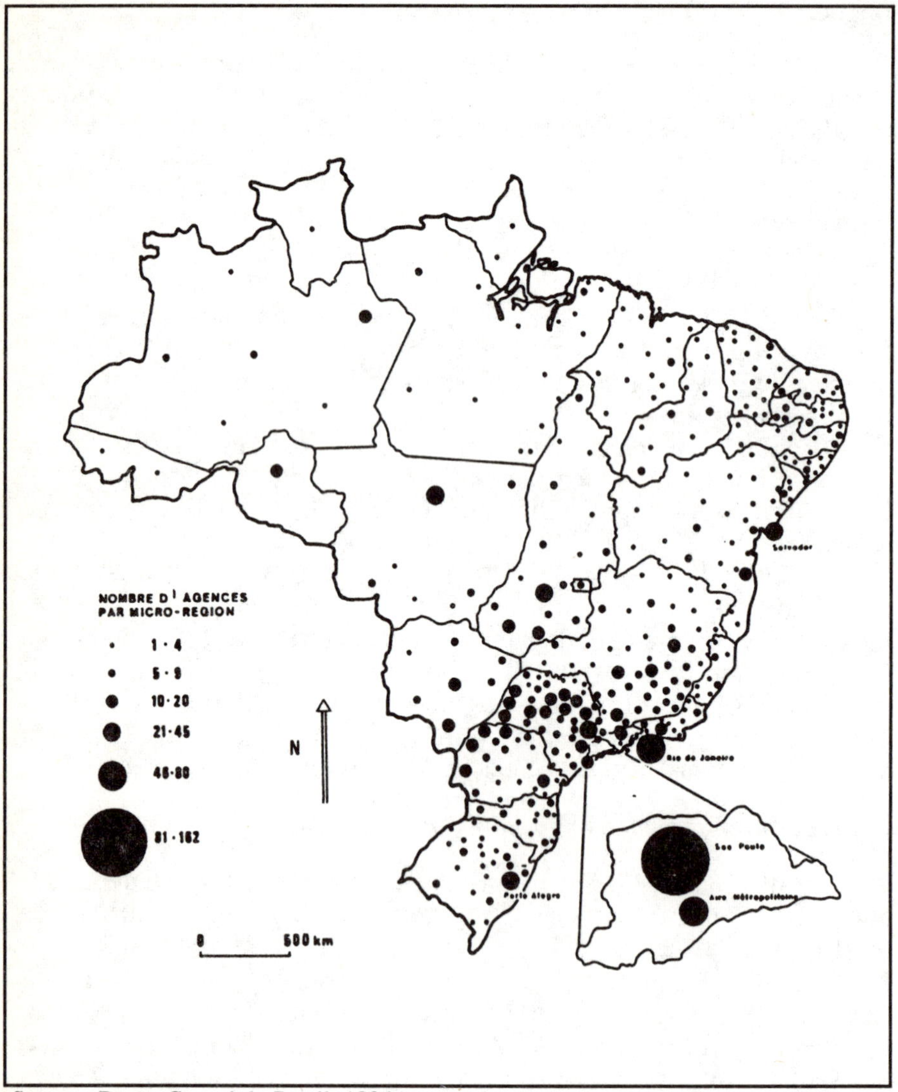

Source : Banco Central do Brasil, 1986.

Figure IV.5 : Localisation des agences de la BRADESCO, 1986

ils se situent dans une section de la comptabilité qui jusqu'alors recourait aux techniques de la mécanographie traditionnelle (paye du personnel et règlement des fournisseurs, émission des mandats). L'accroissement de la capacité de stockage d'informations et les facilités d'accès permettent par la suite la diversification des applications. Désormais, les hiérarchies à l'intérieur des organisations se modifient : l'informatique prend progressivement plus d'importance, et entraîne une restructuration des organigrammes, comme le montre l'exemple de la firme sidérurgique allemande *Mannesmann S.A.*.

Installée à Belo Horizonte en 1952, la *Mannesmann* commande aujourd'hui un groupe d'entreprises qui opèrent également dans l'industrie mécanique, le commerce, l'exploitation minière et la reforestation (tableau IV.1).

La diversification des branches économiques s'est faite par :
1) l'absorption d'entreprises à capital allemand exerçant déjà au Brésil — telle la *Rexroth Hidráuica S.A.*, installée à Diadema en 1964, qui entre dans le groupe *Mannesmann AG* de Dusseldorf, ou encore la *Hartman & Braun*, installée à São Paulo dès les années cinquante et spécialisée dans les systèmes d'automatisation industrielle ;
2) l'ouverture de filiales, tant dans la production (*Mannesmann Demag*) que dans la commercialisation (*Mannesmann Comercial*). La *Mannesmann do Brasil* profite ainsi d'une organisation industrielle et commerciale à l'échelle mondiale, qui touche plus de quarante pays ; ses activités incluent même l'exportation de la production sidérurgique d'autres industries brésiliennes.

Tableau IV.3 : Localisation et chronologie des branches contrôlées par la *Mannesmann S.A.*

Périodes	Branches	Localisation
	Sidérurgie	Belo Horizonte
	Sidérurgie	Guarulhos (RMSP)*
1952-1955	Sidérurgie	S. Caetano do Sul (RMSP)
	Mines	Nova Lima (RMBH)*
	Reflorestation	Nova Lima (RMBH)
	Commerce	São Paulo
1969-1976	Mécanique	Vespasiano (RMBH)
	Mécanique	Cotia (RMSP)
	Mécanique	Diadema (RMSP)
	Automatisation	São Paulo

* RMBH - Région Métropolitaine de Belo Horizonte
* RMSP - Région Métropolitaine de São Paulo
Source : MANNESMANN, Empresas Mannesmann do Brasil, 1986.

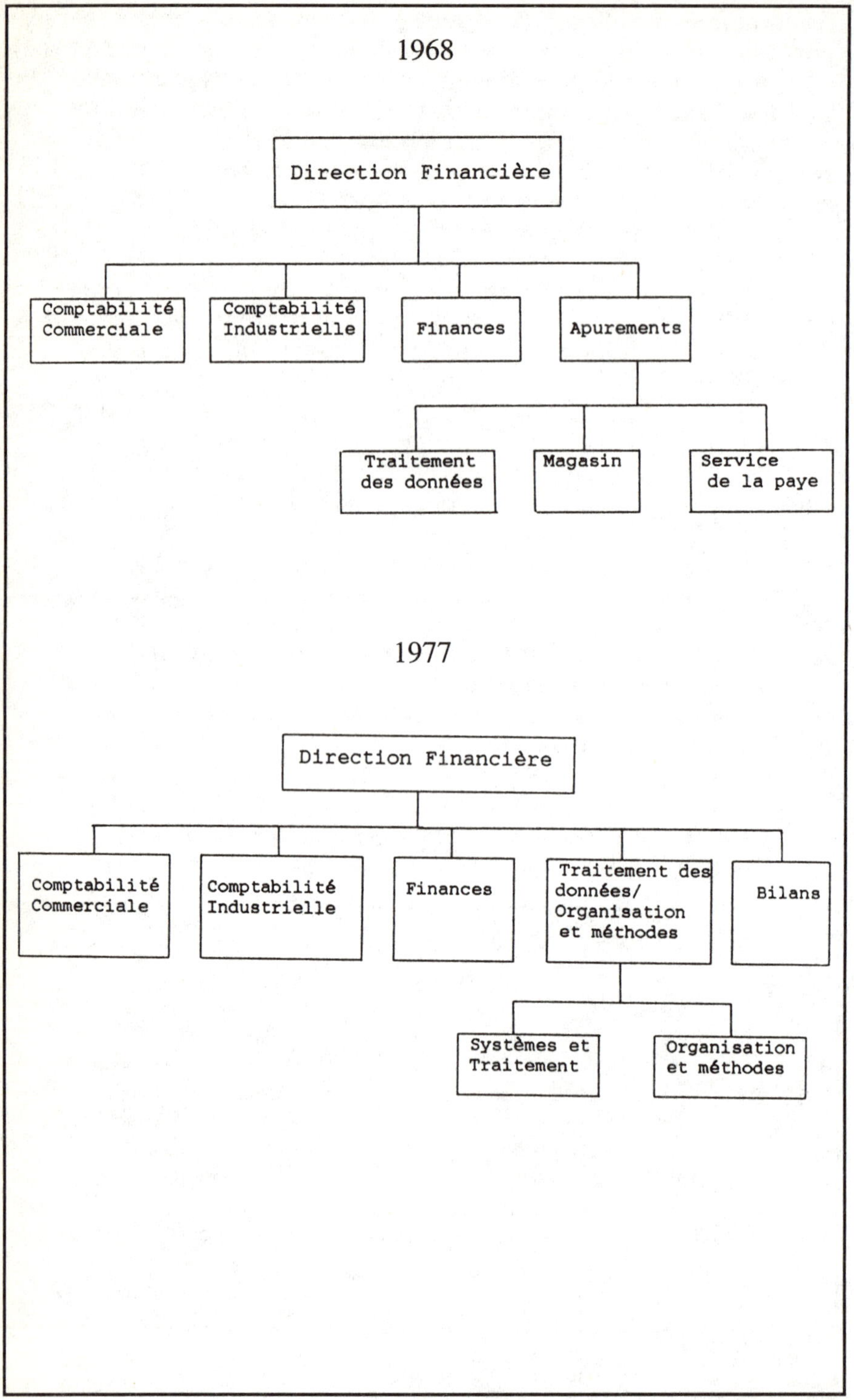
1968
Direction Financière
Comptabilité Commerciale
Comptabilité Industrielle
Finances
Apurements
Traitement des données
Magasin
Service de la paye
1977
Direction Financière
Comptabilité Commerciale
Comptabilité Industrielle
Finances
Traitement des données/ Organisation et méthodes
Bilans
Systèmes et Traitement
Organisation et méthodes

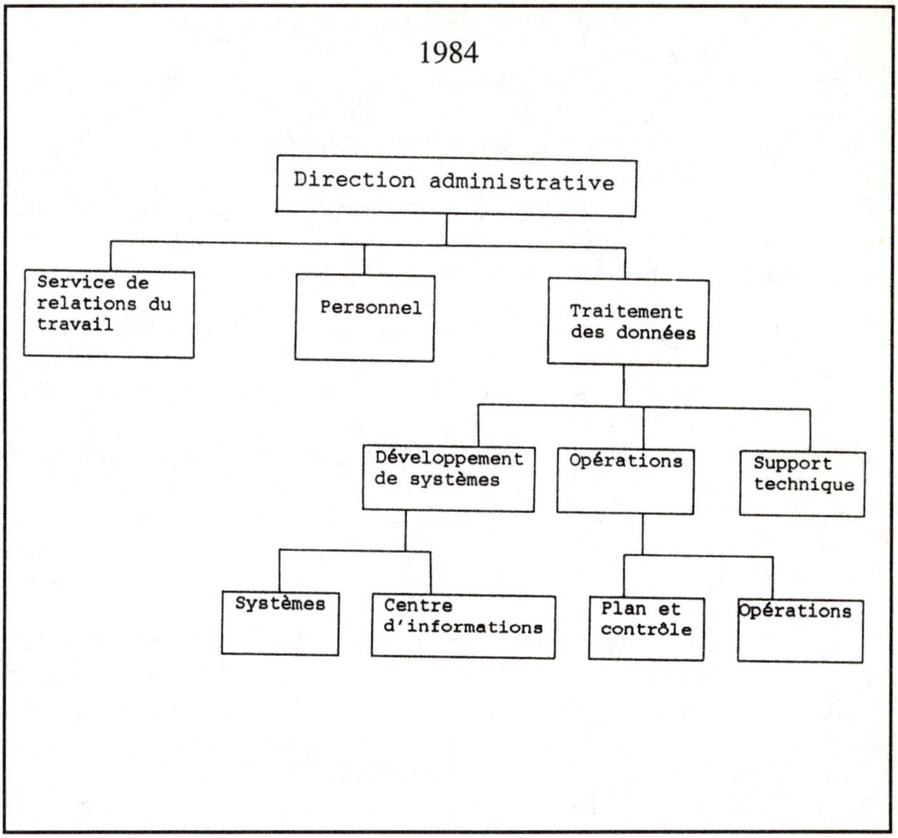

Figure IV.6 : Organigrammes de la *Mannesmann S.A.*

Téléinformatique et organisations économiques

La diffusion des micro-ordinateurs et la mise en place par l'EMBRATEL du réseau TRANSDATA en 1981 permet aux organisations de prendre pied dans le domaine qui leur échappe encore — celui de la communication instantanée avec des partenaires extra-muros de l'usine ou du siège ; en d'autres termes la proximité géographique n'est plus la condition préalable à la transmission instantanée d'informations.

Deux traits caractérisent l'évolution de la micro-informatique : la miniaturisation et l'emploi de langages plus simples. Les réseaux ne semblent plus devoir être organisés en systèmes centralisés, ils peuvent aussi être enlevés à l'unité centrale pour constituer un système décentralisé[38].

---

[38] Voir à ce propos S. NORA et A. MINC, op. cit., p. 51-54.

Est-ce à dire que la technique est neutre et que seul l'usage détermine les effets ? Ce serait oublier que l'informatique et les nouveaux réseaux de télécommunications résultent de la rencontre d'une technique et d'une évolution économique et, en l'ocurrence, considérer le développement technique comme une donnée aculturelle. Les critères capitalistes d'organisation de la production, la recherche d'une réduction du temps de circulation sont à l'origine d'une selectivité économique et spatiale que les nouvelles techniques d'information et de communication ne feront qu'amplifier.

a) Les réseaux dans l'espace de la production industrielle

Les micro-ordinateurs ont fortement accru le rôle stratégique de l'informatique. Leur facilité d'utilisation en ont rapidement fait un outil privilégié de traitement de l'information dans les entreprises. En fait, la *Volkswagen do Brasil* (VWB), dont l'informatique 'lourde' a débuté en 1960, commence déjà en 1968 à installer les premiers micros dans le but "d'accélérer le flux d'informations, en rationalisant les opérations et en conservant l'intégration des systèmes de planification et de contrôle opérationnel"[39].

L'implantation de la VWB remonte au début des années cinquante grâce à une association entre la *Volkswagenwerk A.G.* (80% du capital) et le groupe brésilien *Monteiro Aranha* (20%)[40]. Occupant un hangar à São Paulo depuis 1953, l'usine est transférée en 1957 dans la périphérie, à São Bernardo do Campo. La deuxième usine est installée en 1972 à Taubaté, ville située dans la Vallée du Paraíba[41]. Au sein du groupe, ont été créées des entreprises distinctes pour couvrir les fonctions de crédit/ventes, location et leasing automobile, ainsi qu'une entreprise de mise en valeur agricole pour mettre à profit les dégrèvements fiscaux accordés par le Gouvernement Fédéral dans la région amazonienne ; toutes ces entreprises ont leur siège dans un même édifice, à São Paulo[42].

La VWB est la plus informatisée des organisations étudiées. La micro-informatique va donner l'impulsion à une série d'innovations : création d'une banque de données (1968), introduction du traitement en ligne à l'usine de São Bernardo do Campo (1969), informatisation des secteurs ressources humaines (1970), industriel (1972) et scientifique (1979). En 1987, son parc informatique compte près de deux cents

---

39 *"de acelerar o fluxo de informações, racionalizando os trabalhos e mantendo a integração dos sistemas de planejamento e contrôle operacional"*, Volksagen do Brasil S.A., Histórico do CPD, 1987.

40 En 1980, le gouvernement du Koweit a acquis 50% de la participation du groupe brésilien.

41 Ces dernières années, on observe une certaine tendance à la spécialisation des usines : l'usine de São Bernardo do Campo fabrique les voitures haut de gamme et les voitures destinées aux pays industrialisés, tandis que l'usine de Taubaté produit les petites et moyennes voitures destinées au marché intérieur et à l'exportation vers l'Afrique et l'Amérique Latine.

42 La *Volkswagen do Brasil* est formée par les entreprises *Financiadora Volkswagen S.A., Volkswagen Leasing S.A., Distrivolks S.A., Consórcio Nacional Volkswagen Ltda., Inter-Locadora S.A., Administradora de bens Ltda., Cia ; Vale do Rio Cristalino Santana do Araguaia, Serv-Jet serviços e peças para aviões Ltda.* Volkswagen do Brasil, S.A., Relatório anual 1985, 1986, p. 27.

micros, ainsi que cinq gros ordinateurs IBM[43] répartis entre trois centres informatiques, ceux-ci étant localisés dans les usines de São Bernardo do Campo et de Taubaté, et dans l'immeuble du groupe à São Paulo.

L'analyse de la distribution des liaisons spécialisées[44] qui relient les différentes entités du groupe Volkswagen met en évidence la prépondérance du centre informatique de São Bernardo do Campo pour le traitement et la diffusion des informations (figure IV.7). Les centres de São Paulo et de Taubaté, beaucoup plus récents, ont été inaugurés respectivement en 1984 et en 1987. Des considérations de sécurité (risques d'incendie et de grèves à São Bernardo do Campo) ont présidé à leur implantation. Ce ne sont pas les seules. Le centre de São Paulo a pour vocation de servir les différentes entreprises du groupe ; à Taubaté, le souci était d'échapper aux problèmes de communication avec São Bernardo do Campo — d'après un ingénieur, "les câbles aériens, installés au milieu des plantations de bambous, souffrent fréquemment les effets de la pluie ; l'humidité qui en résulte crée des problèmes de transmission, laquelle ne peut alors dépasser un débit de 4800 bips par seconde".

L'architecture du réseau reflète d'abord l'association étroite entre la modernisation technique de VWB et la stratégie internationale du groupe Volkswagen. La communication avec les Etat-Unis résulte d'une décision de la société-mère de fermer la *Volkswagen of America* et d'alimenter le marché américain à partir de São Bernardo do Campo[45]. La mise en service d'une liaison téléinformatique entre Wolfsburg et São Bernardo do Campo a pour finalité d'assurer une plus grande rapidité des transferts technologiques. De plus, comme le souligne Bastos do Valle :

"Tous les grands choix réalisés lors des restructurations des usines allemandes prennent inévitablement la forme de modèle et sont jusqu'à un certain point transplantés au Brésil, par exemple : — l'importance accordée au flux de matériaux semble plus grande que chez les autres constructeurs brésiliens. Un système informatisé gère l'ordonnancement et le contrôle des stocks, appuyé par des moyens très modernes de transport. Au moment de notre enquête, on bâtissait à São Bernardo do Campo un dépôt vertical pour caisses déjà peintes, en tout similaire à celui qu'on achevait à Emden"[46].

Pourtant, le tranfert de technologie n'est pas limité à l'intégration des banques des données — "les voyages dans les deux sens ont un

---

43 Sont ici exclus les ordinateurs de contrôle de la production. Les gros ordinateurs IBM sont du modèle suivant : 3083, 3081, 3033, 4381 et 4341. En outre, le parc informatique comporte 732 terminaux.

44 Les liaisons spécialisées sont assurées par l'EMBRATEL à travers le réseau TRANSDATA (nationales) et le réseau INTERDATA (internationales).

45 La BX, appellé Fox aux Etats-Unis et Voyage au Brésil est produite uniquement au Brésil. R. de A. BASTOS DO VALLE, *La théorie de l'agir communicatif en face d'une sociologie comparative des organisations*, Thèse de Doctorat, Université Paris V, 1989, p. 241.

46 Idem, p. 243.

rôle au moins aussi important"[47]. Les ingénieurs brésiliens, qui détiennent une position essentielle dans les mésodécisions de l'entreprise,, vont régulièrement en Allemagne prendre connaissance des techniques employées par la société-mère et en étudier l'acquisition avec le concours de leurs homologues allemands.

L'architecture du réseau, nettement articulée autour des trois ordinateurs centraux de São Bernardo do Campo, reflète également l'organisation de l'entreprise à l'intérieur de l'espace national. Ces ordinateurs communiquent avec celui de Taubaté et de São Paulo et aboutissent à une multiplicité de terminaux installés dans les bureaux régionaux.

Le premier avantage de l'introduction de la téléinformatique est déjà perceptible; il touche directement au système de commercialisation : jusqu'au début des années quatre-vingt, la réalisation d'une vente exigeait trois à cinq jours, devant franchir une sucession d'obstacles, tels que dépôt de l'argent à la banque par le revendeur, communication de l'opération à la VWB, préparation et transmission — par courrier — d'un rapport au bureau régional qui pour finir donnait au revendeur l'ordre de livraison ; aujourd'hui, tout est accompli en une seule journée.

Un deuxième avantage devrait résulter de la prochaine mise en oeuvre d'une réorganisation des relations avec les fournisseurs, projet dont nous avons eu connaissance au cours de l'enquête de terrain. Sous l'autorité de l'Association Nationale des Fabricants de Véhicules (ANFAVEA), un réseau national de données a été conçu pour relier de manière directe et permanente les deux partenaires, à savoir les fabricants et les fournisseurs[48]. Le projet prévoit la normalisation du langage du réseau, de façon à permettre l'échange d'informations entre machines de technologies distinctes. Ainsi, la future gestion des commandes et livraisons de pièces et équipements devrait conduire à une réduction considérable des délais. Voici comment Savy et Veltz analysent l'intégration de la fonction logistique et des techniques d'information :

"... il existe évidemment entre les logiques économiques de la logistique et les logiques techniques de l'informatisation de fortes convergences. L'informatisation, en effet, est porteuse de puissantes dynamiques d'intégration, par interconnexion de systèmes disjoints, imposition de normes unifiantes, exigence de standardisation des nomenclatures et procédures. Ses effets majeurs vont ainsi dans le sens de la transversalisation, que recherche, précisement, la logistique"[49].

---

47 Ibid, p. 247.

48 ANFAVEA, Rede nacional de dados, uma nova ferramenta de trabalho, para a indústria e seus fornecedores, 1987, p. 1.

49 M. SAVY et P. VELTZ, *Les réseaux dans l'espace de la production industrielle*, CERTES, Ecole Nationale des Ponts et Chaussées, ronéo., 1987, p. 8.

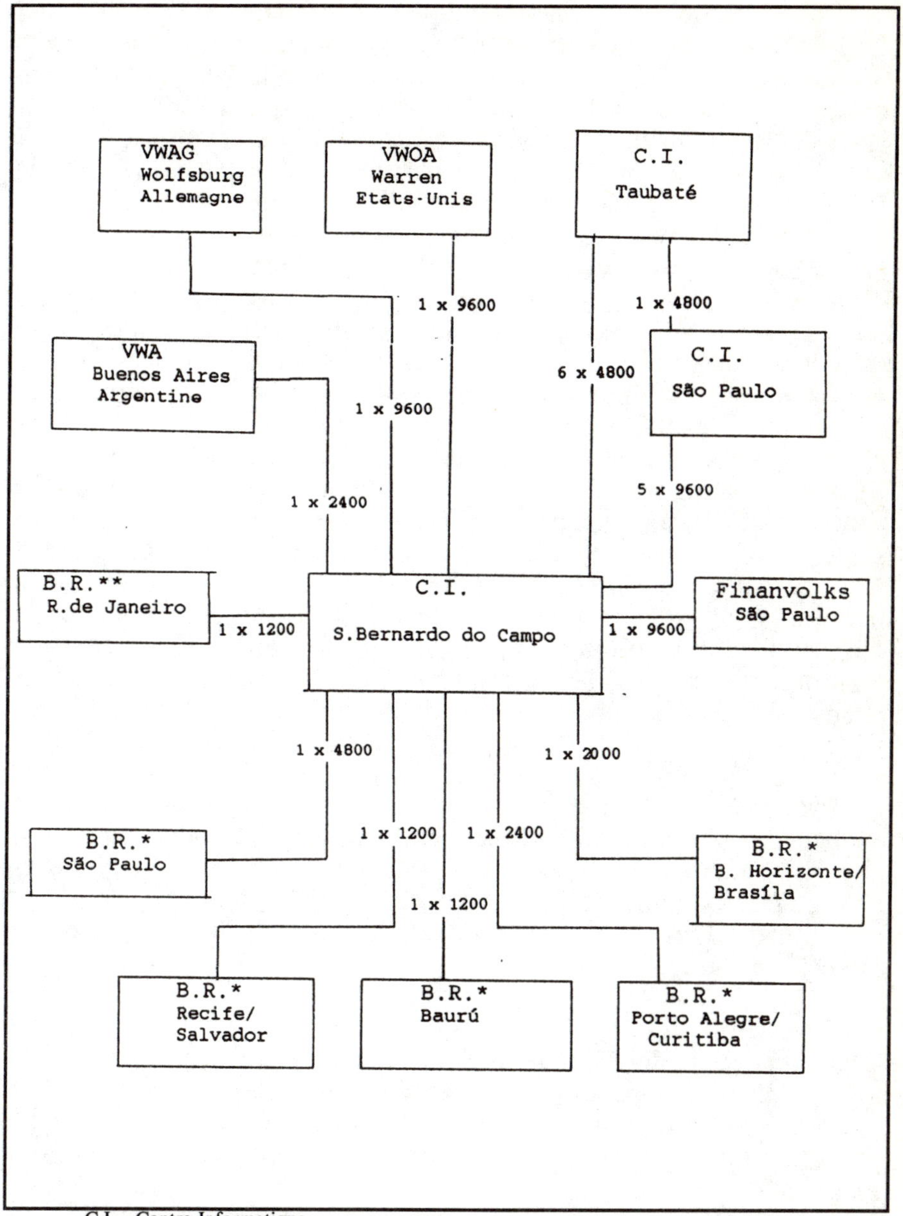

C.I. - Centre Informatique
B.R.* - Bureau régional
B.R.**- Bureau régional + revendeur

Figure IV.7 : Le réseau téléinformatique de la *Volkswagen do Brasil* en 1987
(Les liaisons sont caractérisées par le nombre de lignes et leur débit)

Cependant, il faut remarquer qu'une telle redéfinition des relations entre les entreprises et leurs fournisseurs est commandée par les grandes organisations du secteur automobile, comme *Volkswagen, Mercedes Benz*, *Ford* et *Fiat*. Dans un secteur où la concurrence est devenue implacable, les sous-traitants sont pratiquement contraints de suivre le mouvement. C'est du moins la conclusion à laquelle conduit l'examen de la *Metal Leve S.A.*, firme nationale spécialisée dans la fabrication de composants pour l'industrie automobile.

Implantée à São Paulo en 1950, la *Metal Leve* compte aujourd'hui une dizaine de bureaux de ventes régionaux[50], ainsi que deux bureaux à l'étranger — aux Etats-Unis et en Allemagne. L'informatique a commencé en 1968 avec un ordinateur central IBM 1620 auquel a été substitué depuis lors un gros ordinateur IBM 4381. Ainsi se trouve confirmée et renforcée l'organisation centralisée des débuts. La communication avec les usines automobiles et avec les bureaux régionaux n'a pas changée depuis une vingtaine d'années — les liasses imprimées à São Paulo sont acheminées par la Poste. Au contraire, les communications internationales profitent des nouveaux services offerts par l'EMBRATEL — réseau INTERDATA et télécopie. "Les exigences de la compétitivité, renforcées par la concurrence internationale", tel est le thème qu'on retrouve dans le discours de la direction, pour expliquer l'utilisation de nouvelles techniques de communication pour les relations avec les bureaux américain et allemand. Le décalage entre les différents degrés de modernisation dans les rapports entre firme d'une part, et marchés intérieur et extérieur d'autre part, ne pouvait être longtemps toléré — les pressions des grands constructeurs automobiles débouchèrent, au moment de notre enquête de terrain, sur un nouveau plan directeur informatique. Celui-ci prévoit l'implantation de 35 micros-ordinateurs dans les départements commercial, administratif et ressources humaines, ainsi que l'insertion de la firme dans l'économie informationnelle de l'ensemble de la production automobile.

Ainsi, avec Savy et Veltz, voyons-nous se détacher deux sous-systèmes logistiques : le sous-système qui articule la "logistique interne au cycle de fabrication et la logistique d'approvisionnement (renvoyant elle-même aux cycles de fabrication des composants)" et le sous-système de distribution "qui est aujourd'hui fortement transformé par les technologies d'information (cf. notamment en France l'usage croissant du vidéotext)[51].

Le projet brésilien d'extension vers l'amont des systèmes de traitement en temps réel (sous l'autorité de l'ANFAVEA) est complété, en aval, par les projets spécifiques de chacun des constructeurs automobiles en vue d'une plus grande souplesse des liens avec le

---

50 Les bureaux régionaux sont localisés à Porto Alegre, Curitiba, Ribeirão Preto, Rio de Janeiro, Belo Horizonte, Brasília, Salvador, Recife et Fortaleza.

51 M. SAVY et P. VELTZ, op. cit., p. 2.

marché. C'est l'exemple donné par la *Fiat S.A.*, implantée depuis 1976 dans la périphérie de Belo Horizonte, à Betim.

Dans un processus tout à fait similaire à celui de la *Volkswagen*, le réseau téléinformatique de cette firme a démarré à l'intérieur de l'usine pour s'étendre dans les années quatre-vingt aux bureaux régionaux[52]. Dès 1985, les communications avec la société-mère, où aboutissent 80% des commandes du marché extérieur, sont assurées par le réseau INTERDATA et par le service de télécopie — transmission de dessins, documents, etc.

En 1987, la Fiat a lancé le projet 'Polypus', qu'une plaquette présentait dans les termes suivants :

"Le Projet Polypus est l'arme la plus récente de la Fiat Automobile et de ses revendeurs dans la lutte pour la conquête de nouveaux marchés. En recourant à la technologie informatique la plus moderne, le projet Polypus assurera des gains de temps dans toutes les opérations et donnera une nouvelle impulsion aux affaires des revendeurs"[53].

Le projet Polypus, qui s'appuie sur le réseau RENPAC, intègre les dix principaux revendeurs de la Fiat (sur un total de deux cent quatre vingt), qui assurent ensemble 8% des ventes. Leur implantation est relativement concentrée — quatre sont à São Paulo, trois dans la 'région métropolitaine' de cette dernière, les autres se répartissent entre Curitiba, Rio de Janeiro et Salvador. Elle témoigne de la concentration du marché automobile dans l'Etat de São Paulo qui, à lui seul, rassemble d'ailleurs 70% des revendeurs.

Nous pourrions trouver dans les grandes industries étudiées maints exemples identiques qui, tous, manifestent l'attention croissante portée par les industriels à la circulation des produits et des ordres — en amont et en aval.

A côté d'une meilleure gestion des flux, l'informatisation touche également la gestion des services et des affaires, les effectifs et la disposition des locaux[54]. Bien qu'il n'entre pas dans notre propos de décrire les multiples facettes de l'informatisation, il convient néanmoins d'en cerner les principaux traits en raison de leur influence sur l'organisation spatiale.

La gestion des services se caractérise dorénavant par un accroissement du contrôle de la direction sur les différents secteurs de la firme, contrôle d'autant mieux assuré que seuls les organes de

---

52 Le réseau téléinformatique à l'intérieur de l'usine de Betim utilise les câbles coaxiaux et les fibres optiques ; ces dernières ont été introduites grâce à un projet conduit par l'Université de Campinas. Les bureaux régionaux sont localisés à Porto Alegre, São Paulo, Baurú, Rio de Janeiro, Belo Horizonte et Recife.

53 "*O Projeto Polypus é a mais nova arma da Fiat Automóveis e de suas concessionárias na luta pela conquista de novas parcelas do mercado. Utilisando a mais moderna tecnologia em Informática, o Projeto Polypus levará a agilização das operações e dará novo ímpeto aos negócios das Concessionárias*". Fiat, Projeto Polypus, 1987.

54 Pour une analyse des effets de l'informatisation sur l'emploi, voir : J.L. MISSIKA, *Informatisation et emploi : menace ou mutation*, La Documentation Française, 1981 ; O. PASTRE, *L'informatisation et l'emploi*, La Découverte/Maspero, 1984, H. RATTNER, *Informática e sociedade*, Brasiliense, 1985.

décision ont accès à l'information. Un même individu ne peut exercer des fonctions de saisie et d'exploitation des données ; ainsi l'employé qui fournit l'information au fichier du personnel ne détient pas la clef qui lui en donnerait ultérieurement l'accès. Cette situation a été parfaitement résumée par un ingénieur de la Pirelli[55]: "aujourd'hui, le chef prend connaissance d'un problème quelconque avant ses subordonnés".

Par ses exigences en personnel hautement qualifié, l'informatisation tend à modifier la structure de l'emploi. Prenons l'exemple de la *Mannesmann*: : la saisie de données, sur cartes perforées ou sur bandes magnétiques, était effectuée en 1976 par 24 employés faiblement qualifiés — en 1987 ce chiffre est réduit de moitié ; en revanche, on compte 59 ingénieurs-analystes en 1987 au lieu de 18 en 1976.

A cette mutation dans la distribution des qualifications correspond une nouvelle disposition des locaux. Le nouveau plan directeur informatique de la *Nestlé*, mis en oeuvre en 1981, a entraîné un remodelage de l'espace à l'intérieur du siège à São Paulo. La section de comptabilité, qui en 1976 occupait tout un étage, se satisfait aujourd'hui d'une seule salle. D'après le directeur du service 'Organisation et Systèmes', "l'espace a été réaménagé pour prendre acte du développement du secteur juridique de l'entreprise qui requiert des fonctions de jour en jour plus qualifiées et spécialisées". Parallèlement, le centre de traitement informatique (CTI), d'abord refoulé dans le sous-sol de l'immeuble, a ensuite annexé les premier et deuxième étages ; ce mouvement d'expansion découle de la décision d'organiser un réseau téléinformatique appuyé sur de gros ordinateurs centraux ainsi qu'un ensemble de micro-ordinateurs et terminaux qui se répartissent entre douze centres de distribution de produits et dix-sept usines[56].

Flexibilité est le meilleur terme pour caractériser la restructuration, entraînée par la téléinformatique de la *Camargo Corrêa*, entreprise de grands travaux à capital national[57]. Durant plus de quarante ans, le siège, installé à São Paulo, a centralisé toutes les informations concernant les différents services et chantiers. La mise en oeuvre du réseau TRANSDATA au début des années quatre-vingt a créé les conditions pour une répartition spatiale des tâches tout à fait adaptée aux besoins de l'entreprise. Le nouveau plan informatique établit : 1) le déplacement vers Guarulhos (périphérie de São Paulo) du secteur chargé des achats de la firme ; 2) la création de CTI de petite taille

---

[55] Dans cette même entreprise, l'informatisation a eu des effets sur la trésorerie : le pourcentage d'erreurs dans l'émission des factures est passé de 2 à 0,0002.

[56] Le parc informatique de la Nestlé comporte deux ordinateurs I.B.M. 3083 et 4341, 22 micros-ordinateurs et 350 terminaux.

[57] Fondée en 1938 à São Paulo, la firme se spécialise au départ dans la construction routière, puis diversifie ses activités au cours des années cinquante (construction d'aéroports et d'usines hydro-éléctriques).

auprès des grands chantiers et des bureaux régionaux, ces derniers coiffant les chantiers les moins importants, selon un critère de proximité géographique[58].

L'architecture du réseau téléinformatique permet dorénavant la mise en communication permanente des principales entités de la *Camargo Corrêa* (figure IV.8), d'où une multiplication des flux d'informations et un partage de fonctions à l'intérieur de l'organisation. Quand un chantier démarre, il est déjà doté d'un micro-ordinateur relié au siège et à Guarulhos, directement ou par l'intermédiaire des bureaux régionaux. Grâce à lui, il réalise diverses tâches de façon autonome, tels que l'embauche de personnel, le contrôle des stocks et les calculs topographiques. Bien entendu un certain nombre d'informations continuent à être transmises au siège où elles sont stockées.

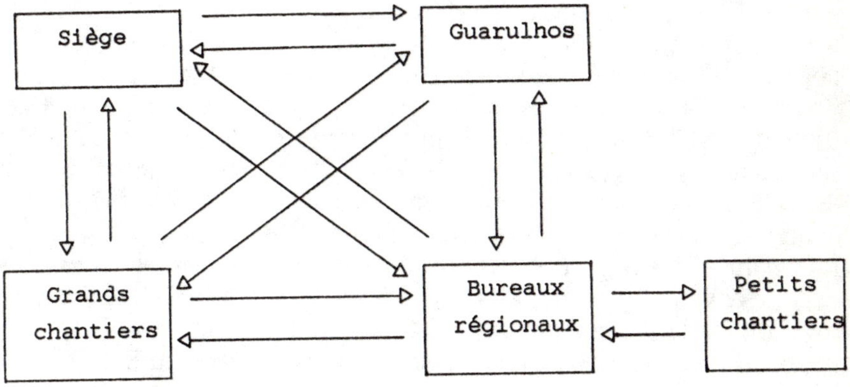

Figure IV.8 : Les liaisons au sein de la firme *Camargo Corrêa,* 1987

[58] En 1987, trois grands chantiers sont équipés d'un CTI propre : les usines hydro-éléctriques de Tucuruí (état du Pará), de Porto Primavera (état de São Paulo) et l'aéroport international de São Paulo à Guarulhos. A la même époque, les bureaux régionaux, au nombre de cinq, sont implantés à Brasília, Cuiabá, Campo Grande, Belém et Porto Alegre.

b) Les réseaux dans le secteur tertiaire

L'analyse des firmes du secteur tertiaire reprend certains éléments déjà discutés et permet d'entrevoir quelques-uns des enjeux des procédures téléinformatiques en matière de centralisation/décentralisation économique et spatiale.

L'examen des *Telecomunicações de São Paulo S.A.* (TELESP), société qui détient 40% du marché brésilien des télécommunications[59], met en évidence le rôle décisif de la tarification sur les divers scénarios possibles de centralisation ou décentralisation spatiale. A partir de 1975, l'introduction de la téléinformatique s'articule à une nouvelle organisation spatiale des services de télécommunications ; jusqu'alors partagés entre la capitale (siège) et l'intérieur, les services sont réorganisés sur la base d'un découpage en six régions géographiques qui gravitent autour de centres économiques importants[60]. Cette régionalisation, achevée en 1979, traduit une volonté de décentralisation non seulement des activités mais également des centres de décision ; les régions géographiques sont tenues pour de véritables 'minis-TELESP'. Cette réorganisation à d'ailleurs été conçue comme la première étape d'une politique à long terme qui prévoyait ultérieurement la création d'autres régions.

Cependant, dans l'évolution en cours du secteur des télécommunications, deux éléments sont susceptibles de remettre en cause la politique de décentralisation ; d'une part, l'accroissement de la capacité des terminaux qui permet une augmentation du volume des services sans nécessité d'agrandir les locaux, d'autre part le fait que désormais les coûts des télécommunications sont affranchis de la distance, du moins à l'intérieur des Etats. Ce deuxième élément laisse les mains libres à la TELESP pour la fixation des tarifs. Nous en avons déjà des exemples : ainsi lorsque celle-ci décide en 1982 de transférer son centre de traitement informatique du centre de São Paulo vers Alphaville, elle a préalablement pris soin d'élargir le périmètre urbain (incluant maintenant Alphaville) à l'intérieur duquel sera apliqué un tarif unique. A l'époque de notre enquête de terrain, le principal sujet en discussion était précisement le retour à un scénario centralisateur, qu'un ingénieur résumait dans les termes suivants : " à la TELESP, la téléinformatique a déjà engendré la décentralisation ; aujourd'hui, du point de vue purement économique, elle peut également favoriser la centralisation".

La centralisation est le principe qu'on retrouve chez toutes les organisations tertiaires étudiées, quelle que soit leur capacité d'assimilation des nouvelles techniques de communication. Ainsi l'introduction de la téléinformatique dans la *Yorkshire-Corcovado*,

---

[59] En termes de nombre de téléphones, d'employés et de trafic.

[60] A savoir : région nord, São José do Rio Preto ; région centre-ouest, Baurú; région centre-sud, Campinas ; région sudeste, Santos. La capitale de l'Etat est alors divisée en deux régions, est et ouest.

compagnie d'assurances à capital anglais, installée à Rio de Janeiro en 1922, a eu pour conséquence : a) la réintégration au siège de certaines opérations, auparavant réalisées manuellement dans les succursales ; b) la réduction des effectifs — le total du personnel est passé de 480 en 1984 à 350 en 1988 ; c) la mise en communication sélective entre le siège et les succursales les plus importantes — seules celles de São Paulo, Porto Alegre et Curitiba, sur un total de dix-neuf, sont reliées en temps réel avec le siège[61].

Parmi les dernières venues à l'utilisation des nouveaux réseaux de transmission de données, il est des organisations qui y ont surtout trouvé le moyen de renforcer une centralisation déjà ancienne. Tel est le cas des *Lojas Americanas*, firme à capital national, fondée en 1930 à Rio de Janeiro, qui compte aujourd'hui presque cent magasins répartis sur tout le territoire national. L'informatique a été introduite en 1967 dans la section comptable avec un gros ordinateur Burroughs auquel a été substitué depuis lors un gros ordinateur IBM 4381. La transmission quotidienne des rapports d'activité au siège, par voiture ou par avion, est toujours de mise. C'est pourquoi la régionalisation de la firme suit les routes aériennes ; les magasins sont répartis entre cinq grandes régions géographiques[62]. Le plan téléinformatique, lancé en 1987, a d'abord privilégié la liaison avec le plus important fournisseur de l'entreprise — l'usine de jouets *Estrêla*. Ensuite, était prévue la mise en place de liaisons spécialisées entre chaque magasin et le siège, dont on attendait principalement qu'elle permît le contrôle et la réduction des stocks — autrement dit, la disparition de ce qui est désigné aujourd'hui par 'stock de sécurité'.

Téléinformatique et organisation spatiale

Ces quelques exemples de la logique économique des grandes organisations nationales et multinationales dans l'utilisation de la téléinformatique permettent déjà d'entrevoir certaines relations entre les nouveaux réseaux de télécommunications et la localisation d'activités économiques. Nous observons tout d'abord que l'architecture des réseaux des industries suit l'organisation spatiale préexistante :

"Dans le domaine industriel, les relations entre télécommunications et localisation d'activités sont héritières de l'histoire du développement de l'entreprise : l'architecture des réseaux de télécommunications et de télématique résulte de l'apparition de besoins dans le cadre d'une organisation spatiale préexistante"[63].

---

61 Les autres succursales se localisent à : Campinas, Ribeirão Preto, São José dos Campos, Belo Horizonte, Londrina, Vitória, Brusque, Blumenau, Vitória, Salvador, Recife, Fortaleza, Teresina, São Luís, Belém et Manaus.

62 Les régions incluent les Etats suivants : Région I - Rio de Janeiro et Espírito Santo ; région II - São Paulo et Mato Grosso do Sul ; région III - Rio Grande do Sul, Santa Catarina et Paraná ; région IV - Minas Gerais, Bahia, Goiás et Amazonas ; région V - Sergipe, Alagoas, Pernambuco, Paraíba, Rio Grande do Norte, Ceará et Pará.

63 H. BAKIS, Télécommunication et organisation spatiale des entreprises, *Revue Géographique de l'Est*, 1985, p. 36-37.

Ainsi, dans le cas de *Nestlé*, les liaisons entre le siège d'une part, et les centres de distribution et les usines d'autre part, respecte la logique qui, antérieurement, avait commandé l'implantation de ces dernières dans les principales zones de production laitière du pays. Pourtant, les économies de temps et d'espace dues à l'informatisation procurent une plus grande élasticité aux diverses activités de la firme. L'informatisation exerce également des effets importants sur l'organisation services du siège social. Les locaux 'libérés' sont vite occupés tant par les informaticiens que par les cadres juridiques — mouvement qui s'inscrit dans un phénomène de qualification croissante de la main-d'oeuvre à São Paulo[64].

Autre conséquence de l'introduction de la téléinformatique : le déplacement, dans les limites de la 'région métropolitaine' des opérations de traitement des données. Ainsi du CTI de la Pirelli, qui installé jusqu'en 1986 dans le siège à São Paulo, a été ensuite transféré à Alphaville. La localisation de 'l'usine à papier' satisfait à la fois aux contraintes en main-d'oeuvre qualifiée et à la nécessité de communications aisées avec le centre — implanté à São Paulo.

La restructuration du réseau téléinformatique du groupe *Mannesmann* représente une troisième 'solution spatiale' à la mutation technique. Le réseau, qui à l'origine s'est organisé à partir d'un centre de traitement informatique implanté à Belo Horizonte, compte, depuis 1987, avec un deuxième CTI localisé à São Paulo. La figure IV.9 illustre bien le partage des tâches entre les deux centres : celui de Belo Horizonte continue à centraliser les informations des entreprises *mineiras* dans un rayon de trente kilomètres au maximun, tandis que celui de São Paulo sert les entreprises *paulistas*, dont la distance au CTI varie entre dix et cent kilomètres, comme dans le cas de l'entreprise sidérurgique Fi-El de São José dos Campos.

La flexibilité offerte par les nouvelles techniques de communication trouve une des ses meilleures illustrations avec la *Camargo Corrêa*. En effet, dans une logique de localisation commandée par la mobilité — les chantiers et même les bureaux régionaux sont ouverts et fermés en accord avec l'organigramme des travaux de l'entreprise — la téléinformatique devient un outil privilégié d'une organisation des tâches qui, au demeurant, reste conditionnée par deux facteurs : a) proximité géographique (e.g. la régionalisation des chantiers sous l'autorité des bureaux régionaux) ; b) centralisation des principales décisions au siège de São Paulo qui, libéré d'une masse d'informations concernant le jour à jour des travaux, continue de fixer la répartition des compétences entre les diverses entités.

Ces quelques exemples conduisent à formuler l'hypothèse que la téléinformatique, s'il est vrai qu'elle permet la communication instantanée à longue distance, tend également à être un élément-clé de la

64 Des estimations récentes montrent, par exemple, que la part du matériel dans les coûts informatiques ne cesse de croître ; elle tourne autour de 35% contre 65% pour les ressources humaines et logiciels.

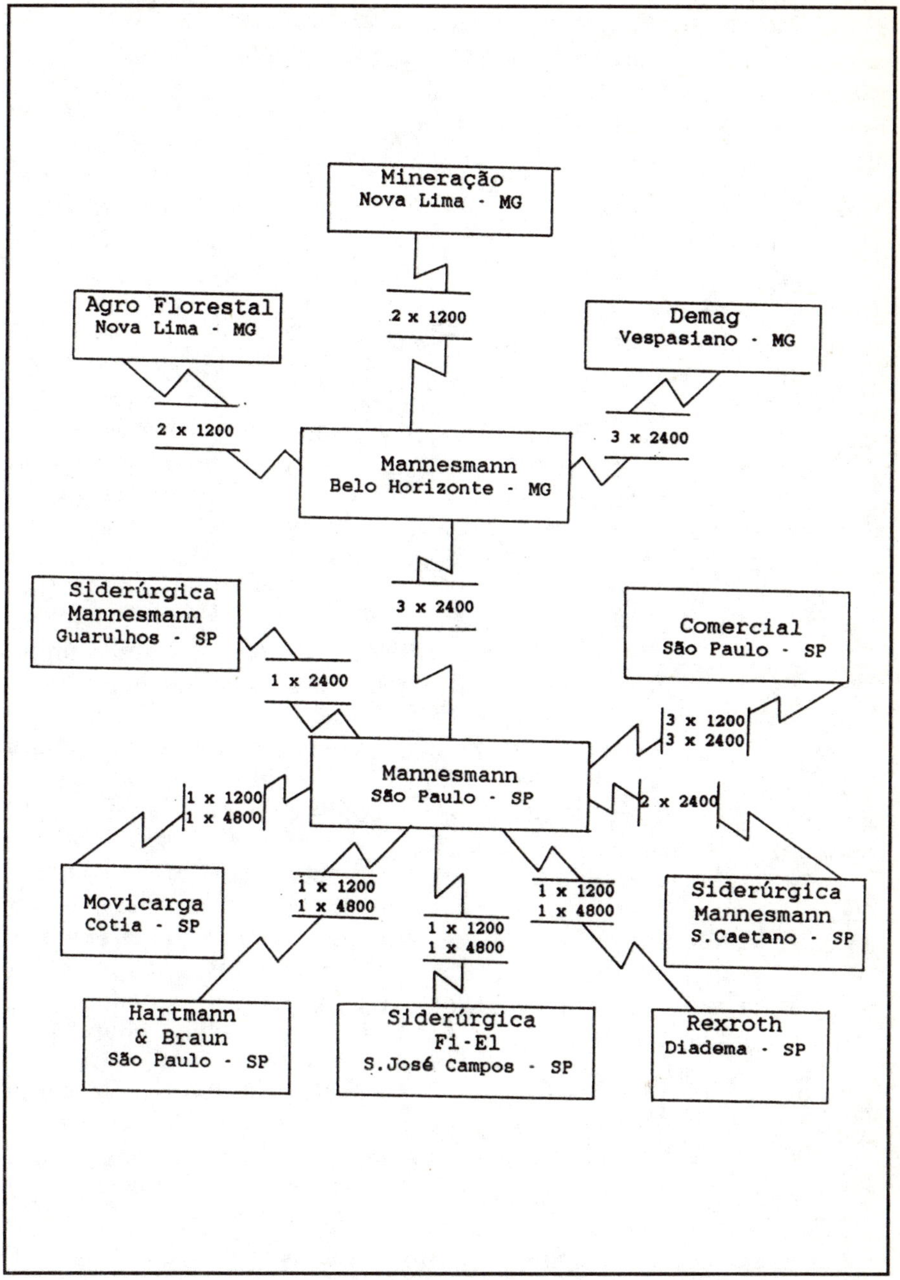

Figure IV.9 : Le réseau téléinformatique de la *Mannesmann* en 1987.
(Les liaisons sont caractérisées par le nombre de lignes et leur débit).

structuration d'espaces régis par les liens de proximité géographique. Ainsi, au Brésil, l'espace téléinformatique est-il un espace fortement polarisé autour de São Paulo[65]. La mise en rapport d'établissements d'un même groupe économique grâce aux nouveaux réseaux de transmission de données impose, dans tous les cas, une nouvelle organisation spatiale qui touche particulièrement les 'usines à papier'.

Ce phénomène de polarisation autour d'une métropole, que l'enquête de terrain a mis en lumière, tant pour le secteur industriel que pour le secteur tertiaire, amène à s'interroger sur la capacité de la téléinformatique à oeuvrer en faveur d'une plus harmonieuse répartition géographique des capacités et ressources productives. Il est indéniable que la téléinformatique constitue une innovation technique susceptible de faciliter et même bouleverser le réaménagement du territoire. Mais elle ne saurait être réduite à son seul aspect technique. Le réseau représente des coûts, coûts d'utilisation plus que coûts d'installation.

Quand la *Mannesmann* et la *Volkswagen* décident de doubler ou même de tripler le nombre de centres de traitement informatique, elles obéissent certes à des critères de sécurité mais, principalement, elles mettent en lumière deux autres faits actuels : 1) l'existence de 'zones d'ombre' en ce qui concerne la qualité de transmission de données (i.e. la décision de *Volkswagen* d'intaller un CTI dans l'usine à Taubaté) ; 2) les différences de coûts de location des liaisons de transmission de données (i.e. la décision de la *Mannesmann* d'installer un CTI plus proche des entreprises *paulistas*).

C'est dans ce contexte qu'il convient d'examiner les coûts d'accessibilité aux liaisons téléinformatiques. Pour le réseau TRANSDATA — le plus utilisé —les coûts de location varient en fonction de la distance à vol d'oiseau qui sépare deux établissements. L'analyse des caractéristiques tarifaires permet d'établir le seuil à partir duquel la tarification pratiquée peut constituer une contrainte dans les choix de localisation de la grande majorité des entreprises. Les tableaux IV.4 et IV.5 mettent en évidence des écarts importants dans les coûts d'accès au réseau TRANSDATA — en particulier la distance de 300 kilomètres marque la frontière entre deux grands champs de taxation. Les variations relatives restent modérées en haut et en bas de l'échelle tarifaire ; en revanche de la troisième (100-300 Km) à la quatrième classe (300-700 Km) le tarif double.

Des effets d'inégalité sont ainsi engendrés par la qualité des services et par la tarification des télécommunications. C'est pourquoi, il faut ici reprendre la distinction entre réseaux-supports et services-réseaux. Les premiers, en tant que moyens techniques, sont davantage permissifs que moteur :

---

[65] Dans un étude sur la région urbaine de Lyon, A. BEGAG, G. CLAISSE et P. MOREAU ont montré que la demande en téléinformatique s'ordonnait autour de l'agglomération lyonnaise. L'espace de bits: utopies et réalités, téléinformatique, localisation des entreprises et dynamique urbaine, *Communications et territoires*, La Documentation Française, 1990.

"Diminuant la résistance que l'obstacle de l'espace oppose aux déplacements, leur développement (des réseaux-supports) ne fait que multiplier les possibilités d'acheminement de l'information et de mise en communication des agents, sans a priori définir dans ces domaines aucune orientation particulière"[66].

Tableau IV.4 : Réseau TRANSDATA — coût de location mensuel selon la classe tarifaire et le débit de transmission, juin 1987

Tarification mensuelle - CZs				
Classe tarifaire	Débits de transmission			
	1 200 bps	2 400 bps	4 800 bps	9 600 bps
01	13 406	21 547	31 601	47 882
02	15 658	25 167	36 910	55 926
03	18 769	30 166	44 241	67 034
04	37 538	60 332	88 482	134 069
05	46 923	75 415	110 603	167 587
06	53 626	86 188	126 404	191 528

Source : EMBRATEL, Tarifas nacionais, junho 1987, p.8.

Tableau IV.5 : Réseau TRANSDATA - classes tarifaires, juin 1987.

Classe tarifaire	Distance à vol d'oiseau (en km)	Multiplicateur
01	jusqu'à 50	0,250
02	entre 50 et 100	0,292
03	entre100 et 300	0,350
04	entre 300 et 700	0,700
05	entre 700 et 1500	0,875
06	plus de 1500	1,000

Source : EMBRATEL, Tarifas nacionais, junho 1987, p. 19.

Dans le jeu complexe des décisions et des stratégies qui vont déterminer les configurations spatiales des organisations — centralisée/hiérarchisée ou décentralisée/répartie —, l'organisation de différents services-réseaux, et non celle des réseaux-supports, joue un rôle important[67].

Par ailleurs, les services-réseaux ne viennent pas arracher des territoires 'vierges' à leur léthargie, mais se greffent sur une réalité complexe qu'ils vont certes transformer mais dont ils vont également

---

[66] N. CURIEN et M. GENSOLLEN, Réseaux de télécommunications et aménagement de l'espace, *Revue Géographique de l'Est*, 1985, p.55.
[67] Idem, p. 55.

recevoir l'empreinte ; l'introduction de la téléinformatique met en branle tout un jeu d'interactions dont il n'est pas aisé de prévoir les conséquences. La mise en relation par les nouveaux réseaux des partenaires économiques — en amont et en aval — s'accompagne d'une sélectivité spatiale. En intégrant les agents les plus importants, les réseaux intègrent inégalement les territoires, suivant le poids des activités économiques préexistantes. La téléinformatique en même temps qu'elle permet une multiplication des flux d'informations, tend à aggraver les disparités spatiales en favorisant les zones déjà développées. Au lieu de faire sauter des verrous, elle accroît les rigidités et les pesanteurs.

Les contraintes méthodologiques imposées par l'utilisation des termes 'avant' et 'après' (la téléinformatique) contrarient, sans nul doute, la compréhension du degré d'imbrication entre les différents changements. Cependant, elles ne doivent pas voiler le fait que mutation technique, mutation organisationnelle et mutation spatiale sont articulées en un seul ensemble — les firmes ne peuvent pas concevoir une technologie sans l'articuler à l'organisation du travail et à l'organisation de l'espace.

Avons-nous réussi à dégager le sens des mutations en cours, à travers commentaires, tableaux, graphiques ou cartes ? Sans doute pas. Nous y serions mieux parvenue s'il avait été en notre pouvoir de restituer l'ambiance dans laquelle se sont déroulés les entretiens. Un mot cependant sur les impressions recueillies ici et là. Chez *Camargo Corrêa* et *Nestlé*, par exemple, ou dans les centres de traitement informatique de la *TELESP* et de la *Volkswagen*, on se serait cru projeté au XXIe siècle, au milieu d'un décor qui nous semblait plutôt relever de la littérature et du cinéma futuristes. Par contre, le siège des *Lojas Americanas* offre un cadre beaucoup plus traditionnel avec la présence massive d'équipements mécanographiques ; l'intérêt porté par le commerce aux paramètres de circulation des informations ne semble pas encore très vif.

Comment peut-on expliquer ces différents stades dans le processus de modernisation ? Pour toutes les organisations économiques, la connexion à des réseaux téléinformatiques est une étape dans le processus de modernisation — 'rester moderne' équivaut ici à réduire le temps de circulation. L'enjeu principal est dans la recherche d'un temps — mondial ou national — mettant à profit les échelles générales de productivité, de circulation et d'échanges. Il est sous-tendu par l'hypothèse que la téléinformatique est l'un des éléments fondamentaux d'un nouveau mode de gestion-régulation économique, résultant dans une large mesure des contraintes nouvelles imposées par les marchés. On constate que la compétitivité diffère selon le type d'activités ; il s'ensuit un volume plus ou moins grand d'investissements en vue d'une bonne articulation, en amont, entre fabrication et distribution, autrement dit, en vue d'une réduction de la dépense de temps.

CHAPITRE V

Flux d'information et hiérarchie des villes

Toute l'histoire des réseaux de télécommunications, depuis le télégraphe, est l'histoire des innovations techniques qui, les unes après les autres, ont fait leur apparition en réponse à une demande sociale plutôt localisée qu'uniformément répandue. Avec la télégraphie, puis la téléphonie et finalement la téléinformatique, la réduction du laps de temps entre émission et réception permet de jeter un pont entre des lieux distants : dorénavant, ils seront virtuellement rapprochés.

Un champ de recherche est alors ouvert, centré sur les possibles incidences sociales et spatiales des techniques de communication. L'ouvrage *The social impact of the telephone*[1] constitue un bon exemple des questions formulées par des chercheurs de disciplines variées, qui se sont penchés sur des réalités aussi diverses que celles de la France, des États-Unis et de l'Angleterre. Il met notamment en relief le rôle décisif des acteurs privés dans la diffusion du téléphone aux Etats-Unis, ainsi que le poids des enjeux politiques dans le retard de la France[2]. De même, on voit comment le téléphone a pu contribuer à un double mouvement : de dispersion urbaine, par l'élargissement des limites des quartiers résidentiels ; de concentration urbaine, par la densification des centres villes, densification que permet la croissance verticale[3]. Comme le remarque R. Burlingame, à propos des États Unis : "Il est évident que les gratte-ciel et la congestion verticale des quartiers centraux d'affaires auraient été impossibles sans le téléphone"[4].

De nos jours, l'imbrication entre télécommunications et informatique relance le débat. En premier lieu, les nouveaux réseaux, internes à une organisation ou partagés entre différents partenaires, se caractérisent par la matière première qu'ils font circuler :

---

[1] I. de SOLA POOL (ed.), *The social impact of the telephone*, The MIT Press, 1977. Les articles réunis dans cette ouvrage ont été presentés dans un séminaire organisé par le MIT à l'occasion du centenaire du téléphone.

[2] Le titre même de l'article de J. ATTALI et Y. STOURDZE suggère déjà la nature des obstacles à la diffusion du téléphone en France, The birth of the telephone and economic crisis : the slow death of monologue in french society, idem, p. 97-111.

[3] Voir plus particulièrement les travaux de I. de SOLA POOL et al., de J. GOTTMANN, de R. ABLER et de J.A. MOYER, ibid.

[4] "It is evident that the skyscraper and all the vertical congestion of the business centers would have been impossible without the telephone". R. BURLINGAME, *Engines of democracy*, Charles Scribner, 1940, p. 96. Cité par I. de SOLA POOL et al., *Foresight and hindsight : the case of the telephone*, ibid, p. 141.

l'information[5]. Singulière par son immatérialité, l'information constitue aujourd'hui un enjeu stratégique qui, tout en gardant un caractère militaire, reflète de plus en plus les intérêts en jeu dans l'arène économique : ceux évidemment des industries informatique et de télécommunications, mais aussi ceux du système financier, des activités industrielles et commerciales. En deuxième lieu, les distances se contractent et s'annulent du fait de l'instantanéité des transmissions : les informations produites à chaque seconde sont traitées et acheminées en un temps de plus en plus réduit — tel est le sens des Bits, kilobits et Mégabits.

L'accélération des rythmes économiques par élimination des 'temps morts' amène ainsi à la question de la diminution des barrières spatiales. Toutefois, assimiler la contraction des distances à la négation de l'espace[6] relève encore de l'utopie car, ce faisant, on se refère davantage à un système idéal qu'à la réalité économique. La pensée actuelle ne résiste pas toujours à cette tentation :

"La contraction des distances est devenue une réalité stratégique aux conséquences économiques incalculables puisqu'elle correspond à la négation de l'espace... Il nous faut bien le reconnaître, la localisation géographique semble avoir définitivement perdu sa valeur stratégique..."[7] .

Or, l'analyse du cas brésilien va à l'encontre de cette vision d'un espace indifférencié, réduit à la seule notion de distance. On y voit un espace qui s'ordonne en fonction d'une nouvelle différenciation que l'on pourrait caractériser comme l'écart entre le virtuel et le réel — l'intégration de tous les points du territoire par les nouveaux réseaux de télécommunications, sans considération de distance, ne se matérialise qu'en fonction de décisions et de stratégies[8].

La localisation géographique est alors porteuse d'une valeur stratégique encore plus sélective, hypothèse également soutenue par D. Harvey :

"Nous affrontons alors un paradoxe de taille : quand tombent les barrières spatiales, la sensibilité du capital aux variations de lieu s'accroît, et s'accroît également la capacité du capital à différencier et élire les lieux qui lui sont le plus favorables"[9].

---

[5] "Le fait que le même terme serve à désigner l'information au sens journalistique et l'information au sens technique entretiendra pendant longtemps, jusqu'à nos jours encore, une confusion préjudiciable à la clarté de certains débats : l'information que nous livrent la presse et les médias est en effet naturellement chargée de sens, tandis que l'information que traitent les techniques est justement dénuée de sens, au moins pendant le temps des opérations réalisées par la machine". P. BRETON, *Histoire de l'informatique*, La Découverte, 1987, p. 39. L'information au sens technique est une notion qui désigne à la fois une mesure et un symbole : elle prend la forme d'unité élémentaire appelée "bit" (contraction de "Binary DigIT") et symbolisée par des 0 et des 1.

[6] P. VIRILIO, *Vitesse et Politique*, Galilée, 1977, p. 131.

[7] Idem, p. 131 et 133.

[8] Les analyses développées en France vont dans la même direction ; voir à ce propos A. BEGAG, G. CLAISSE et P. MOREAU, L'espace de bits : utopies et réalités, *Communications et Territoires*, La Documentation Française, 1990.

[9] *"We thus approach the central paradox: the less important the spatial barriers, the greater the sensitivity of capital to the variations of place within space, and the greater the incentive for places to be*

Les hiérarchies — nationales et internationales — sont réaffirmées, mettant en évidence le rôle particulier des grandes métropoles. Celles-ci, en raison de leur puissante infrastructure en transports et télécommunications, concentrent les activités de commande et de direction et répondent aux exigences de contacts, face à face, entre dirigeants d'entreprises[10]. Les réseaux de télécommunications jouent ainsi un rôle essentiel non seulement en matière de compétitivité économique, mais également en termes de 'compétitivité spatiale' — entre villes, régions et nations.

L'analyse de la multiplication des flux d'informations, que nous avons mise en lumière tout au long du chapitre précédent, doit maintenant être complétée par une analyse cartographique. La représentation des réseaux d'information nous apparaît comme le moyen privilégié de saisir sur le vif la formation de l'espace économique actuel au Brésil, et de dégager les liens entre les villes, liens qui, enrichis d'une nouvelle dimension 'informationelle', se différencient des liens passés.

1. La représentation des flux d'information

Pour la représentation cartographique du réseau TRANSDATA — le plus important réseau de transmission de données fonctionnant au Brésil[11] — nous avons dressé des cartes de deux types différents : 1) des cartes présentant les noeuds du réseau — chaque noeud est la somme de tous les flux transitant par le centre urbain considéré ; 2) des cartes présentant les flux commandés par chacun des plus importants noeuds du réseau (soit un total de neuf)[12]. Pour l'établissement des classes ou des niveaux hiérarchiques des noeuds et des flux, nous avons pris en compte la variable 'information' exprimée en nombre de Kilobits.

La hiérarchie des noeuds

Le réseau TRANSDATA englobe en 1988 un total de 804 villes, classées en neuf niveaux hiérarchiques (figure V.1). La région métropolitaine de São Paulo s'impose comme le principal noeud du réseau, suivie par la région métropolitaine de Rio de Janeiro, dont la capacité à produire, collecter, stocker et distribuer les informations n'est déjà plus que le tiers de celle de sa grande rivale[13]. On retrouve un

differentiated in ways attractive to capital". D. HARVEY, The conditions of postmodernity, Basil Blackwell, 1989, p. 293-294.

10 Voir à ce propos: G.E. TORNQVIST, Contact requirements and travel facilities, Lund Studies in Geography, n° 38, 1973.

11 Voir Supra, chapitre III, p. 140-143.

12 Voir annexe III (liste des villes composant le réseau TRANSDATA) et l'annexe IV (procédures de représentation du réseau).

13 La politique métropolitaine au Brésil a été définie par la loi complémentaire n° 14 de juin 1973 et la loi complémentaire n° 20 de juillet 1974. Des municipalités de neuf capitales d'Etat se sont organisées

écart équivalent entre le deuxième et le troisième niveau de la hiérarchie : Porto Alegre, Belo Horizonte et Brasília se situent en effet au tiers de la capacité de Rio de Janeiro. Le quatrième niveau est représenté par les deux plus importantes métropoles du Nordeste — Salvador et Recife —, ainsi que par Curitiba et Campinas. Ces différentes villes (également au nombre de neuf) constituent les têtes du réseau.

Aux autres niveaux de la hiérarchie, on relèvera l'importance de certaines villes du Sudeste et du Sud — São José dos Campos, Ribeirão Preto, Santos, Londrina, Maringá et Blumenau —, ainsi que des capitales des Etats — Belém, Manaus, Fortaleza, Goiânia, Campo Grande, Vitória et Florianópolis. En effet, à la différence des capitales situées dans les Etats des régions Sud et Sudeste, celles du Nordeste, du Nord et du Centre-Ouest exercent une suprématie sans faille dans leurs régions respectives.

Le point commun entre les neuf régions métropolitaines est la prééminence des capitales sur leurs périphéries. Les capitales concentrent généralement 80% à 100% de la circulation des données de leurs régions métropolitaines (tableau V.1). L'analyse de ces taux de participation met en évidence une tendance à une division du travail plus développée entre ville et périphérie dans les lieux les plus dynamiques du territoire — ainsi la ville de São Paulo et sa zone périphérique se répartissent pratiquement à parts égales le contrôle de l'information. A l'opposé, dans les régions métropolitaines de Belém et de Fortaleza, les capitales règnent sans partage.

Tableau V.1 : Réseau TRANSDATA - les taux de participation des capitales dans leurs régions métropolitaines, 1988 (en kilobits).

Région Métropolitaine	Capitales		Périphérie		Total	
	valeur absolue	%	valeur absolue	%	valeur absolue	%
Fortaleza	872	98,5	7	1,5	885	100,0
Belém	1 196	100,0	-	-	1 196	100,0
Recife	2 692	91,6	246	8,4	2 938	100,0
Curitiba	2 656	87,6	377	12,4	3 033	100,0
Salvador	2 765	86,8	420	13,2	3 185	100,0
Belo Horizonte	3 377	84,3	627	15,7	4 004	100,0
Porto Alegre	3 680	80,0	920	20,0	4 600	100,0
Rio de Janeiro	11 970	91,3	1 130	8,7	13 100	100,0
São Paulo	21 000	54,4	17 600	45,6	38 600	100,0

Source : EMBRATEL, 1988.

en tant qu'"autorités métropolitaines". Pour la liste des municipalités qui compose chaque région métropolitaine, voir l'annexe V.

La figure V.2 montre alors la distribution des noeuds à l'intérieur de la région métropolitaine de São Paulo et le poids impressionnant des villes d'Osasco et Barueri, mais aussi de São Bernardo do Campo, Santo André et Guarulhos. Les origines d'une telle division de travail entre la capitale et sa périphérie ont été déjà présentées au long de notre travail. Revenons ici sur les principales étapes de ce processus : à partir des années cinquante, un parc industriel — constitué principalement par l'automobile — s'est progressivement installé autour de la ville sur un anneau d'environ cinquante kilomètres. Etant donné l'augmentation du prix de la terre dans la capitale, le processus de formation de l'aire métropolitaine s'est accéléré au cours des années soixante-dix. On assistait alors au déplacement des industries situées auparavant dans la capitale vers la périphérie et, plus récemment, des puissants centres de traitement de données des banques, industries et entreprises publiques, comme par exemple la BRADESCO, la Pirelli et la TELESP. Tout ceci explique l'intensification de la circulation dans cette partie du territoire brésilien, circulation qui dépasse, en effet, celle atteinte par la majorité des métropoles brésiliennes.

Quelle configuration les flux d'informations qui relient les villes brésiliennes vont-ils alors adopter ? Quels seront la portée et le degré du contrôle exercés par chacune des neuf têtes du réseau ? D'où celles-ci tirent-elles leur puissance et leur suprématie ? Telles sont les questions que nous allons devoir maintenant aborder.

La hiérarchie entre les flux

Les régions métropolitaines de São Paulo et de Rio de Janeiro commandent les flux d'informations les plus importants du réseau TRANSDATA (figure V.3 et V.4). Une situation d'équilibre prévaut dans les échanges d'informations entre ces ceux têtes de réseau. En revanche, les niveaux hiérarchiques suivants manifestent la prééminence de São Paulo, que l'on se réfère au nombre de villes englobées ou à la grandeur des flux. Ainsi, aux deuxième et troisième niveaux, São Paulo commande les flux qui la relie à Campinas, Porto Alegre et São José dos Campos. Au quatrième niveau, Rio réapparait en tant que pôle dominant ; la ville gouverne les flux qui la relie à Brasília et Belo Horizonte alors que, de son côté, São Paulo attire Salvador et Curitiba. Les vecteurs commandés par les autres métropoles sont d'une taille beaucoup plus modeste.

L'analyse de la répartition des flux aux niveaux hiérarchiques inférieurs ne fait que confirmer et accentuer la position privilégiée de l'agglomération paulista. Les figures V.5 et V.6 (deux exemples) ne laissent planer aucun doute quant à l'omniprésence de São Paulo sur tout le territoire brésilien. En effet, São Paulo exerce son ascendant non seulement sur toutes les capitales des Etats mais encore sur presque toutes les villes intégrées au réseau TRANSDATA. Rio maîtrise, elle aussi, un réseau de dimension nationale mais qui, à l'inverse, va rarement au-delà des capitales des Etats (figures V.7 et V.8).

Ayant tissé une toile qui couvre tout le pays, la région métropolitaine de São Paulo s'est logiquement imposée comme le principal point de contrôle de l'économie brésilienne[14]. Accueillant 40% des sièges des banques opérant dans le pays[15], elle est de loin la première place-forte financière. Par ailleurs, 332 des 1000 plus importantes entreprises non financières — un ensemble touchant tous les secteurs d'activités — y ont également leur siège[16].

Deuxième épicentre de l'économie brésilienne, la région métropolitaine de Rio de Janeiro joue un rôle prépondérant dans les branches suivantes : mines, métallurgie, construction navale, aviation commerciale, tourisme et services publics fédéraux. La présence, aujourd'hui encore, des plus grandes entreprises étatiques compte pour beaucoup dans sa puissance économique[17]. Et n'oublions pas qu'en tant que marché financier Rio ne cède qu'à São Paulo.

Son statut d'ancienne capitale de la République vaut à Rio d'apparaître comme le partenaire prioritaire de Brasília dans la carte des flux commandés par cette dernière. En effet, à la différence de la plupart des autres métropoles qui, ainsi que nous pourrons l'observer plus loin, communiquent principalement avec São Paulo, Brasília privilégie Rio. Il appert des figures V.9 et V.10 que Brasília est, de même que les deux grandes métropoles, reliée à toutes les capitales des Etats, mais son influence est surtout notable dans le Centre-Ouest du pays.

A ces trois métropoles nationales vont succéder maintenant des métropoles régionales. A la frontière qui sépare les unes et les autres, il est possible de donner une expression quantitative, soit 320 Kibs. En effet, en-deçà de ce seuil nous allons trouver Porto Alegre, Belo Horizonte, Salvador, Recife et Curitiba. Si les métropoles du Nordeste font la part égale entre Rio de Janeiro et São Paulo, celles du Centre-Sud s'orientent plutôt vers l'agglomération paulista. Toutes ces métropoles, autour desquelles s'ordonnent des réseaux au caractère essentiellement régional, se différencient selon les activités économiques qu'elles contrôlent :

- Porto Alegre : mines, sidérurgie, pétrochimie, industries alimentaires, textiles, chaussures ;
- Belo Horizonte : mines, métallurgie, grands travaux ;
- Curitiba : industries du bois et équipements pour systèmes de communication ;

---

[14] Nous reprenons ici le titre de l'article de H.K. CORDEIRO, Os principais pontos de contrôle da economia transacional no espaço brasileiro, *Boletim de Geografia Teorética*, 16-17, 1986-1987. L'auteur étudie en détail le mode de localisation des sièges sociaux des 1000 plus grandes entreprises non financières et des banques installées au Brésil. Nous remercions vivement l'auteur qui nous a permis d'accéder aux tableaux originaux qui sont à la base de son étude.

[15] Banco Central do Brasil, 1988, p. 57-137.

[16] H.K. CORDEIRO, op. cit., p.189.

[17] PETROBRAS, *Banco Nacional de Desenvolvimento Economico e Social* et *Cia. Vale do Rio Doce*.

- Salvador : mines, chimie et pétrochimie, travaux publics et ingéniérie, industrie du tabac, tourisme ;
- Recife : cimenteries, verreries, industrie du papier, industries alimentaires, boissons, industrie du tabac.

Campinas — neuvième tête du réseau TRANSDATA — présente un profil tout à fait particulier, il lui échoit une certaine part du contrôle de l'économie du territoire paulista. Toutefois, elle tire l'essentiel, de sa force d'activités à haute intensité technologique[18]. Fondée en 1966, l'Université de Campinas — UNICAMP — est vite devenue un des hauts lieux de l'enseignement supérieur. Depuis 1972, elle abrite un Centre Technologique qui a pour vocation l'articulation entre la recherche et la production industrielle[19]. Le Centre a attiré non seulement les industries mais encore des unités de recherche et de développement du secteur public comme le CPqD (Centre de Recherche de la TELEBRAS) et le CTI (Centre Technologique en Informatique). Cette maîtrise des technologies de pointe a permis à Campinas d'occuper dans le réseau une position plus importante que celle de la majorité des capitales des Etats.

Hors des têtes de réseau et des capitales des Etats qui puisent dans la présence d'organes politiques une certaine capacité d'organisation régionale[20], nombre de villes du Sudeste et du Sud ont réussi à mettre en place des réseaux d'informations qui reflètent la spécialisation économique des territoires concernés[21]. Les sièges sociaux des grandes entreprises qu'elles abritent les dotent d'un pouvoir de contrôle économique. Ainsi, le secteur agriculture-élevage est fortement implanté à Araraquara, Uberlândia et Campo Mourão ; on trouve la métallurgie à Piracicaba, Juiz de Fora, Caxias do Sul et Joinville, le textile à São José dos Campos, Americana, Blumenau et Joinville, les activités d'entreposage, d'ensilage et de transports à Londrina[22]. Dans le Nordeste, seule Itabuna (au sud de Bahia) détient une fonction régionale. Au Nord et au Centre-Ouest, aucune ville (hormis les capitales des Etats) n'a pu constituer un réseau.

La configuration des vecteurs d'information telle qu'elle ressort de l'analyse précédente devrait permettre à la fois de mieux comprendre la carte actuelle de l'intégration économique au Brésil et de situer la

---

18 Campinas est un des points de contrôle des branches mécanique et électronique.

19 Voir à ce propos : M. DROULERS, Les pôles technologiques brésiliens dans l'orbite métropolitaine, *Les Annales de la Recherche Urbaine*, 46, 1990.

20 Teresina, capitale du Piauí, fait exception ; les villes de l'Etat lui échappent et sont sous la dépendance de São Paulo, Recife et Salvador.

21 Etat de São Paulo : Americana, Araçatuba, Araraquara, Bauru, Bebedouro, Franca, Paulínia, Pederneiras, Presidente Prudente, Ribeirão Preto, São José do Rio Preto, São José dos Campos, Santos et Sorocaba.
Etat du Minas Gerais : Ipatinga, Juiz de Fora, Uberlândia et Varginha.
Etat du Paraná : Campo Mourão, Cascavel, Londrina et Maringá.
Etat de Santa Catarina : Blumenau, Chapecó, Itajaí, Joinville et Lages.
Etat du Rio Grande do Sul : Alegrete, Caxias do Sul, Passo Fundo, Pelotas, Santa Maria et Santo Angelo.

22 Données recueillies auprès de H.K. CORDEIRO.

position des principales villes dans ce processus d'intégration du marché national.

2. Flux d'information et urbanisation

Ces données marquent l'avènement d'une nouvelle étape dans le processus d'intégration territoriale, au cours de laquelle le pouvoir de contrôle sur l'économie et l'espace va de plus en plus reposer sur l'aptitude de certains lieux à manier l'information. M. Santos écrit à ce sujet : "Ce sont désormais des flux informationnels qui structurent le territoire et non plus, comme dans la phase antérieure, des flux de matière qui dessinent le squelette du système urbain. Dans le cas brésilien, il est bon d'insister sur cette différence, car pour les deux moments, la métropole est la même : São Paulo. Lors du passage d'une phase à une autre, seule la métropole industrielle est en mesure d'instaurer les nouvelles conditions de commandement, et en profite pour changer elle-même qualitativement. La métropole informationnelle prend son assise sur la métropole industrielle mais en change déjà la substance"[23].

En effet, un double mouvement s'est amorcé au cours des dernières années : la contribution de la région métropolitaine de São Paulo à la valeur de la production industrielle décroît de 43,5% à 38,6% entre 1970 et 1980, alors que sa contribution au réseau TRANSDATA va s'élever de 30% à 44% de 1983 à 1988. Ces chiffres amènent à se poser la question suivante : dans quelle mesure l'intégration du marché national reflète-t-elle une nouvelle distribution spatiale des activités productives ? L'évolution — en valeur relative — de la production industrielle et agricole dans les Etats de la Fédération, entre 1970 et 1980, laisse entrevoir une réorganisation spatiale des activités productives (tableau V.2).

Il y a déconcentration de la production industrielle : le poids relatif des Etats les plus industrialisés diminue alors qu'augmente celui d'autres Etats du Sudeste, du Sud, et du plus méridional des Etats nordestins, à savoir Bahia. Les changements intervenus dans la distribution de la production agricole au cours de cette même décennie sont dus à l'extension des surfaces consacrées à la culture et à l'élevage — en bénéficient deux régions : le Nord et surtout le Centre-Ouest (+3,1%). La prééminence des Etats du Sudeste et du Sud (en particulier les Etats de São Paulo, Rio Grande do Sul, Minas Gerais et Paraná) n'en est pas pour autant remise en cause.

La conjonction de ces divers éléments accrédite l'hypothèse d'une nouvelle phase dans le processus d'intégration territoriale. Si dans la phase précédente, la nécessité première était l'élimination des barrières physiques à la libre circulation des marchandises et de la main-d'oeuvre

---

23 M. SANTOS, *Modernité, milieu technico-scientifique et urbanisation au Brésil*, International Symposium on Latin American Urbanization, Tsukuba, ronéo., 1989, p. 17-18.

Tableau V.2 : Distribution spatiale des valeurs de la production agricole et industrielle, 1970-1980 (en %)

Région/Etat	Production agricole		Production industrielle	
	1970	1980	1970	1980
NORD	3,1	3,8	1,0	2,6
Rondônia	0,2	0,4	0,0	0,1
Acre	0,4	0,2	0,0	0,0
Amazonas	1,0	0,8	0,3	1,5
Roraima	0,1	0,1	0,0	0,0
Pará	1,4	2,3	0,4	0,8
Amapá	0,0	0,0	0,2	0,1
NORDESTE	18,3	17,3	5,8	8,1
Maranhão	2,1	1,9	0,2	0,2
Piauí	0,8	0,7	0,1	0,1
Ceará	1,9	1,9	0,7	0,8
Rio Grande do Norte	0,7	0,8	0,3	0,4
Paraíba	1,4	1,2	0,3	0,4
Pernambuco	3,2	3,1	2,1	1,9
Alagoas	1,5	1,6	0,4	0,4
Sergipe	0,7	0,6	0,1	0,2
Bahia	6,1	5,7	1,5	3,6
SUDESTE	37,3	35,7	80,3	72,2
Minas Gerais	12,0	12,8	7,1	8,2
Espírito Santo	1,8	1,9	0,5	1,2
Rio de Janeiro	2,6	1,9	15,5	10,4
São Paulo	20,8	19,0	57,2	52,4
SUD	33,8	32,6	12,0	15,7
Paraná	12,4	12,6	3,0	4,3
Santa Catarina	4,9	5,7	2,7	4,2
Rio Grande do Sul	16,6	14,3	6,3	7,2
CENTRE-OUEST	7,5	10,6	0,8	1,4
Mato Grosso do Sul	3,2	3,5	0,3	0,3
Mato Grosso		1,7		0,2
Goiás	4,2	5,3	0,4	0,7
Distrito Federal	0,1	0,1	0,1	0,2

Source : IBGE, Censos Agropecuários e Industriais, 1970 et 1980

par le développement des réseaux de transport, dans la phase actuelle l'enjeu principal est devenu la complémentarité et la régulation des activités économiques, tâche qui incombe aux réseaux de télécommunications. La plus grande fluidité des échanges qui en résulte est celle-là même qu'exigent, avant toute autre chose, le capitalisme financier pour la mise en valeur de l'espace brésilien, ainsi que les grandes firmes hégémoniques dans les relations avec les partenaires économiques — en amont et en aval. La disparition progressive des barrières spatiales va avoir également des incidences profondes sur la configuration du réseau urbain.

La division du travail entre les villes en devient plus complexe. Avec le développement des fonctions de commandement de São Paulo l'écart se creuse — ainsi que le fait remarquer M. Santos — entre celle-ci et Rio de Janeiro, en même temps que la division territoriale du travail s'accentue non seulement dans le Sudeste mais également dans tout le Brésil[24]. L'urbanisation s'accélère : entre 1960 et 1980, la population urbaine passe de 45% à 69% de la population totale. São Paulo compte plus de huit millions d'habitants, Rio plus de cinq millions. Viennent ensuite les métropoles qui dépassent le million d'habitants : Belo Horizonte, Salvador, Recife, Brasília, Porto Alegre et Fortaleza. Sept villes se situent entre 500 000 et 1 000 000 d'habitants, quatre-vingt-sept villes entre 100 000 et 500 000 (figure V.11).

Toutefois, les disparités régionales sont grandes en matière d'urbanisation. Le Sudeste est de loin la région la plus urbanisée (à 83% en 1980). Il est suivi par le Centre-Ouest (68%), le Sud (62%), le Nord (52%) et le Nordeste (50%). En 1960, la situation était quelque peu différente puisque la région Centre-Ouest n'occupait alors que le quatrième rang.

Ces données sont révélatrices d'un double phénomène de 'métropolisation' et 'démétropolisation' : en même temps que s'accroissent les grandes villes, les villes moyennes s'agrandissent aussi — particulièrement dans le Sudeste et le Sud — et de nouveaux centres urbains surgissent à la frontière agricole et minière. Ces derniers bien qu'étant encore de taille limitée n'en connaissent pas moins un accroissement relatif extrêmement élevé.

L'histoire du réseau urbain au cours de cette dernière phase coïncide en grande partie avec l'histoire des réseaux de télécommunications. En effet, la dispersion des activités manufacturières à travers le territoire et la concentration concomitante des fonctions de commande et de contrôle n'ont été possibles que du jour où les relations spatiales ont acquis une réelle fluidité. Nous avons eu d'abord les routes — axes tangibles et réels — qui irriguaient les pays en matières premières et en main-d'oeuvre et qui pouvaient bouleverser et inverser les flux commerciaux. Aujourd'hui se superposent et s'imposent les flux d'informations — axes invisibles et immatériels certes mais qui sont devenus un préalable nécessaire à tout mouvement d'éléments matériels entre les villes qu'ils mettent en communication.

---

24 Idem, p. 15.

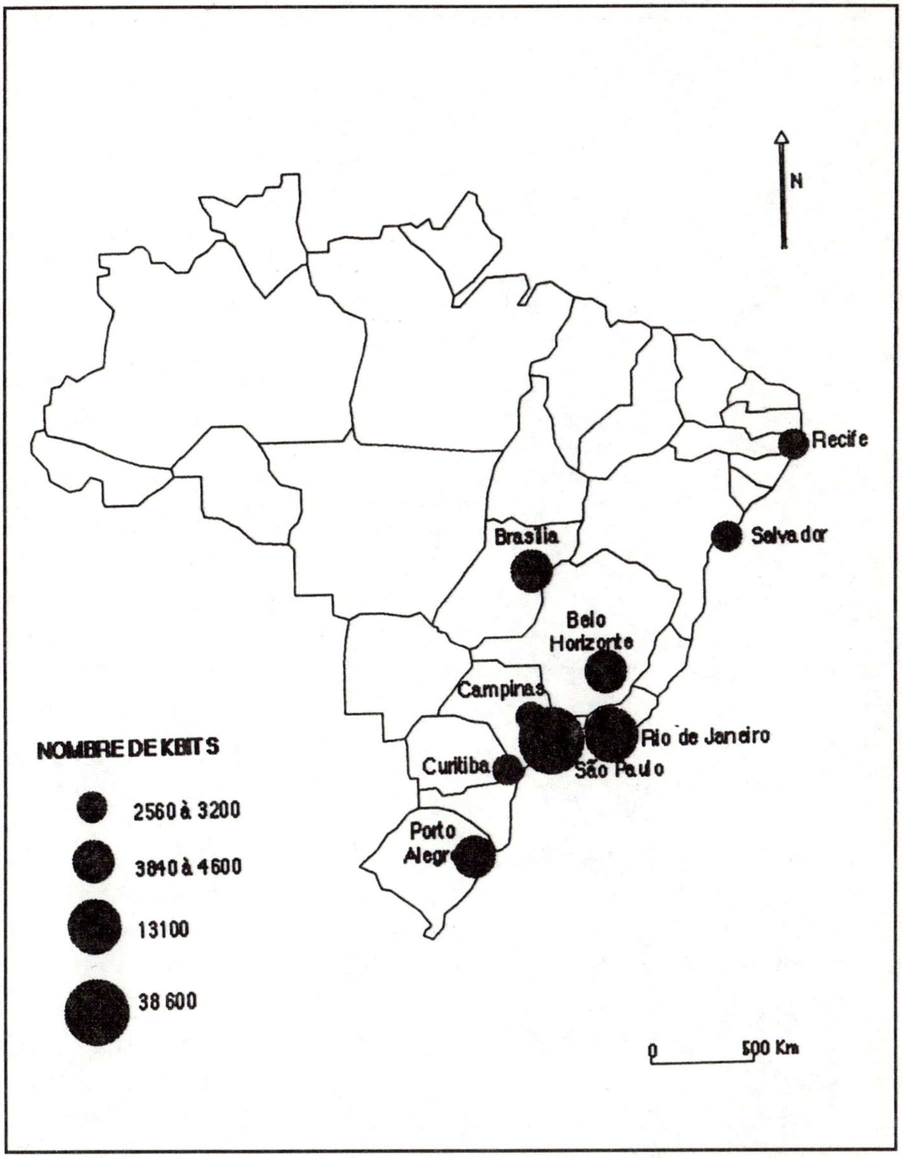

Figure V.1 : Brésil - Les principaux nœuds du réseau TRANSDATA

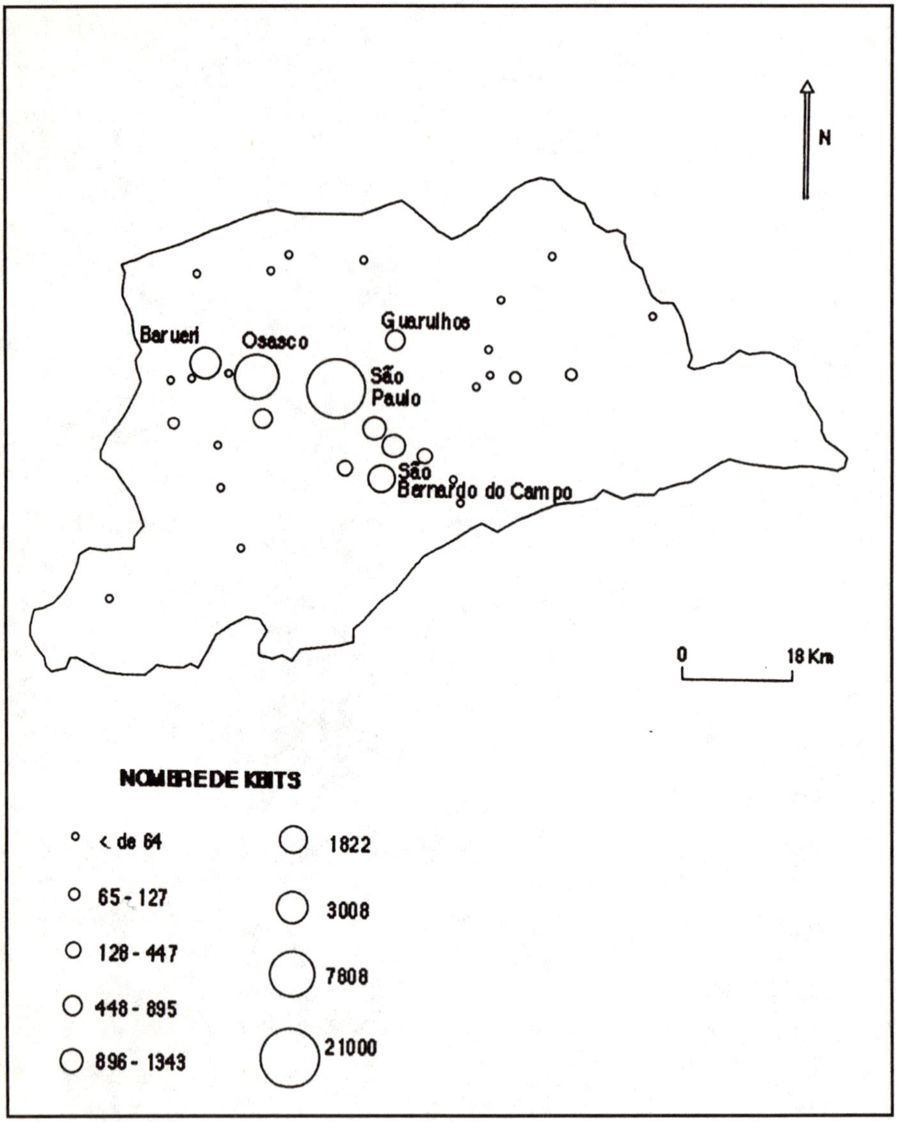

Figure V.2 : Région métropolitaine de São Paulo
- Les noeuds du réseau TRASDATA

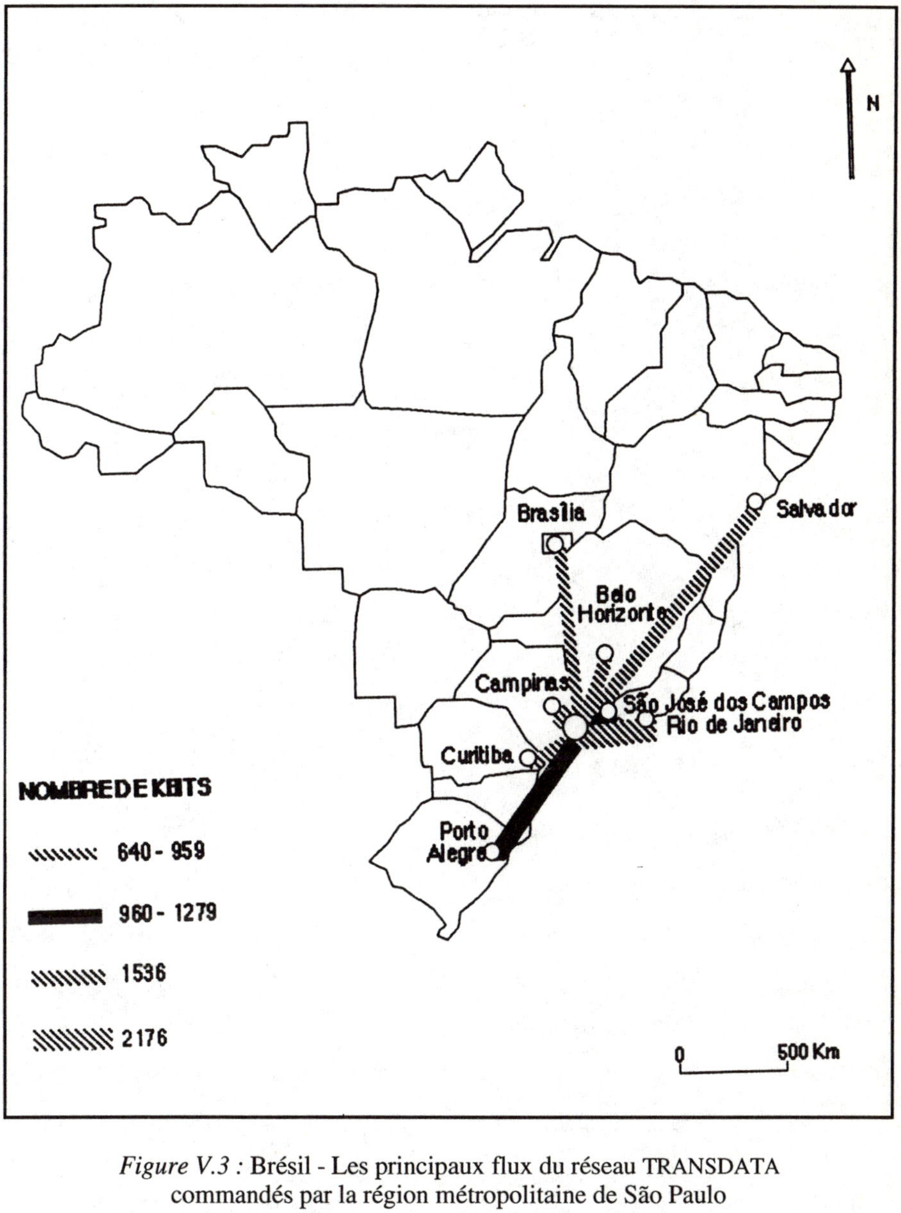

Figure V.3 : Brésil - Les principaux flux du réseau TRANSDATA commandés par la région métropolitaine de São Paulo

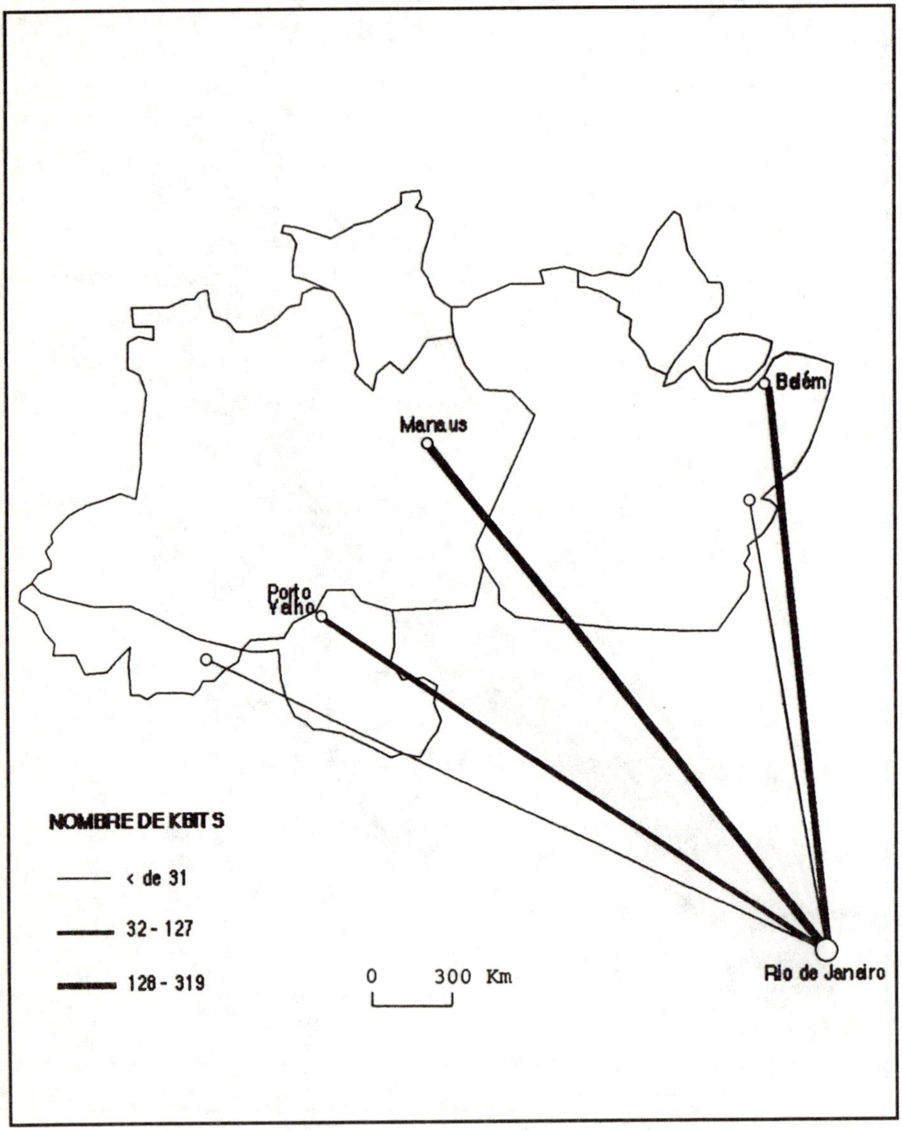

Figure V.4 : Région Nord - Les flux du réseau TRANSDATA commandés par la région métropolitaine de Rio de Janeiro

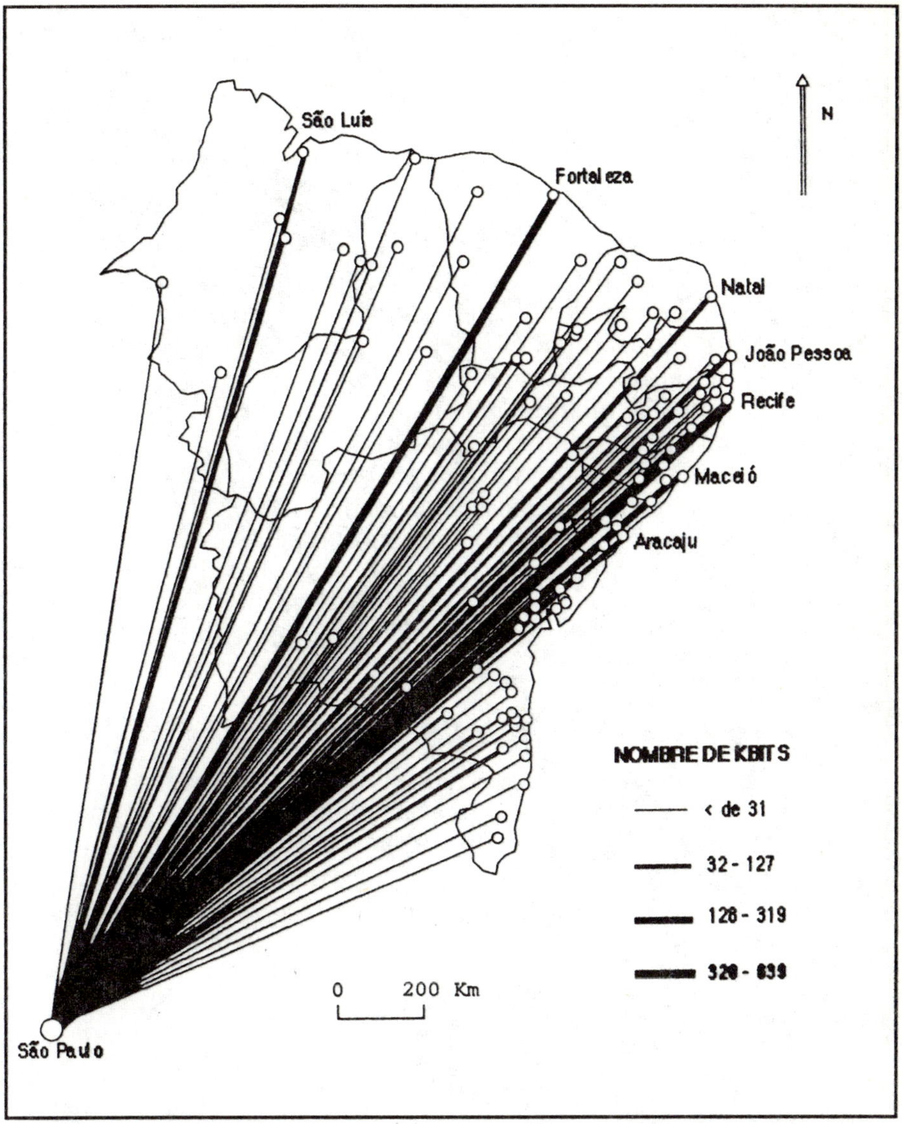

Figure V.5 : Région Nordeste - Les flux du réseau TRANSDATA commandés par la région métropolitaine de São Paulo

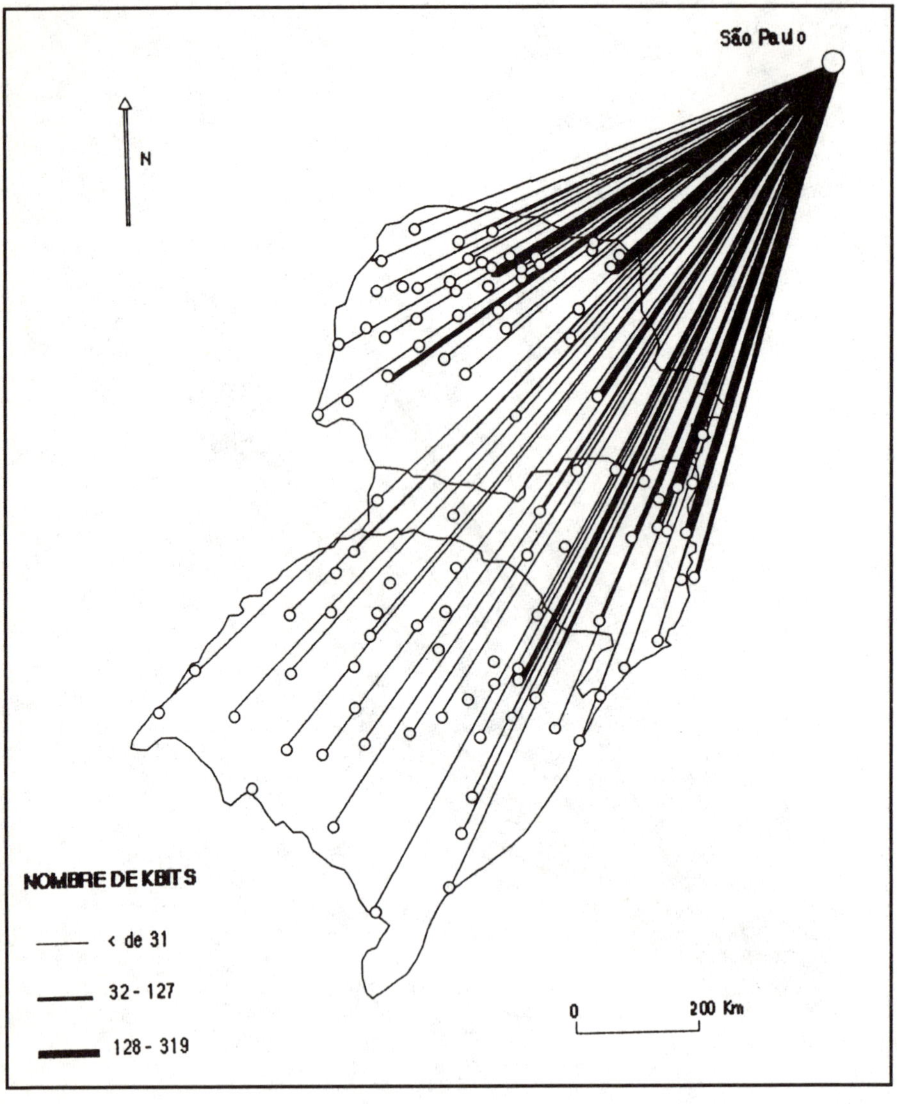

Figure V.6 : Région Sud - Les flux du réseau TRANSDATA commandés par la région métropolitaine de São Paulo

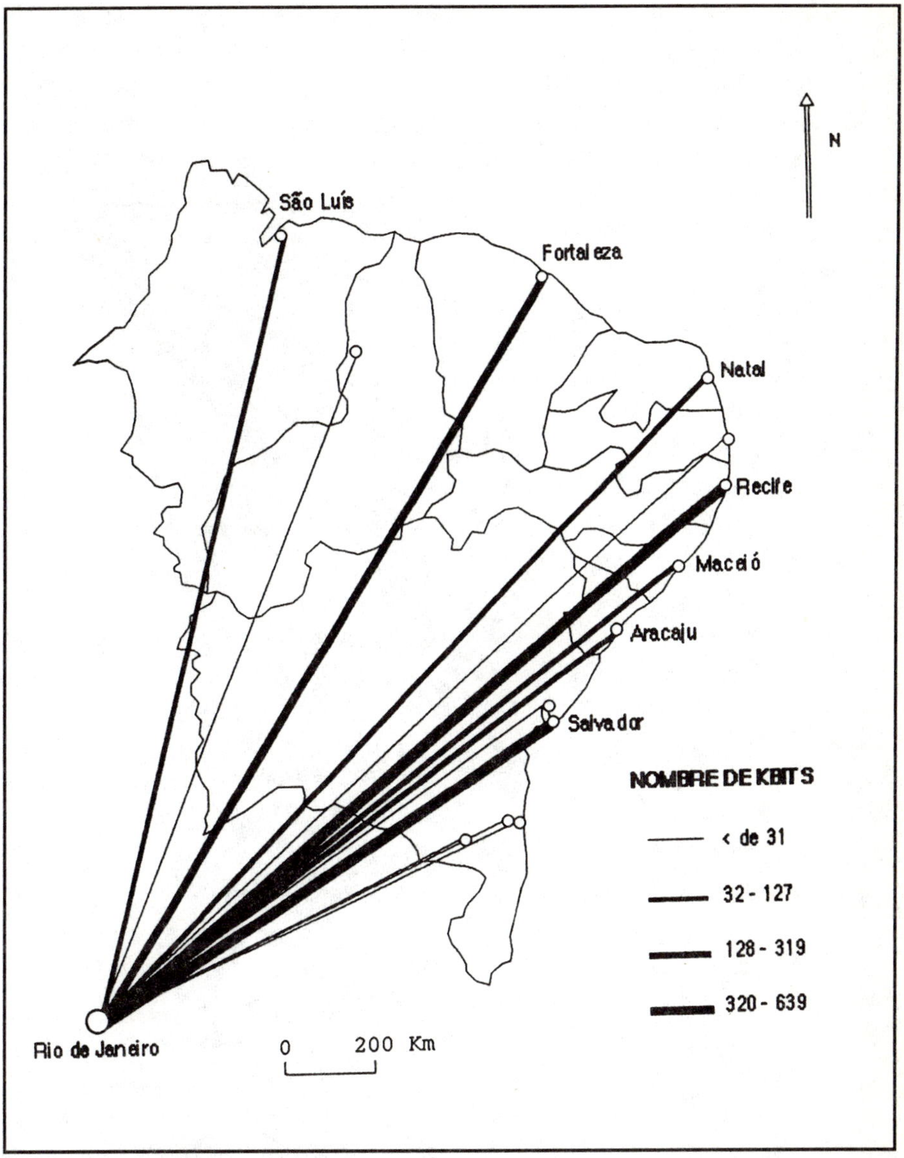

Figure V.7 : Région Nordeste - Les flux du réseau TRANSDATA commandés par la région métropolitaine de Rio de Janeiro

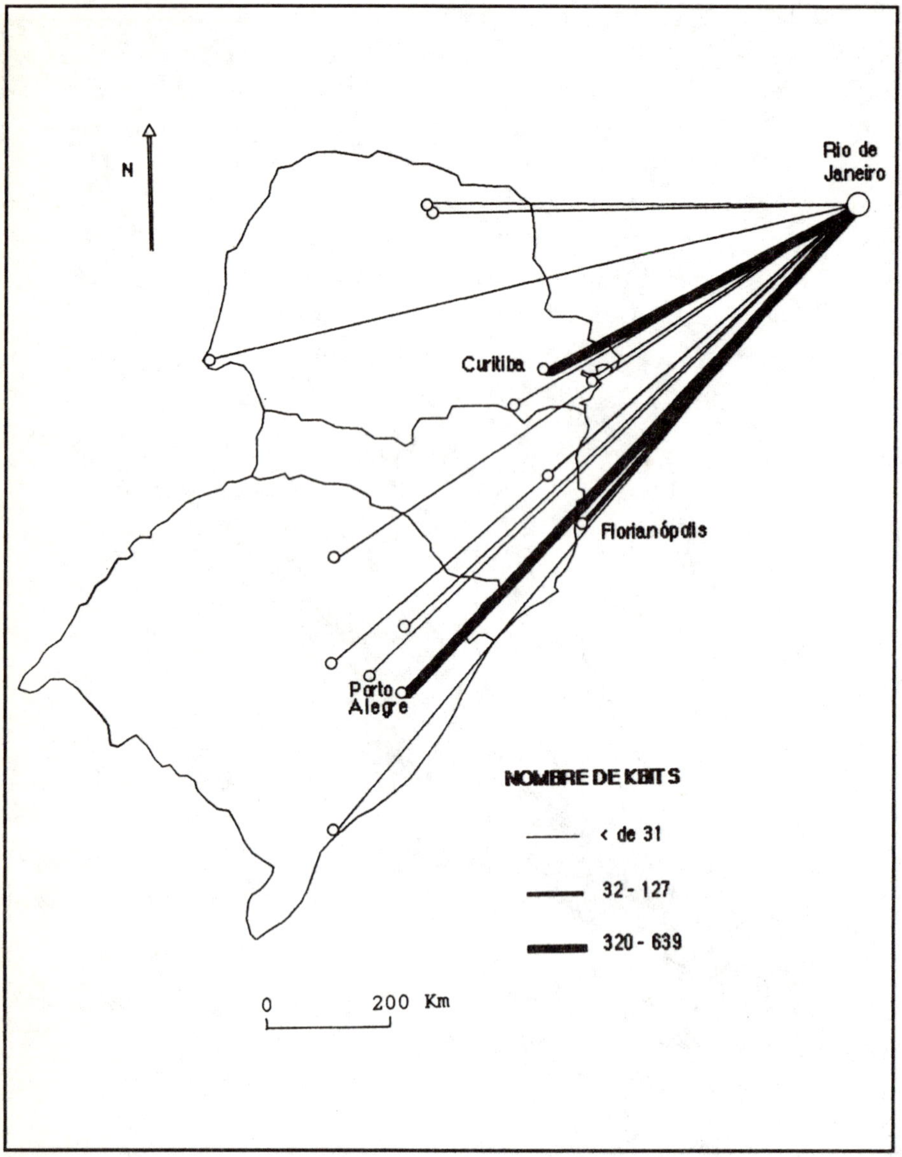

Figure V.8 : Région Sud - Les flux du réseau TRANSDATA commandés par la région métropolitaine de Rio de Janeiro

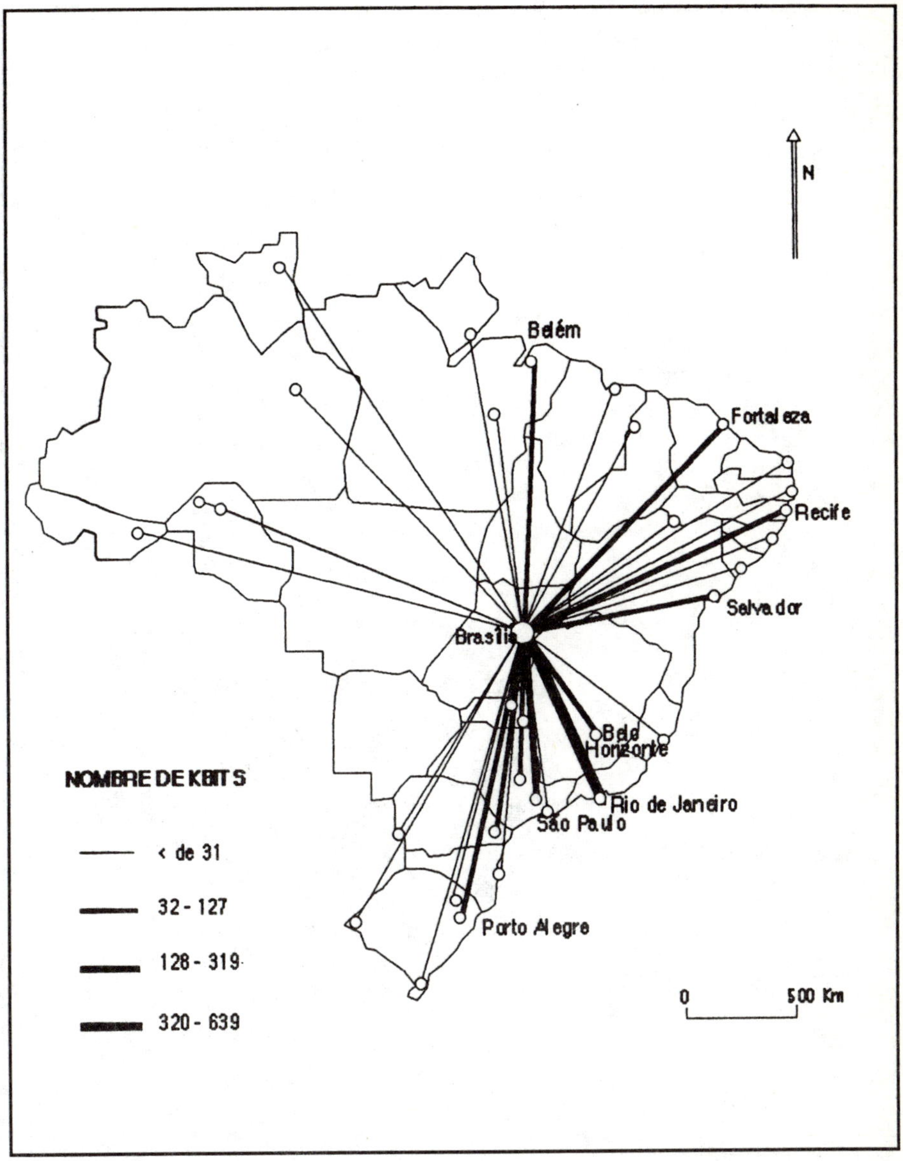

Figure V.9 : Brésil - Les flux du réseau TRANSDATA commandés par Brasilia

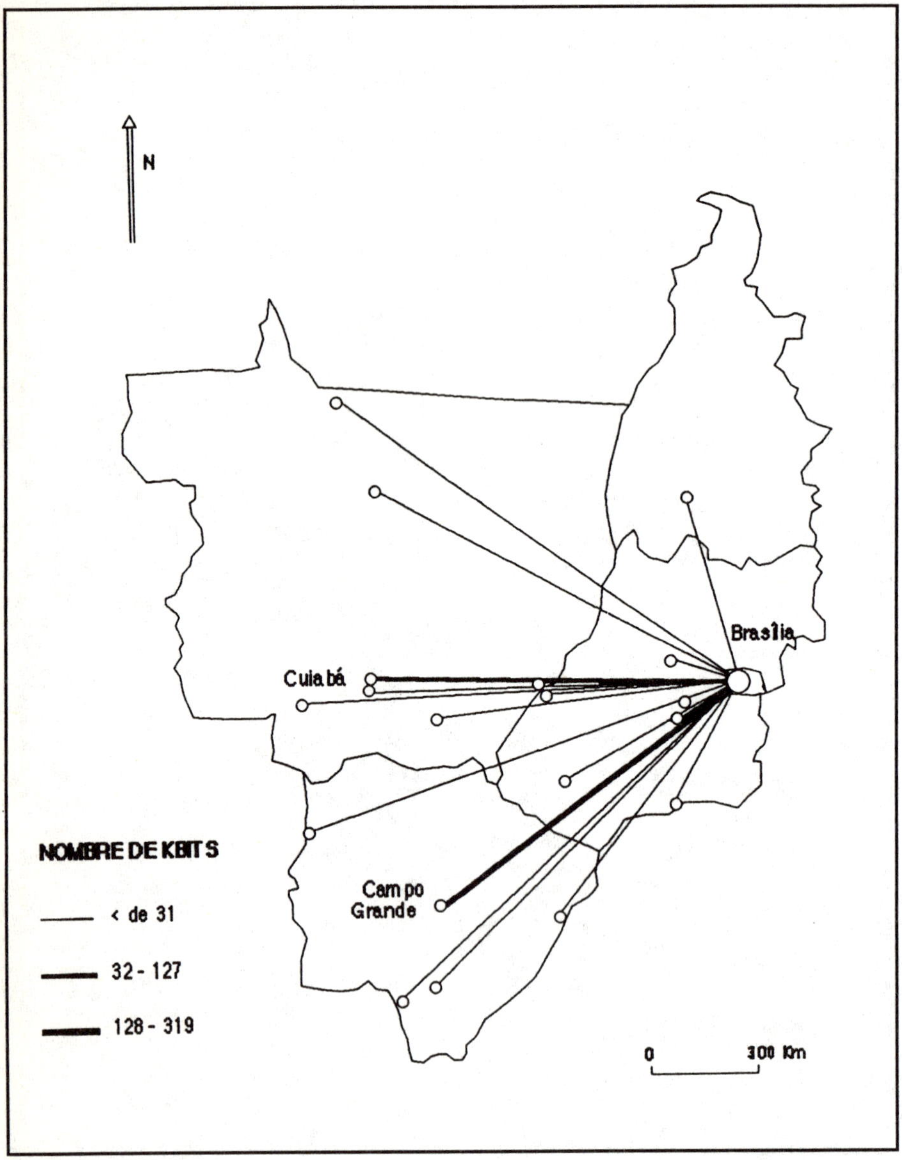

Figure V.10 : Région Centre-ouest - Les flux du réseau TRANSDATA commandés par Brasilia

Source : IBGE

Figure V.11 : Urbanisation en 1985

CONCLUSION

Dans les années trente, l'espace brésilien était encore éclaté en segments régionaux peu reliés entre eux, situation engendrée par une économie qui, depuis trois siècles, s'était presqu'exclusivement orientée vers l'exportation de biens primaires. La précarité des communications internes et les coûts élevés des transports limitaient l'éventail des produits commercialisés entre les différentes zones du pays.

Ce modèle agro-exportateur va subir des transformations — essor du café, développement des transports (ferroviaires notamment), implantation des premières industries — qui seront à l'origine d'une restructuration spatiale. En raison du passage progressif à une économie tournée vers la demande interne, des liens s'établissent entre les villes du Brésil.

L'expansion du café fait de São Paulo le premier marché régional du pays. L'élargissement des débouchés profite aux entreprises locales dont la production atteint des niveaux auxquels ne peuvent prétendre les entreprises opérant dans les autres Etats de la Fédération ; la production de masse a pour corollaire la chute des coûts de fabrication. La production du café, organisée sur une base capitaliste, est également la cause de l'apparition d'un véritable marché du travail constitué en grande partie de la main-d'oeuvre immigrée, marché du travail où les industries vont largement puiser. C'est aussi à cette époque que São Paulo se dote d'une puissante infrastructure de transports — comparativement aux autres régions — sous la pression des planteurs qui vont d'ailleurs fortement contribuer à son financement. La dynamisation de toutes les activités que va entraîner la richesse caféière stimule la croissance urbaine et la création des services publics, éléments qui ne signifient rien moins qu'une rente de situation pour les entreprises *paulistas*.

Avec l'intégration graduelle du territoire national, avec l'extension du réseau ferroviaire puis du réseau routier, s'amorce un processus d'affaiblissement des entraves à la libre circulation des matières premières, des produits finis et de la main-d'oeuvre. L'unification du marché brésilien — celui-ci cesse peu à peu d'être l'addition de marchés regionaux disparates pour devenir un ensemble intégré — avive la concurrence entre les entreprises ; dans cette confrontation, les chances ne sont pas égales, car on sait déjà que les entreprises *paulistas* détiennent des cartes maîtresses.

Dans cette phase, où le développement industriel apparaît comme le secteur privilégié de l'économie nationale, les nouvelles unités productives tendent à s'implanter prioritairement à São Paulo, attirées qu'elles sont par l'élargissement du marché local et la concentration des équipements et des services. São Paulo affermit son emprise sur le processus d'industrialisation et, par la suite, sur le processus d'intégration économique : à la dépendance historique des villes vis-à-vis de l'étranger se substitue la dépendance vis-à-vis de São Paulo.

L'expansion industrielle, sous le gouvernement Kubitschek, s'accomode plutôt mal que bien d'un système bancaire où prévalent encore des formes de crédit et de financement héritées du début du siècle ; en outre, elle se heurte à un système de télécommunications obsolète et lacunaire. Cette situation ne saurait longtemps se prolonger : le gouvernement militaire qui s'installe en 1964, à la faveur d'un coup d'Etat, s'attaque à ces deux domaines. Articulées à un vaste projet de formation scientifique et technologique, de modernisation de l'économie et de réorganisation spatiale, une réforme financière ainsi qu'une politique en matière de télécommunications sont mises en chantier. En l'absence d'instances démocratiques de discussion et de contestation, militaires et technocrates ont eu toute latitude pour imposer un modèle brésilien de développement inspiré des principes enseignés à l'Ecole Supérieure de Guerre, modèle qui associait étroitement à sa réalisation la sécurité nationale et le capital international.

La politique industrielle de télécommunications est d'emblée tournée vers les projets de haute technologie, se mettant ainsi au service d'un nouveau 'temps technique' caractérisée par la jonction des télécommunications et de l'informatique. Néanmoins, sa mise en oeuvre est marquée par une sucession de conflits à différents niveaux : au niveau interne tout d'abord, car les *joint-ventures* avec les firmes multinationales remettent en question la clause de réserve de marché dont bénéficiaient le secteur informatique ; au niveau externe ensuite, car les mesures protectionnistes de 1986 limitent la liberté d'action des firmes multinationales jouissant d'une position de monopole.

Le réaménagement de l'espace national, préalable indispensable à la réalisation du modèle national, accompagne les transformations du secteur industriel. En moins de vingt ans, les infrastructures de support — faisceaux hertziens et stations terrestres — réussissent à couvrir l'ensemble du territoire, permettant ainsi l'entrée en fonction des différents services-réseaux. Toutefois, à l'évidence, la capacité qu'ont les réseaux-supports à intégrer tous les points de l'espace n'est que virtuelle ; en effet, elle ne se concrétise qu'au moment de la mise en route des services-réseaux. Or, le cas brésilien souffre un paradoxe de taille : la densité téléphonique reste faible alors que les réseaux de transmission de données ont connu un développement impressionant. Il n'est donc pas excessif d'affirmer qu'exclusion sociale et mise en valeur économique et spatiale vont de pair ; elles sont les deux faces du modèle de développement suivi par le Brésil. Ainsi les investissements massifs dont la téléinformatique a été l'objet satisfaisaient avant tout les exigences des plus puissantes organisations nationales et multinationales.

Pour ces organisations, l'enjeu est loin d'être négligeable. Les qualités d'instantanéité et de simultanéité dont sont dotés les réseaux de transmission de données ont donné libre cours à tout un jeu d'interactions nouvelles. Les banques sont désormais un élément clef de l'intégration du territoire ; l'histoire de la BRADESCO en administre la preuve. Les organisations non financières gagnent en mobilité tandis qu'elles introduisent de nouvelles méthodes de gestion et d'organisation, qu'il s'agisse des services techniques, financiers, comptables, du personnel, de l'emplacement et de l'aménagement des locaux. A l'inverse d'une opinion très répandue, l'espace n'est pas devenue une notion désuète et dépourvue de sens, pas davantage quelque chose d'indifférencié ou homogène. La mise en relation des partenaires économiques — en amont et en aval —, grâce aux nouveaux réseaux s'accompagne d'une sélectivité spatiale. L'importance stratégique de la localisation géographique s'est amplifiée.

La configuration des flux d'information reliant les villes brésiliennes attire ainsi l'attention sur deux phénomènes concomitants : la mise en valeur des activités manufacturières, agricoles et minières sur l'ensemble du territoire et la concentration des fonctions de commandement en quelques rares points de ce même territoire.

Le volume des informations dont São Paulo commande la mise en circulation est sans équivalent au Brésil. Les stratégies de localisation des organisations économiques — la *Mannesmann* et la TELESP en sont de bons exemples — et l'évolution même du réseau TRANSDATA obéissent à un même principe centralisateur.

L'identification des principaux partenaires de São Paulo, est tout aussi riche de signification : elle fait ressortir la complexité des transformations touchant le réseau urbain. Ainsi, la grandeur du vecteur qui relie São Paulo et Salvador est révélateur d'une différenciation croissante, au cours des dernières années, entre cette dernière et sa rivale historique, à savoir Recife. De même, les liaisons avec Campinas et São José dos Campos — lieux d'élection de l'industrie à haute technologie — témoignent de l'apparition d'un nouveau pouvoir fondé sur la science et la technologie.

Réseaux de télécommunications et réseau urbain : nous nous sommes efforcée de relier ces deux instances tout au long de notre étude. Pour ce faire, nous avons eu recours à la médiation des organisations économiques. En nous appuyant sur elle, nous avons voulu mettre en lumière le fait que mutation technique, mutation organisationnelle et mutation spatiale s'articulent au sein d'un même ensemble. On ne saurait concevoir une technologie qui ne s'articulât pas à l'organisation du travail et à l'organisation de l'espace.

RÉFÉRENCES BIBLIOGRAPHIQUES

Livres, thèses et rapport

ADLER E., 1985,*The power of ideology: computer and nuclear energy development in Argentina and Brasil*, IUPERJ, Série estudos, n° 42, 42 p.

ALBUQUERQUE M. M., 1986, *Pequena história da formação social brasileira*, GRAAL, São Paulo : 6e éd. (1e éd., 1981), 728 p.

BAKIS H., 1980, *The communications of larger firms and their implications on the emergence of a new world industrial order - a case study I.B.M.'s global data network, Comission on industrial systems*, I.G.U., 105 p.

BAKIS H., 1987, *Géopolitique de l'information*, PUF, Paris, 128 p.

BANDEIRA P. S., 1988, O *Rio Grande do Sul e as tendências da distribuição geográfica do crescimento da economia brasileira : 1940-1980*, FEE, Porto Alegre, 115 p.

BASTOS DO VALLE R. de A., 1989, *La théorie de l'agir communicatif en face des apports d'une sociologie comparative des organisations*, Thèse de Doctorat, Université Paris V, Paris, 369 p.

BECKER B., EGLER C. et BARTHOLO R., 1988, *O embrião do projeto geopolítico da modernidade no Brasil: o vale do Paraíba e suas ramificações*, UFRJ, ronéo., Rio de Janeiro, 11 p.

BENAKOUCHE T., 1989, *Du téléphone aux nouvelles technologies : implications sociales et spatiales des réseaux de télécommunication au Brésil*, Thèse de Doctorat, Université Paris XII, Paris, 254 p.

BENKO G. B., 1991, *Géographie des technopôles,* Masson, Paris, 224 p.

BENKO G. et LIPIETZ A., eds., 1992, *Les régions qui gagnent,* PUF, Paris, 424 p.

BOLTER J. D., 1984, *Turing's man, western culture in the computer age*, The University of North Carolina Press, Chapel Hill, 264 p.

BOTELHO A. J. J., 1988, *Financial markets, state policy and the development of the brazilian banking automation industry*, Report prepared for the OECD development centre research project, Paris, 70 p.

BRAUDEL F., 1969, *Ecrits sur l'histoire*, Flammarion, Paris, 314 p.

BRESSAND A. et DISTLER C., 1985, *Le prochain monde* - Réseaupolis, Seuil, Paris, 318 p.

BRETON P., 1987, *Histoire de l'informatique*, La Découverte, Paris, 239 p.

BRITO M., 1976, *Subsídios para a história da telefonia no Brasil*, NEC do Brasil, Rio de Janeiro, 193 p.

CANO W., 1985, *Desequilibrios regionais e concentração industrial no Brasil*, 1930-1970, Global, Campinas, 369 p.

CHROCKATT DE SA C.E., 1893, *Brazilian railways - their history, legislation and development*, G. Leuzinger & Filhos, Rio de Janeiro, 40 p.

CLAISSE G., 1983, *Transports ou télécommunications, les ambiguïtés de l'ubiquité*, Presses Universitaires de Lyon, Lyon, 252 p.

CLAVAL P., 1978, *Espace et pouvoir*, PUF, Paris, 257 p.

CLAVAL P., 1981, *La logique des villes: essai d'urbanologie*, LITEC, Paris, 634 p.

CLAVAL P., 1984, *Géographie humaine et économique contemporaine*, PUF, Paris, 442 p.

CLAVAL P., 1993, *La géographie au temps de la chute des murs,* L'Harmattan, Paris, 343 p.

COHN A., 1976, *Crise regional e planejamento*, Perspectiva, São Paulo, 170 p.

CORREA R. L., 1989, *A Rêde Urbana*, Atica, São Paulo, 96 p.

COUTO e SILVA G., 1957, *Aspectos geopolíticos do Brasil*, Biblioteca do Exército, Rio de Janeiro, 81 p.

DENIS P., 1909, *Le Brésil au XXème siècle*, Armand Colin, Paris.

DUPUY G., *Systèmes, réseaux et territoires, principes de réseautique territoriale*, Presses de l'Ecole Nationale des Ponts et Chaussées, Paris, 1985, 168 p.

DUSSAUGE P. et RAMANANTSOA B., 1987,*Technologie et stratégie d'entreprise*, Mc GRAW-Hill, Paris, 248 p.

FURTADO C., 1980, *Formação econômica do Brasil*, Nacional, São Paulo : 17e éd., 248 p.

GEIGER P. P., 1963, *Evolução da rêde urbana brasileira*, M.E.C., Rio de Janeiro, 460 p.

GORENDER J., 1981, *A burguesia brasileira,* Brasiliense, São Paulo.

GRANDI S. L., 1985, *Desenvolvimento da indústria da construção no Brasil : mobilidade e acumulação do capital e da força de trabalho*, Tese de Doutorado, USP, São Paulo, 422 p.

GUIMARAES E. A., ARAUJO Jr. J. T. de et ERBER F., 1985, *A política científica e tecnológica*, Jorge Zahar, Rio de Janeiro, 93 p.

GURVITCH G., 1958, *La multiplicité de temps sociaux,* Centre de Documentation Historique, Le Cours de la Sorbonne, Paris, 129 p.

HABERMAS J., 1968, *La science et la technique comme idéologie*, Denoël/Gonthier, Paris, 211 p.; trad. de : Technik und Wissenschaft als "Idéologie", Suhrkamp .

HARVEY D., 1989, *The condition of postmodernity*, Basil Blackwell, Oxford, 378 p.

HEIDEGGER M., 1988, *Essais et conférences*, Gallimard, Paris, 351 p.; trad. de: Vorträge und aufsätze, Pfullingen, 1954.

HOBDAY M., 1984, *The Brazilian telecommunications industry: accumulation of microelectronic technology in the manufacturing and service sectors*, Rapport préparé pour l'UNIDO, UFRJ/IEI, Rio de Janeiro, ronéo., 69 p.

IANNI O., 1981, *A ditadura do grande capital,* Civilização Brasileira, Rio de Janeiro, 227 p.

IBGE, 1972, *Divisão do Brasil em regiões funcionais urbanas*, Rio de Janeiro, 112 p.

LABASSE J., 1974, *L'espace financier*, Armand Colin, Paris, 280 p.

LAZAR J., 1992, *La science de la communication,* PUF, Paris, 128 p.

LIBOIS L.-J., 1983, *Genèse et croissance des télécommunications*, Masson, Paris, 416 p.

LOJKINE J., 1976, *Stratégies des grandes entreprises et politiques urbaines : les cas des banques et assurances*, Centre d'étude des Mouvements Sociaux, Paris, 118 p.

LOROT P. et SCHWOB T., 1986, *Singapour, Taiwan, Hong Kong, Corée du Sud, les nouveaux conquérants ?*, Hatier, Paris, 154 p.

LUCA J. de, 1988, *Dictionnaire des télécommunications*, Masson, Paris, 402 p.

MACHADO L. O., 1989, *Mitos e realidades da Amazonia brasileira no contexto geopolítico internacional (1540-1912)*, Tese Doctoral, Universitat de Barcelona, Barcelona, 512 p.

MACULAN A.-M., 1981, *Processo decisório no setor de telecomunicações*, Tese de Mestrado, IUPERJ, Rio de Janeiro, 196 p.

MARAL G., BOUSQUET M. et PARES J., 1982, *Les systèmes de télécommunication par satellites*, Masson, Paris : 2e éd., (1e éd., 1975) 278 p.

MARQUES N. F. da S., 1982, *A concentração bancária brasileira no período pós-1964*, Tese de Doutorado, USP, São Paulo, 146 p.

MARTINS L., 1985, *Estado capitalista e burocracia no Brasil pós-64*, Paz e Terra, Rio de Janeiro, 265 p.

MASSEY D., 1984, *Spatial Divisions of labour*, Macmillan, London, 339 p.

MICHIN S. S., 1973, *Processo de concentração de capital no Brasil,* Civilização brasileira, Rio de Janeiro, 282 p.; trad. de: Protsiess kontsientrátsy kapitala V'Brazily.

MONBEIG P., 1952, *Pionniers et planteurs de São Paulo*, Armand Colin, Paris, 376 p.

MUMFORD L., 1950, *Technique et civilisation,* Seuil, Paris, 415 p.; trad. de: Technics and civilisation, 1934.

NORA S. et MINC A., 1978, *L'informatisation de la société,* La Documentation française, Paris, 162 p.

PARROCHIA D., 1993, *Philosophie des réseaux,* PUF, Paris, 300 p.

PASTRE O., 1984, *L'informatisation et l'emploi*, La Découverte, 127 p.

PAVLIC B. et HAMELINK C. J., 1985, *Le nouvel ordre économique international : économie et communication*, UNESCO, Paris, 86 p.

PRADO JUNIOR C., 1988, *História econômica do Brasil*, Brasiliense, São Paulo: 36e éd., (1e éd., 1945), 364 p.

RAFFESTIN C., 1980, *Pour une géographie du pouvoir*, Litec, Paris, 249 p.

RATTNER H., 1972, *Industrialização e concentração econômica em São Paulo*, Fundação Getúlio Vargas, Rio de Janeiro, 215 p.

RATTNER H., 1985, *Informática e sociedade*, Brasiliense, São Paulo, 219 p.

RODRIGUES M. L. E., 1983, *Produção do espaço e expansão industrial*, Loyola, Belo Horizonte, 115 p.

ROWE F., VELTZ P., eds., 1991, *Entreprises et territoires en réseaux,* Paris, Presses de l'Ecole Nationale des Ponts et Chaussées, 304 p.

SANTOS M., 1989, *Espace et méthode,* Publisud, Paris, 124 p.; trad. de: Espaço e método, Nobel, São Paulo, 1985, 88 p.

SCHIMIDT B. V., 1983, *O Estado e a política urbana no Brasil*, Ed. da Universidade, UFRGS, Porto Alegre, 213 p.

SEGNINI L., 1988, *A liturgia do poder : trabalho e disciplina*, EDUC, São Paulo, 187 p.

SIMON C., 1984, *Les banques*, La Découverte, Paris, 128 p.

SINGER P., 1977, *Desenvolvimento econômico e evolução urbana*, Nacional, São Paulo, 377 p.

TAVARES M. da C., 1983, *Da substituição de importações au capitalismo financeiro*, Zahar, Rio de Janeiro : 11e éd., (1e éd., 1972), 263 p.

TAVARES M. A. R. et CARVALHEIRO N., *O setor bancário brasileiro : alguns aspectos do crescimento e da concentração*, FIPE/USP, São Paulo, 1985, 208 p.

VIRILIO P., 1984, *L'espace critique,* Christian Bourgois, Paris, 190 p.

VIRILIO P., 1977, *Vitesse et Politique*, Galilée, Paris, 151 p.

WALLERSTEIN I., 1979,*The capitalist world-economy*, Cambridge University Press, Cambridge et Maison des Sciences de l'Hommme, Paris, 305 p.

Articles

AMIN A. et SMITH I., 1986, The internalization of production and its implications for the UK, *Technological change, industrial restructuring and regional development*, dir. par A. Amin et J.B. Goddard, Unwin Hyman, London, p. 41-76.

BAILLY A. et BOULIANNE L., 1992, Les nouveax réseaux métropolitains: théories, études de cas et comparaisons internationales, *Revue Canadienne des Sciences Régionales,* 15, 3, 361-376

BAKIS H., 1985, Télécommunication et organisation spatiale des entreprises, *Revue Géographique de l'Est*, 1, p. 33-46.

BEGAG A., CLAISSE G. et MOREAU P., 1990, L'espace des bits : utopies et réalités, *Communications et territoires*, *in* Henry Bakis, ed., La Documentation Française, Paris, 187-217.

CANO W., 1983, Desequilíbrios regionais no Brasil : alguns pontos controversos, *Desenvolvimento capitalista no Brasil, ensaios sobre a crise,* n°2, *in* Luiz G. de M. Belluzzo et Renata Coutinho, eds., Brasiliense, São Paulo, p. 241-255.

CARDOSO M. F. T., Rêdes urbanas, *Atlas Nacional do Brasil*, folha IV (19), IBGE, Rio de Janeiro,.

CARNEIRO R. et MIRANDA J. C., 1986, Os marcos gerais da política econômica, *Política econômica da Nova República*, dir. par Ricardo Carneiro, Paz e Terra, Rio de Janeiro, p. 7-26.

CASTEL F. du, The meeting of the worlds of data-processing and telecommunications, *International Journal of Computers Applications in Technology*, à paraître.

CASTELLS M., 1985, High technology, economic restructuring, and the urban-regional process in the United States, *High technology, space and society*, dir. par Manuel Castells, Urban Affairs Annual Reviews vol. 28, Beverly Hills, Sage Publications, p.11-40.

CLAVAL P., 1989, L'avenir de la métropolisation, *Annales de Géographie*, 550, p. 692-706.

CLAVAL P., 1973, Le système urbain et les réseaux d'information, *Revue de Géographie de Montreal*, vol. XXVII, n° 1, p. 5-15.

CLAVAL P., 1989, *Quelques variations sur le thème : Etat, Nation, Territoire,* Colloque "L'Etat et les stratégies du territoire, hier et aujourd'hui", Sorbonne, ronéo., Paris, 14 p.

CLAVAL P., 1988, Réseaux territoriaux et enracinement, *Réseaux Territoriaux*, *in* Gabriel Dupuy, ed., Paradigme, Caen, p.147-161.

CORDEIRO H. K., Os principais pontos de contrôle da economia transacional no espaço brasileiro, *Boletim de Geografia Teorética,* 16-17 (31-34), 1986-87, p. 153-196.

CORDEIRO H. K. et BOVO D. A., The modernity of the brazilian space through the flux of the telex, *NETCOM*, vol. 3, n° 1, 1989, p. 243-281.

CORREA R. L., 1967, Os estudos de rêdes urbanas no Brasil, *Revista Brasileira de Geografia*, ano 29, n° 4, p. 93-116

CORREA R. L, 1989, Concentração bancária e os centros de gestão do território, *Revista Brasileira de Geografia*, ano 51, n° 2, p. 17-32.

CRUZ P. D., 1983, Notas sobre o endividamento externo brasileiro nos anos setenta, *Desenvolvimento capitalista no Brasil, ensaios sobre a crise*, n° 2, *in* Luiz G. de M. Belluzzo et Renata Coutinho, eds., Brasiliense, São Paulo, p. 59-106.

CURIEN N. et GENSOLLEN M., 1985, Réseaux de télécommunications et aménagement de l'espace, *Revue Géographique de l'Est*, 1, p. 47-56.

DAVIDOVICH F. R. et FREDRICH O. B. de L., 1988, Urbanização no Brasil, Brasil : uma visão geográfica nos anos 80, *IBGE*, Rio de Janeiro, p. 13-85.

DEFFONTAINES P., 1938, Comment au Brésil s'est constitué le réseau de villes, *Bulletin de la Société de Géographie de Lille*, tome 82, n° 9, p. 321-348.

DERYCKE P-H., 1994, Réseaux d'entreprises et réseaux urbains, *Le Courrier du CNRS* (La ville), 81, 34-35

DROULERS M., 1990, Les pôles technologiques brésiliens dans l'orbite métropolitaine, *Les Annales de la Recherche Urbaine*, n° 46, p. 39-48.

DUPUY G., 1982, Les effets spatiaux des techniques de télécommunications : ouvrons la boîte noire !, *Bulletin de l'IDATE*, n° 7, p. 77-83.

DUPUY G., 1987, Les réseaux techniques sont-ils des réseaux territoriaux ?, *L'Espace géographique*, n° 3, p. 175-184.

DUPUY G., 1984, Villes, systèmes et réseaux, *Les Annales de la recherche urbaine*, n° 23-24, p. 231-241.

FANO M.D., 1987, Évolution de la politique des télécommunications depuis 1982, *Les tendances du changement des politiques des télécommunications*, OCDE, Paris, p. 40-49.

FORAY D., 1990, Exploitation des externalités de réseau versus évolution des normes: les formes d'organisation face au dilemme de l'efficacité dans le domaine des technologies de réseau, *Revue d'Economie Industrielle*, 51, 113-140

GANNON F., 1995, Réseaux de villes et réseaux d'entreprises: quelle intégration, *Flux,* 20, 28-39

GOTTMANN J., 1977, The role of capital cities, *Ekistics*, n° 264, p. 240-243.

GUIMARÃES F. de M.S., 1949, O planalto central e o problema da mudança da capital do Brasil, *Revista Brasileira de Geografia*, ano 11, n° 4, p. 471-542.

GUNDER FRANK A., 1984, La crise mondiale et les transformations économiques en cours, *Espaces et sociétés*, n° 44, p. 15-32.

HEPPLE L. W., 1986, Geopolitics, generals and the state in Brazil, *Colston Symposium on "Geography and Politics"*, University of Bristol, ronéo., 29 p.

HERRERA A. O., 1983, O planejamento da ciência e tecnologia na América Latina : elementos para um novo marco de referência, *Ciência, tecnologia e desenvolvimento 2,* CNPq/UNESCO, Brasília.

INNOCENCIO N. R., 1966, Transportes ferroviários, marítimos e fluviais, *Atlas Nacional do Brasil*, folha IV (13), IBGE, Rio de Janeiro.

INNOCENCIO N. R., 1966, Transportes rodoviários, *Atlas Nacional do Brasil,* folha IV (14), IBGE, Rio de Janeiro.

LESSA C., 1985, Rumos da economia brasileira, Ciëncia Hoje, p. 9-11.

LIPIETZ A., 1984, De la nouvelle division du travail à la crise du fordisme périphérique, *Espaces et sociétés*, n° 44, p. 51-78.

MACHADO L. O., 1987, A Amazônia brasileira como exemplo de uma combinação geoestratégica e cronoestratégica, *Tübinger Geographische Studien*, n° 95, p.189-204.

MACHADO L. O., 1987, Intermittent control of the amazonian territory: 1616-1969, *Colloque "Grands et Petits espaces : stratégies de contrôle"*, Université de Paris IV, ronéo., Paris, 15 p.

MELO M. L. de, 1948, O fator geográfico na economia açucareira, *Boletim Geográfico*, ano VI, n° 67, p. 684-715.

NICOL L., 1985, Communications technology : economic and spatial impacts, *High technology, space and society, in* Manuel Castells, ed., Urban Affairs Annual Reviews vol. 28, Beverly Hills, Sage Publications, p. 191-209.

OLIVEIRA F. de, 1975, A economia brasileira: crítica à razão dualista, *Seleções CEBRAP 1*, Brasiliense, São Paulo, p. 5-78.

PINAUD C., 1988, Trans, Inter, Com, Pac. Petit abécédaire de la commutation, *Réseaux Territoriaux, in* Gabriel Dupuy, ed., Paradigme, Caen,p. 69-103.

PIRAGIBE C., 1986, A informática nos países recentemente industrializados, *Revista Brasileira de Tecnologia*, vol. 17, n° 1, p. 15-20.

PIRAGIBE C., 1987, Policies towards the eletronic complex in Brazil, *Horizon XXI : Reconversion and intergration in Latin America,* Ixtapa, México, 19 p.

POOL I. de S. et al., 1978, Foresight and hindsight : the case of the telephone, The social impact of the telephone, *The MIT Press*, Massachusetts: 2e éd., p. 127-157.

POSSAS M. L., 1983, Empresas multinacionais e industrialização no Brasil : notas introdutorias, *Desenvolvimento capitalista no Brasil, ensaios sobre a crise*,n°2, *in* Luiz G. de M. Belluzzo et Renata Coutinho, eds., Brasiliense, São Paulo, p. 9-37.

REICHSTUL H. P. et COUTINHO L. G., 1983, Investimento estatal 1974-1980 : ciclo e crise, *Desenvolvimento capitalista no Brasil, ensaios sobre a crise*, n° 2, *in* Luiz G. de M. Belluzzo et Renata Coutinho, eds., Brasiliense, São Paulo, p. 38-58.

RIBEIRO M. A. C. et ALMEIDA R. S. de, 1988, Estrutura espacial e modificações tecnológicas no sistema de transportes brasileiro, *Brasil : uma visão geográfica nos anos 80*, /BGE, Rio de Janeiro, p. 185-209.

SALAMA P., 1976, Au-delà d'un faux débat : quelques réflexions sur l'articulation des Etats/nations en Amérique Latine, *Revue Tiers-Monde,* tome XVII, n° 68, p. 931-960.

SANTOS Milton, 1968, Croissance nationale et nouvelle armature urbaine au Brésil, *Annales de Géographie*, vol. 77, p. 37-63.

SANTOS M., 1987, Passado e presente das relações entre sociedade e espaço e localização pontual da indústria moderna no Estado da Bahia, *Boletim Paulista de Geografia*, n° 65, p. 5-28.

SANTOS M., 1989, Modernité, milieu technico-scientifique et urbanisation au Brésil, *International Symposium on Latin American Urbanisation*, Tsukuba, ronéo., 19 p.

SANTOS M., 1995, Contemporary Acceleration: World-Time and World-Space, *in* Benko G. et Strohmayer U., eds., *Geography, History and Social Sciences,* Kluwer, Boston, p. 171-176

SANTOS FILHO M., 1987, *Impacto regional da dívida externa,* Universidade Federal da Bahia, Salvador, ronéo., 10 p.

SAVY M. et VELTZ P., 1987, *Les réseaux dans l'espace de la production industrielle,* Ecole Nationale des Ponts et Chaussées, Noisy-le-Grand, ronéo., 18 p.

SERRA J., 1982, Ciclos e mudanças estruturais na economia brasileira do pós-guerra, *Desenvolvimento capitalista no Brasil, Ensaios sobre a crise*, n° 1, *in* Luiz G. de M. Belluzzo et Renata Coutinho, eds., Brasiliense, São Paulo, p. 56-121.

SODRE M., 1987, *Sociedade e informática, A máquina e seu avesso,* Francisco Alves, Rio de Janeiro, p. 43-60.

SOURBES I., 1988, Les satellites de télécommunications: étude géographique, *NETCOM*, vol. 2, n°12, p. 236-243.
TAVARES M. da C., 1983, O sistema financeiro brasileiro e o ciclo de expansão recente, *Desenvolvimento capitalista no Brasil, Ensaios sobre a crise,* n°2, *in* L. G. de M. Belluzzo et Renata Coutinho, eds., Brasiliense, São Paulo, p. 107-138.
TAVARES M. da C. et BELLUZZO, L. G. de M., 1980, O capital financeiro e emprêsa multinacional, *Temas em ciências humanas,* n° 9, p. 113-124.
THOMAS M. D., 1986, Growth and structural change: the role of technical innovation, *Technological change, industrial restructuring and regional development*, *in* A. Amin et J.B. Goddard, eds., Unwin Hyman, London, p. 115-139.
TORNQVIST G. E., 1973, Contact requirements and travel facilities, *Lund Studies in Geography*, Ser. B. Human Geography, n° 38, p. 83-121.
WARD R. de C., 1911, A visit to the brazilian coffee country, *The national geographic magazine,* Washington, vol. XXII, n° 10, p. 908-931.

Documents et cartes historiques

BELIN, 1764, Brésil, 18e siècle, *Petit Atlas Maritime,* tome II, n° 48.
CARTE des chemins de fer de l'Empire du Brésil, 1889, *Le génie civil,* tome XIV, n° 17, pl. XVIII.
L'EMPIRE du Brésil à l'exposition universelle de 1876 à Philadelphie, 1876, Typographia e Lithographia do Imperial Instituto Artístico, Rio de Janeiro, 542 p.
MISSION Brésilienne d'expansion économique, 1908, *Brésil - carte politique et économique,* Paris.
NOVA carta corográphica do Império do Brasil, 1857, Litographia Imperial de Eduardo Rensburg, Rio de Janeiro.
VANDER Pierre, Salvador, vers 1725, *La Galerie agréable du monde,* tome troisième d'Amérique.

Documents officiels et sources statistiques

EMBRATEL, 1983, Pequena cronologia das telecomunicações no Brasil, Rio de Janeiro, 20 p.
EMBRATEL, 1987, Relatório anual 1986, Rio de Janeiro, 24 p.
EMBRATEL, 1987, Tarifas nacionais, Rio de Janeiro, 20 p.
EMBRATEL, 1988, Relatório anual 1987, Rio de Janeiro, 18 p.
EMBRATEL, Relatório anual 1988, 1989, Rio de Janeiro, 24 p.
IBGE, 1987, Estatísticas históricas do Brasil, séries econômicas, demográficas e sociais de 1550 à 1985, Séries estatísticas retrospectivas vol.3 , Rio de Janeiro.
IBGE, 1988, Anuário estatístico do Brasil 1987/1988, Rio de Janeiro, 739 p.
IBGE, 1970, 1980, 1990, Censo Agropecuário, Rio de Janeiro.
IBGE, 1970, 1980, 1990, Censo Industrial, Rio de Janeiro.
MINISTERIO da agricultura, indústria e comércio, 1916, Anuário estatístico do Brasil, vol. 1, Território e população, Rio de Janeiro.
MINISTERIO da agricultura, indústria e comércio, 1926, Recenseamento do Brasil, vol. IV, população, Rio de Janeiro.

MINISTERIO das Comunicações, 1987, Comunicações no Brasil 87, Rio de Janeiro, 67 p.
MINISTERIO das Comunicações, 1983, EMBRATEL, 18 anos, Rio de Janeiro, 192 p.
MINISTERIO das Comunicações, 1986, 1987, Relatório TELEBRAS Brasília, 52 p.
MINISTERIO das Comunicações, TELEBRAS, Brasília, s/d, 30 p.
NATIONS Unies, 1988, 1990, Annuaire Statistique, New York, 855 p.
SEI, 1987, Boletim informativo, v. 7, n° 15, Legislação, 140.